本书系作者主持的国家社科基金青年项目"美国海外账户纳税法案的域外适用与中国对策研究"（立项批准号14CFX051）的最终成果。

|税收公法学丛书|

葛克昌 李刚 / 总主编

# 美国境外账户税收合规法案的域外适用与中国对策研究

朱晓丹 著

厦门大学出版社
XIAMEN UNIVERSITY PRESS
国家一级出版社
全国百佳图书出版单位

图书在版编目(CIP)数据

美国境外账户税收合规法案的域外适用与中国对策研究 /朱晓丹著.—厦门:厦门大学出版社,2020.9
(税收公法学丛书)
ISBN 978-7-5615-7906-0

Ⅰ.①美… Ⅱ.①朱… Ⅲ.①税法-研究-美国②国际税收-研究-中国 Ⅳ.①D971.222 ②F812.423

中国版本图书馆 CIP 数据核字(2020)第 178307 号

| | |
|---|---|
| 出版人 | 郑文礼 |
| 责任编辑 | 李 宁 |
| 美术编辑 | 李嘉彬 |
| 技术编辑 | 许克华 |

出版发行 厦门大学出版社
社　　址 厦门市软件园二期望海路 39 号
邮政编码 361008
总　　机 0592-2181111　0592-2181406(传真)
营销中心 0592-2184458　0592-2181365
网　　址 http://www.xmupress.com
邮　　箱 xmup@xmupress.com
印　　刷 厦门集大印刷厂

开本 720 mm×1 000 mm　1/16
印张 14
插页 2
字数 268 千字
版次 2020 年 9 月第 1 版
印次 2020 年 9 月第 1 次印刷
定价 75.00 元

本书如有印装质量问题请直接寄承印厂调换

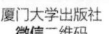
厦门大学出版社
微信二维码

厦门大学出版社
微博二维码

# 总　　序

　　欧债危机敲响了当代租税国危机之警钟，危及市场经济基本秩序与国家宪政基础。实则早在百年前于1918年熊彼德所发表之《租税国家危机》一文，即明确指出国家债务失去控制，已宣告租税国家危机来临；而其主要原因，在于社会因素致国家支出暴增，与因经济因素使国家收入停滞不前。德国公法学者Isensee教授，则归结此种历程为初由"财政危机"转为"经济危机"，终陷入"宪法危机"的困境，如何将此宪法之脱缰野马，控制在重塑市场经济公法秩序建制中，为当代最重要之法制课题。

　　厦门大学虽偏居东南一隅，但会计学与财税法学具有长远深厚之传统，不仅名师辈出，学子成就傲人，尤以廖益新教授领导下之国际税法，成绩最为斐然。现厦门大学以其固有之基础，积极规划系列"税收公法学丛书"，以因应时代需求；由备受期待之青年学者李刚博士主其事，以其积极任事，具远见与耐心。该丛书虽有各种艰困仍待克服，但如持之有故，积年累月，终将有相当成果之一日，吾人等自应尽力配合，共襄盛举。兹在丛书出刊之初，简述其背景及时代意义，望读者切莫以一般丛书视之。

葛克昌
2013年5月8日

# 主编手记：税收公法学丛书的由来

原台湾大学法律学院教授、现东吴大学法学院客座教授葛克昌先生在两岸税法学界的地位与影响，恐怕无人不晓。本人就算是再费笔墨，也难以尽述葛师在税法研究上的高深造诣、两岸交流上的倾力奉献和提携后进上的不遗余力。因此，本套丛书由葛师擎旗帷幄，应是恰如其分。本人蒙葛师赏识，允为主编之一，不胜惶恐，将本套丛书来龙去脉作一简介，亦属分内之事。

2011年7月初，厦门大学第三学期（短学期）之际，应厦门大学国际税法与比较税制研究中心（CITACT-XMU）主任廖益新教授之邀，葛师造访厦门大学法学院，在我校漳州校区为本科生开堂讲学"税捐行政法"，本人有幸全程陪同并聆听葛师教诲。厦门大学出版社副社长施高翔博士闻名师而动，与甘世恒编辑专程赴漳州校区拜访葛师，殷切表达厦大出版社拟规划出版"台湾法学家大系"丛书，恳请葛师赐稿襄助之意，双方乐而达成初步出版意向，并委由本人居中联络后续事宜。现在想来，本套"税收公法学丛书"之名，最初即由我们四人在厦大漳州校区宾馆的大堂沙发上商议而定。然而，由于本人怠惰，此事竟拖延一年有余。

2012年9月底至11月底，承葛师及其助理台大法律学院法学研究所财税法组的吴怡凤、巫念衡和陈佳函诸同学尽心周到安排，本人应邀赴台湾大学法律学院先参加"第17届两岸税法研讨会：税捐证据法制"活动，继而于大学部和研究所开课讲授大陆税法。借此次访台之机，不仅终于将此前意向落实，与葛师商定首期出版计划，包括葛师的《租税国的危机》《税捐行政法——纳税人基本权视野下之税捐稽征法》和本人撰写的《现代税法学要论》共三种。截至2018年4月，除上述三书之外，本套丛书已出版东吴大学法学院陈清秀教授所著《现代财税法原理》、本人和郝利军合著的《VIE架构境外间接上市税法问题研究》。

葛师所著繁体版诸专书，本人早在十余年前（2002年）因撰写博士学位论文之需就已拜读，2005年结识葛师以来，一直蒙葛师慷慨赠书，得以持续学习葛师推陈出新的专著要义。这一次兼具编辑与求学者的双重视角，重读各书，对字里行间所展现的葛师思想精髓的体认又与之前初读各书时有所不同。本人将重读纸版书时所勾画之处,与此前初读之时所做的笔记相对照,发现竟然只有一半内容是重叠的,不仅感慨经典著作常读常新,这也是在编辑工作之余的一种额外收获。只是必须说明的是:本套丛书出版各台湾学者论著,虽经本人逐一全书通读,并为符合大陆读者阅读习惯,在尽可能保持原文原貌原意的基础之上,仅对个别字词文句作必要的技术处理,即便还有厦大出版社邓臻编辑、李宁编辑的最后把关检视,仍难免有疏失遗漏之处,请读者体谅;若还肯不吝赐知,为将来的修订助力,则无疑是编者的大幸。

最后,感谢厦大出版社施高翔博士慧眼独具,为两岸法学交流再添新篇;感谢邓臻编辑、李宁编辑为本套论丛所付出的努力。相信他们的眼光和努力会经由读者的肯认获得回报。

李 刚

**2018 年 3 月 6 日修订**

(李刚的电子信箱:ligang76@163.com)

# 目　　录

导　论 ······················································································· 1

**第一章　FATCA 在美国实施的制度基础** ········································ 7
  第一节　纳税人的纳税申报制度 ············································· 8
  第二节　第三方的预提税申报与信息申报制度 ························· 26
  本章小结 ············································································ 45

**第二章　FATCA 制度内容及在美国引发的法律争议** ······················ 46
  第一节　FATCA 制度的概述 ················································· 47
  第二节　FATCA 的核心机制：境外金融机构的
      账户信息申报规则 ················································· 65
  第三节　FATCA 在美国引发的法律争议 ································· 98
  本章小结 ·········································································· 108

**第三章　FATCA-IGA：美国 FATCA 域外适用的法律途径** ············ 110
  第一节　FATCA-IGA 范本的合作模式和特点 ························ 112
  第二节　对 FATCA-IGA 互惠性的反思：以中美合作为视角 ····· 127
  本章小结 ·········································································· 149

**第四章　FATCA 域外适用对中国法律的影响** ······························ 151
  第一节　从 FATCA 到 CRS：自动信息交换走向多边化 ··········· 152
  第二节　FATCA 和 CRS 对中国国内法的趋同化影响 ·············· 166
  第三节　FATCA 和 CRS 对香港特区法律的趋同化影响 ··········· 173
  本章小结 ·········································································· 185

**第五章　中国实施 FATCA 的挑战与对策建议** ····························· 186
  第一节　中国实施 FATCA 的挑战 ········································ 187
  第二节　中国实施 FATCA 的国内法对策建议 ························ 194

结　论 ···················································································· 204
参考文献 ················································································ 206
缩略语表 ················································································ 214
后　记 ···················································································· 217

# 导　　论

## 一、本书的背景及意义

国际税收信息交换旨在向缔约国提供或与缔约国交换相关纳税人信息,它不仅有利于各国共同打击国际逃避税,也有利于各国在反贪、反恐和反洗钱行动中对资金源信息的及时掌控。目前国际社会已普遍认识到国际税收信息交换是国际税收行政合作的核心和关键。2008年金融危机爆发后,经济合作与发展组织(Organization for Economic Cooperation and Development,简称 OECD)和欧盟陆续出台了一系列旨在加强国际税收信息交换合作的工作报告与法律文件。虽然这些工作报告和法律文件取得了一定的成果,但是令人遗憾的是,在自动信息交换、金融业信息披露义务等各国所关注的核心利益问题上进展缓慢。转折点出现在 2013 年。在 2013 年 4 月举行的二十国集团(Group 20,简称 G20)财长会议上,各国一致赞同将实现自动信息交换作为新目标,并委托 OECD 就自动信息交换研究新的多边化标准。多年来自动信息交换最大的难点恰恰是多边化问题,各国税收利益的博弈使得自动信息交换长期以来仅存在于少数国家缔结的双边税收协定中。在这一大背景下,美国《境外账户税收合规法案》(Foreign Account Tax Compliance Act,简称 FATCA)的出台无疑成了涉税信息自动信息交换多边化的催化剂。

2010 年美国国会通过了 FATCA。该法案的核心内容是通过一系列严密且操作性强的制度设计迫使境外金融机构(foreign financial institution)向美国联邦税务局(Internal Revenue Service,简称 IRS)披露其所掌控的美国纳税人账户信息,否则这些境外金融机构来源于美国的特定所得将可能被美国税务机关征收 30% 的惩罚性预提税。境外金融机构关闭美国公民或居民账户以及放弃美国市场均无法阻挡 FATCA 对其适用。FATCA 虽然是美国国内法,但是其因对境外金融机构客户信息保密制度的干预而具有了域外适用的特征。更为重要的是,为了在全球范围内顺利实施 FATCA,截至 2019 年 7 月 1 日,美国已与 113 个国家(或地区)签订了促进国际税收合规和实施 FATCA 的政府间协定(Intergovernmental Agreement to Improve Tax Compliance and to Implement FATCA,简称 FATCA-

IGA）。可以说,美国正在尝试通过 FATCA 的域外适用,逐步推进税收自动信息交换多边化与全球化的实质性进程。OECD 在 2013 年 6 月发布的一份报告中明确指出,美国 FATCA 是实现自动信息交换多边化的催化剂。

截至 2018 年 12 月 12 日,中国已经对外签署 107 个避免双重征税的双边税收协定,其中 100 个已经生效,和香港、澳门两个特别行政区签署了税收安排,与台湾地区签署了税收协议。① 2013 年 8 月,中国签署了《多边税收征管互助公约》(*The Multilateral Convention on Mutual Administrative Assistance in Tax Matters*,以下简称 MAATM),MAATM 已于 2016 年 2 月 1 日对中国生效自 2017 年 1 月 1 日起开始执行。② 中国近年来也越来越多地参与到国际税收治理机制的健全工作中并发挥着重要的作用,然而我国对自动信息交换仍鲜有实践。2012 年 5 月,第四轮中美战略与经济对话在北京举行,双方承诺就 FATCA 的实施问题寻求合作方案。2013 年 9 月,习近平主席在 G20 首脑圣彼得堡会议上强调"中国支持加强多边反避税合作,愿为健全国际税收治理机制尽一份力"。2013 年第五轮中美战略与经济对话的成果清单显示,中美双方承诺尽最大努力在法定截止日期 2014 年 1 月前(美国政府最后将 FATCA 的生效日期推迟至 2014 年 7 月 1 日)就 FATCA 的实施达成政府间协议。③ 2014 年 6 月,美国财政部更新了与美国合作实施 FATCA 的国家(或地区)清单,正式将中国纳入该清单。清单显示中美两国政府已就实施 FATCA 的实质性内容达成共识(agreement in substance),但尚未签署 FATCA-IGA。④ 可以看出,中美两国合作实施 FATCA 早已经成为两国政府的共识。

但是,与欧美学者对美国 FATCA 的研究热度相比,我国目前从理论界到实务界仍缺乏对美国 FATCA 及其执行协定全面深入的研究。2015 年 12 月 16 日,中国签署了《金融账户涉税信息自动交换多边主管当局间协议》(*Multilateral Competent Authority Agreement on Automatic Exchange of Financial Account Information*,简称 CRS-MCAA),该协议于 2017 年 7 月对中国生效。2017 年 6 月中国签署了《实施税收协定相关措施以防止税基侵蚀和利润转移的多边公约》(*Multilateral Convention to Implement Tax Treaty*

---

① 国家税务总局官网,http://www.zsdwf.com/shownews.asp? newsid=955,下载日期:2019 年 7 月 1 日。

② http://www.chinatax.gov.cn/n810341/n810755/c2004626/content.html,下载日期:2019 年 7 月 1 日。

③ 《第五轮中美战略与经济对话发布联合成果情况说明》,http://www.gov.cn/jrzg/2013-07/13/content_2447005.htm,下载日期:2019 年 7 月 1 日。

④ 美国财政部网站,https://www.treasury.gov/resource-center/tax-policy/treaties/Pages/FATCA.aspx,下载日期:2019 年 7 月 1 日。

*Related Measures to Prevent Base Erosion and Profit Shifting*,简称《BEPS多边公约》)。这两项多边法律文件的签署使得中国对FATCA这一源头制度的研究变得异常急迫。美国FATCA对国际税收治理规则的影响和对中国法律的影响是中国学者亟待探索和回答的理论问题和现实问题。概言之,本书的研究意义在于:一是从健全国际税收治理机制的角度探索美国FATCA对国际税收治理机制的影响;二是研究FATCA域外适用对中国法律的影响;三是探索FATCA域外适用给中国带来的法律挑战与应对之策。

## 二、本书的国内外研究现状及评价

### (一)国内研究现状与不足

目前我国国内对美国FATCA的研究还不够系统和深入。

首先,从成果形式来看,以期刊论文为主,国内目前尚没有一部专门研究美国FATCA的专著。

其次,从研究内容来看,国内研究成果或立足FATCA的影响(例如,姜跃生:《FATCA:中国税务应对三策》,载《国际税收》2015年第3期;崔晓静、熊昕:《FATCA政府间协议范本对我国的影响及对策》,载《税务研究》2013年第12期),或着眼OECD主导下的《金融账户信息自动交换标准》(*Standard for Automatic Exchange of Financial Account Information in Tax Matters*,简称《AEOI标准》)(例如霍军:《全球金融账户税收信息强制披露:各国法律准备》,载《经济研究参考》2016年第12期),或在全球反避税措施这个更大的主题下讨论(例如沈伟:《后金融危机时代的全球反避税措施:国别差异路径和全球有限合作》,载《比较法研究》2018年第1期;廖凡:《反跨国逃税避税的法律问题研究》载《政治与法律》2015年第11期),没有就FATCA制度设计本身做系统研究。

### (二)国外研究现状与不足

目前国际上对美国FATCA制度的研究相对较为深入,英文成果形式以期刊论文为主。研究内容集中在:美国FATCA对金融业或跨国联署企业的影响;美国FATCA对个别国家(比如英国、德国、荷兰)国内法以及对欧盟法律的影响;美国FATCA的制度缺陷以及美国FATCA对国际税收信息交换的作用等几个方面。FATCA相关著作集中在申报指南方面,缺乏系统研究性著作。这些现有的国外研究成果将为本书的研究提供宝贵的基础资料与研究思路。

然而,国外的相关研究成果更多的是从美国或发达国家的视角去研究美国FATCA的域外适用问题,并没有从包括中国在内的发展中国家的视角去研究这一课题。发展中国家受信息技术、资金等因素影响对这一课题的研究也明显滞后。

综上所述,从国内外的研究文献来看,对美国FATCA的研究尚停留在具体问题点的层面,缺乏系统深入的研究,缺乏以发展中国家参与国际税收治理为视角的研究,缺乏将FATCA放置在国际税收治理机制变革大时代下的多面性考量和研究。

### 三、本书的创新点

第一,本书从成果形式上看是中文文献中第一本专门研究美国FATCA的专著。专著这一成果形式决定了本书的研究是对FATCA系统深入的研究,是由点到面的多层次多面性研究。

第二,从内容上,本书对FATCA的制度基础做了充分的阐述和论证,这将有助于从根本上回答FATCA域外适用给其他国家(或地区)和美国带来的行政征管成本差异问题。

第三,本书从一个新视角即发展中国家的视角,尤其是中国视角提出了FATCA域外适用给中国带来的四大挑战,并从国内法层面提出了应对之策。

### 四、本书的主要研究方法

本书主要采纳了实证分析方法和历史研究方法。

1.实证分析方法。本书主要应用了案例分析方法、规范分析方法和图表分析方法这样的实证分析方法。本书主要是研究美国FATCA的域外适用问题,对FATCA、FATCA-IGA的法律条文以及相关美国司法判例采用规范分析的方法会使本书的论据客观、准确,会使本书的结论具有合理性和现实操作性。因此,本书大量地引用了美国FATCA的法律条文及相关司法判例进行研究。此外,本书还大量地采用图表分析的方法,力图清楚地阐释FATCA复杂的术语和运行机制,使FATCA域外适用的法律关系与政府间合作机制明确清晰。

2.历史研究方法。美国FATCA的颁布有特殊的时代背景和历史渊源,FATCA涉及的美国公民税收管辖权和纳税申报制度的形成等问题也有各自的历史脉络,这些对探寻FATCA规则及其在美国的实施效果和成本是至关重要的。因此本书采用历史研究方法来分析FATCA在美国实施的制度基础等问题。

## 五、本书的研究思路和框架内容

本书围绕 FATCA 这一美国国内法从五个方面分析和阐释了 FATCA 与美国、FATCA 与国际社会、FATCA 与中国的关系问题。第一章和第二章主要分析了 FATCA 与美国的关系问题，集中回答了 FATCA 从哪里来以及 FATCA 是什么的问题。第三章、第四章和第五章主要分析了 FATCA 与国际社会以及与中国的关系问题。

第一章 FATCA 在美国实施的制度基础探讨了美国的纳税申报制度，包括纳税人的纳税申报和第三方的申报两个层面。其中第三方涉税信息申报制度是 FATCA 核心机制的直接制度基础。美国联邦税的纳税申报制度是 FATCA 规定的"特定美国人"（specific US person）主动申报境外账户信息义务的国内法基础。与美国长期形成的纳税申报制度相比，中国个人纳税人的主动申报制度显得异常薄弱。两国纳税申报制度的差异将影响中美合作实施 FATCA 各自所承担的行政征管成本。

第二章 FATCA 制度的内容及在美国引发的法律争议主要分析了 FATCA 制度的总体立法设计、FATCA 核心机制（境外金融机构的账户信息申报规则）和 FATCA 在美国引发的法律争议三个方面的问题。境外金融机构尽职调查和信息申报义务是 FATCA 的核心机制，也是本书研究的重点。FATCA 核心机制的运行需要对复杂的技术术语进行解释，更需要具体的操作指南。FATCA 作为 FATCA-IGA 和尽职调查与申报义务的共同标准（Common Reporting Standard，简称 CRS）的制度基础，对 FATCA 核心机制技术规范的梳理有助于理解国际税收信息交换规则的新概念和新趋势。此外，FATCA 在美国的实施也不是一帆风顺的。经过激烈的国内博弈，本章论证了 FATCA 在美国国内法层面上是符合宪法的，其依赖的公民管辖权税收体系也是符合美国法律的。

第三章 FATCA-IGA 集中分析了美国 FATCA 域外适用的法律途径。从 FATCA-IGA 范本的合作模式和特点，以及对 FATCA-IGA 互惠性的反思两个层面探索 FATCA-IGA 的本质问题。美国在 FATCA-IGA 框架下进行金融账户信息交换合作，一方面可以避开 CRS-MCAA 框架下的多边合作模式，另一方面可以避开 OECD 税收透明度与信息交换全球论坛（Global Forum on Transparency and Exchange of Information for Tax Purpose，以下简称"全球论坛"）的监管机制。美国凭借其强大的资本市场将 FATCA 这一单边标准推向全球化，自己却特立独行，游离于 OECD 主导的 CRS-MCAA 多边框架之外。中美参照 FATCA-IGA 互惠性范本合作实施 FATCA 符合两国共同利益，也符合国际税收信息交换发展趋势。虽然中美两国政府为合作实施 FATCA 均作出了国内法(主要是行政规章)方面的努力,但是从国际法工具(FATCA-IGA 范本 1A)和美国国内法(个别州法律)的层面均存在着严重制约美国履行互惠性承诺的法律因素。

第四章 FATCA 域外适用对中国法律的影响主要分析了 FATCA 对国际税收治理规则的影响、对中国国内法的影响以及对以香港特区为代表的离岸避税地(offshore tax haven)的影响三个方面的问题。从美国 FATCA 到美国对外签署的 FATCA-IGA,从 FATCA-IGA 到 OECD 主持下的 CRS-MCAA,从 CRS-MCAA 到中国六部委联合发布的《非居民金融账户涉税信息尽职调查管理办法》(以下简称《尽职调查办法》),FATCA 演绎了一条从单边到双边,从双边到多边,从多边再到其他国家(例如中国)国内法的影响路径。这样一条路径不仅深刻影响着国际税收信息交换规则的变革,也影响着各国(或地区)国内法在金融账户涉税信息交换领域的趋同化进程。《尽职调查办法》表面上是为了实施 OECD 主导下的 CRS,但由于 CRS 大部分规则来源于 FATCA,因此这是一场实质上受美国规则主导的国际税收治理规则的变革。

第五章中国实施 FATCA 的挑战与对策建议主要分析了中国实施 FATCA 的四大挑战以及从中国国内法层面提出相应的对策意见。本书认为中国实施 FATCA 面临的四大挑战分别是:其一,中国高净值人群移民不移居带来的 FATCA 利益失衡问题;其二,《尽职调查办法》的缺乏基本法律依据;其三,对违反涉税信息保密义务的行为法律责任规定较轻;其四,显著高于美国的征管成本与合规成本。针对这四大挑战,文章从中国国内法层面上分别作了对策分析。

## 六、尚需进一步深入研究的问题

美国 FATCA 从 2014 年 7 月 1 日开始正式实施,中国和美国虽然已经就合作实施 FATCA 的实质性内容达成共识,但是尚未签署 FATCA-IGA。因此,本书的结论和部分观点需要美国本土更多的司法实践和中美两国未来的国家实践来检验和进一步深化研究。具体需要深入研究的问题包括:

第一,本书已经对中美合作实施 FATCA 的互惠性问题做了制度性反思,但是由于中美尚未签署 FATCA-IGA,也尚未实际启动金融账户涉税信息自动交换程序,因此随着未来中美 FATCA-IGA 的签署和程序的启动,需要进一步研究中美合作实施 FATCA 的法律问题。

第二,本书已经对 FATCA 和 CRS 制度作了比较研究,也论证了 FATCA 作为 CRS 起源和催化剂的观点,但是随着未来 FATCA-IGA 和 CRS-MCAA 的全面实施,需要进一步对比研究两者实施的法律效果,从国家实践层面分析美国主导的双边机制和 OECD 主导的多边机制在国际税收信息交换规则变革中的关系。

# 第一章

# FATCA 在美国实施的制度基础

2010年3月18日,《境外账户税收合规法案》(*Foreign Account Tax Compliance Act*,简称FATCA)在美国国会获得通过。[①] FATCA要求境外金融机构将其维持的由美国公民或居民持有的特定金融账户信息向IRS申报。FATCA作为一部美国国内法,其主旨是监控美国公民和居民纳税人的海外金融账户,以打击美国公民和居民纳税人利用海外金融账户藏匿来源于美国境外的所得,从而逃避美国联邦所得税的行为。FATCA制度的核心是境外金融机构向IRS申报"特定美国人"的金融账户信息。

很多人对FATCA的实施提出这样的质疑:第一,信息有效性问题,即IRS如何辨别境外金融机构提供的金融账户信息的真实性;第二,FATCA是否会造成IRS过高的征管成本和境外金融机构过高的合规成本;第三,美国若与其他国家(或地区)在互惠条件下实施FATCA,则需要美国金融机构向IRS申报非居民的金融账户信息,这是否又会显著增加IRS的征管成本和美国金融机构的合规成本? 这些疑问都涉及一个核心问题:FATCA在美国的制度基础是什么? 或者说,美国的哪些制度可以保证FATCA的实施不会显著增加IRS的征管成本,也不会显著增加美国境内外金融机构和美国居民(或公民)的FATCA合规成本? 研究这一问题的意义在于,当我们研究FATCA对各国(尤其是中国)国内法影响的时候,我们必须考量这些国家是否已经具备以及在多大程度上具备FATCA在美国实施的制度基础。

笔者在本章的主要观点是:第一,FATCA不是凭空创造的,它建立在美国严格复杂的纳税申报制度基础上;第二,美国人(US person)境外资产主动申报制度存在已久,FATCA只是强化第三方信息申报制度;第三,境外金融机构信

---

[①] Hiring Incentives to Restore Employment Act,2010. Public Law No.111-147 (Mar. 18.2010),§501-§541.

息申报也并非 FATCA 首创，FATCA 是对美国 2001 年开始实施的"适格中间机构项目"（Qualified Intermediary Program，简称 QI 项目）的发展。鉴于美国仅在联邦税范围内参与国际税收信息交换，因此本章仅探讨美国联邦税纳税申报制度。

## 第一节 纳税人的纳税申报制度

美国的纳税申报（tax return）是指申报义务人向 IRS、各州或地方征税代表机构报告相关信息，用以计算纳税人应缴纳的所得税或其他税收的义务。纳税申报是美国税收程序的基础，纳税申报的目的在于确定应纳税额。① 纳税人在递交申报表的同时，一般也会将税款缴纳入库，因此纳税申报其实是一种"自我课税"（self-assessment）。② 纳税人缴纳税款的依据就是自己的申报。与纳税申报相对应的是核定征收。纳税义务必须通过行政行为加以核定，无论是否经过纳税申报，最终确定权仍然属于税务机关。此时，纳税人缴纳税款的依据并不是申报行为，而是税务机关课征税款的行政行为。因此这种方式被称为核定征收。如果税务机关未能作出征税决定，纳税人即使负有纳税义务，也不需要现实缴纳税款。申报纳税和核定征收只是以谁为主的问题，并不完全排斥对方的行为。申报纳税方式可以以税收核定为补充，而核定征收方式也可以以纳税申报作为参考。申报纳税方式主要在美国被广泛采用，而欧洲则流行核定征收方式。③

纳税申报是美国税收程序的基础，纳税申报的目的在于确定应纳税额。税务稽查、税收核定、税务处罚、税收时效，乃至税收征税等都与纳税申报有着密切的关系。1975 年，最高法院在美国诉比谢利亚案（U.S. v. Bisceglia, U.S. Supreme Court）的判决中明确指出："美国税收结构以自我申报（self-reporting）体制为基础。虽然自我申报具有法律强制力，但从根本上，政府需要依赖每一位潜在纳税人善意和诚实地披露有关其纳税义务的全部信息才能确保美国税收制度的实施。"纳税人是否能获得免税、减税等均需依赖纳税申报，而后取得税收返还（tax refund）或税收抵免（tax credit）。美国纳税申报数量最多的是个人所得税，每年申报期限即将届满前，美国人都必须花费不小的精力申报纳税，这也使得美国报税服务市场异常发达。

---

① 熊伟：《美国联邦税收程序》，北京大学出版社 2006 年版，第 24 页。
② ［日］金子宏：《日本税法》，战宪斌、郑林根等译，法律出版社 2004 年版，第 417 页。
③ 熊伟：《美国联邦税收程序》，北京大学出版社 2006 年版，第 24～25 页。

## 一、本书研究税种范围的确定:美国联邦所得税

### (一)从国际法角度看,美国仅在联邦税范围内参与国际税收信息交换合作

《美国所得税协定范本》(United States Model Income Tax Convention,以下简称《美国范本》)是美国对外签订税收协定所参照的工作文本。2016年2月17日,美国财政部发布了新修订的《美国范本》。① 这是继1981年第一个《美国范本》发布以来,美国财政部对《美国范本》的第三次修订(前两次修订分别在1996年和2006年)。作为美国与其他国家(或地区)谈签税收协定的工作范本,《美国范本》不仅影响着美国未来将要缔结的新税收协定,也影响着美国对目前已缔结税收协定的修订和解释。② 2006年和2016年的《美国范本》第26条第1款均规定,信息交换不受第2条(税种范围)的限制。那么这是否意味着美国参与国际税收信息交换的税种范围可以据此覆盖包括州税在内的美国全部税种呢?答案是否定的。美国财政部发布的《2006年美国范本技术指南》明确指出,2006年《美国范本》第26条第1款规定的"信息交换不受本协定第2条(税种范围)限制"是指美国信息交换可以不限于第2条规定的联邦所得税范围,可拓展至任何适用于全国(national level)的税种。对美国来说,可拓展至遗产税与赠与税(estate and gift taxes)、消费税(excise taxes),对缔约国另一方可拓展至增值税。③ 因此,美国税收信息交换的税种仅限于全国范围的税种,也就是联邦税(federal government taxes)的范围,不包括州税(state government taxes)和地方税(local government taxes)的范围。

### (二)从美国国内法角度看,仅联邦税存在统一的规则

美国的联邦、州、地方三级政府根据权责划分,对税收实行彻底的分税制。联邦与州分别立法,地方税收由州决定。三级税收分开各自进行征管。这种分税制于美国建国初期已开始形成。联邦一级税收的基本法律是1986年的《美

---

① 2016 United States Model Income Tax Convention,https://www.treasury.gov/resource-center/tax-policy/treaties/Documents/Treaty-US%20Model-2016.pdf,2019-07-01.

② 截至2019年6月底,美国已与包括中国在内的68个国家(或地区)缔结了税收协定。https://www.irs.gov/businesses/international-businesses/united-states-income-tax-treaties-a-to-z,下载日期:2019年7月1日。

③ 2006 U.S. Model Technical Explanation, pp.86-87(paragraph 1 of Article 26),https://www.irs.gov/individuals/international-taxpayers/the-us-model-income-tax-convention-and-model-technical-explanation,2019-07-01.

联邦收入法典》(Internal Revenue Code,简称 IRC),它是 1939 年制定的,并于 1954 年和 1986 年分别作了修订。IRC 仅规定美国联邦税。州税和地方税由各州政府和地方政府立法,其规则也是大相径庭。换言之,美国州税和地方税的立法权、征收权,乃至预算与支出都与联邦政府无关。联邦政府的财政收入甚至有一部分要转移支付给州政府与地方政府。

### (三) 从 FATCA 信息申报的角度,仅涉及美国纳税人的联邦所得税

虽然美国联邦税均涉及纳税申报制度,但是鉴于本书研究的 FATCA 旨在监督美国纳税人就其来源于全球的所得是否向 IRS 承担了法律上的无限纳税义务,因此本书将联邦税纳税申报制度限定在联邦所得税的范围内研究。其他联邦税(社会保险税、消费税、遗产税、赠予税等)的纳税申报制度暂不涉及。美国税制的基本结构和各税种的收入情况参见表 1-1。

表 1-1 仅以 2015 财年美国财政收入统计为例,显示美国各级政府财政收入和税种的分布情况。由表 1-1 可见,在联邦政府 3.25 万亿美元的财政收入中,税收收入达到 3.15 万亿美元,占联邦政府 2015 财年总财政收入的 96.9%。美国联邦政府税中可能涉及国际信息交换的税种包括所得税、消费税、遗产税和赠与税的总收入是 1.94 万亿美元,占联邦政府 2015 财年总税收收入的 61.6%。

表 1-1 美国 2015 财年财政收入统计表

(单位:万亿美元)

| 收入种类 | | 联邦政府收入及各项收入占比 | | 州政府收入及各项收入占比 | | 地方政府收入及各项收入占比 | | 合计及占总收入比例 | |
|---|---|---|---|---|---|---|---|---|---|
| 所得税 | | 1.88 | 57.8% | 0.39 | 21.20% | 0.04 | 3.1% | 2.31 | 36.2% |
| 1 | 个人所得税 | 1.54 | | 0.34 | | 0.03 | | | |
| 2 | 公司所得税 | 0.34 | | 0.05 | | 0.01 | | | |
| 社会保险税 | | 1.07 | 32.9% | 0.60 | 32.6% | 0.10 | 7.8% | 1.76 | 27.5% |
| 1 | 养老保险 | 0.66 | | —— | | —— | | 0.66 | |
| 2 | 伤残保险 | 0.11 | | —— | | —— | | 0.11 | |
| 3 | 医疗保险 | 0.23 | | —— | | —— | | 0.23 | |
| 4 | 失业保险 | 0.05 | | 0.08 | | 0.00 | | 0.13 | |
| 5 | 雇员退休保险 | —— | | 0.51 | | 0.10 | | 0.61 | |
| 6 | 铁路退休保险 | 0.01 | | —— | | —— | | 0.01 | |
| 7 | 其他 | —— | | 0.01 | | —— | | 0.01 | |

续表

| 收入种类 | | 联邦政府收入及各项收入占比 | | 州政府收入及各项收入占比 | | 地方政府收入及各项收入占比 | | 合计及占总收入比例 | |
|---|---|---|---|---|---|---|---|---|---|
| 从价税 | | 0.20 | 6.2% | 0.50 | 27.2% | 0.63 | 48.8% | 1.34 | 21% |
| 1 | 消费税 | 0.04 | | 0.03 | | —— | | 0.07 | |
| 2 | 销售税 | —— | | 0.33 | | 0.10 | | 0.44 | |
| 3 | 财产税 | | | 0.01 | | 0.49 | | 0.50 | |
| 4 | 交通税 | 0.06 | | 0.07 | | —— | | 0.13 | |
| 5 | 关税（费） | 0.04 | | —— | | | | 0.04 | |
| 6 | 遗产税和赠与税 | 0.02 | | —— | | | | 0.02 | |
| 7 | 其他 | 0.05 | | 0.06 | | 0.03 | | 0.14 | |
| 费用 | | —— | 0 | 0.20 | 10.9% | 0.28 | 21.7% | 0.48 | 7.5% |
| 商业和其他收入 | | 0.10 | 3.1% | 0.15 | 8.1% | 0.24 | 18.6% | 0.50 | 7.8% |
| 合计直接财政收入 | | 3.25 | 100% | 1.84 | | 1.29 | | 6.38 | 100% |

表格数据来源：美国2015财政年度（2014年10月1日—2015年9月30日）财政收入构成，http://www.usgovernmentrevenue.com/year_revenue_2015USrn_17rs1n#usgs302，下载日期：2019年7月1日。

## 二、纳税人的纳税申报程序

美国联邦所得税的纳税人包括个人纳税人和实体纳税人。鉴于FATCA规则目前仅适用于美国个人纳税人（美国公民和居民），因此本章集中讨论美国个人纳税人的纳税申报程序，以分析纳税申报程序对FATCA实施的基础性作用。

### （一）纳税人：居民与非居民

一般情况下，以纳税人性质的不同，可将所得税的纳税人分为个人纳税人和实体纳税人；以纳税人是否承担无限纳税义务，可将所得税的纳税人分为居民纳税人和非居民纳税人。居民（residents）是指就其全球所得向一国政府纳税的人（无限纳税义务）；非居民（non-residents）是指仅就其在一国境内取得的所得向该国政府纳税的人（有限纳税义务）。[①] 居民纳税人身份的确认标准由各国国内税法规定。各国通常

---

① Roy Rohatgi, *Basic International Taxation*, Kluwer Law International, 2002, p.132.

以住所、居所、居住时间或主观意愿等因素确定个人的居民身份;以实际管理和控制中心所在地、总机构所在地等因素确定实体(主要是法人)的居民身份。①

确认纳税人的居民身份有着重要的税法意义。

第一,对一个征税国而言,确定某个纳税人是否为本国税法上的居民,关系到这个征税国对该纳税人行使的税收管辖权的性质。对居民纳税人,征税国可依法主张行使居民税收管辖权,无论纳税人的有关所得来源于境内还是境外,只要是税法规定的应税所得,都有权要求其申报缴纳相应的所得税;对非居民纳税人,则只能主张行使来源地税收管辖权,一般仅就其来源于征税国境内的那些所得征税。相应的,对纳税人而言确定其是否具有某个国家税法上的居民身份,则决定了这个纳税人对该国应承担的纳税义务范围,即是承担无限纳税义务(full taxation liability)还是有限纳税义务(limited taxation liability)。以居民身份作为承担无限纳税义务的基础是因为人们普遍认为这是居住在一国的人对该国向其提供的特权和保护所支付的对价。② 少数国家也对其公民来源于全球的所得征税(例如美国),无论公民是否居住在境内。

第二,在各国所得税法上,由于居民纳税人和非居民纳税人的纳税责任范围不同,税收征管的难度也不同,彼此享有的税收待遇和适用的课税方式和程序也有差别。例如,在税基的计算扣除方面,居民纳税人往往允许扣除有关的成本、费用和损失按所得净额征税,而那些不在境内居住的非居民纳税人则一般适用源泉扣缴方式按收入的毛额计征所得税。居民和非居民适用的税率和征税时间往往也有所差别。因此,纳税人居民身份的确定还关系到其可能适用的税收待遇和课税方式的不同。

第三,目前各国相互间往往签订有双边或多边的有关避免对所得和财产国际重复征税的国际条约,这些税收条约规定的优惠或救济条款,仅限于具有缔约国居民身份的纳税人方可适用。③ 非缔约国居民纳税人则不在此类税收条约规定的适用范围。因此,纳税人身份的确定,关系到征税国对某个纳税人的征税是否要受到其对外缔结的有关税收条约的约束,该纳税人是否有资格主张享受某

---

① 有关居民身份的认定标准,具体可参见廖益新主编:《国际税法学》,高等教育出版社2008年版,第29~32页。

② Roy Rohatgi, *Basic International Taxation*, Kluwer Law International, 2002, p.133.

③ OECD颁布的《关于避免对所得和财产双重征税的协定范本》(以下简称"OECD范本")和联合国颁布的《关于发达国家与发展中国家间避免双重征税的协定范本》(以下简称"UN范本")是世界大多数国家(或地区)对外缔结税收协定所参照的工作文本。依照2017年OECD范本和2017年UN范本第1条的规定:"本协定适用于缔约国一方或同时为缔约国双方居民的人。"

一税收条约规定的优惠待遇。①

**(二)联邦所得税个人纳税人的纳税申报程序**

1.个人纳税人的范围

美国是国际上少数几个同时保留公民管辖权和居民管辖权的国家。在美国税法层面上,美国公民与美国居民(包括居民外国人和居民公司等)均需就其全球所得向 IRS 负担无限纳税义务,非居民(包括非居民外国人和非居民公司等)仅就其来源于美国境内的所得向 IRS 负担有限纳税义务。

就个人纳税人而言,IRC 使用了公民、居民外国人和非居民外国人三个术语。② 公民与居民外国人就其全球所得向 IRS 负担无限纳税义务;非居民外国人仅就其来源于美国境内的所得向 IRS 负担有限纳税义务。美国公民、居民外国人和非居民外国人的认定规则是:第一,美国公民(citizen)是指具有美国国籍的个人;第二,对不具有美国国籍的外国人,美国联邦政府一般采取居住时间标准认定其税法意义上的居民身份。

居民外国人(resident alien)主要指在某公历年度内美国法律认可的永久居民(例如绿卡持有人),或者在美国境内实际停留超过一定期限的人。这一期限通常是指连续 3 年实际停留期间累计不少于 183 天,且在当年停留期间不少于 31 天(实质停留测试)。计算公式为连续 3 年累计停留天数=(当年停留天数×1)+(向前第一年停留天数×1/3)+(向前第二年停留天数×1/6)。③ 即使符合实质停留期限,也可能因以下原因被 IRS 认定为非居民外国人:(1)应税当年在美国停留期限少于 183 天;(2)应税当年具有另一国的税收居民身份;(3)应税当年与该另一国具有比美国更紧密的联系。④ 非居民外国人(non-resident alien)是指并非美国公民和美国居民外国人的个人。⑤ IRS 针对个人纳税人的不同身份与情况发布了详细的纳税申报指南。⑥ 本书仅研究个人纳税人纳税申报程序的一般性问题。

---

① 廖益新主编:《国际税法学》,高等教育出版社 2008 年版,第 32 页。
② Section 7701(a)(30)(A),Section 7701(b)(1)(A),Section 7701(b)(1)(B),IRC。
③ Section 7701(b)(3)(A),IRC.
④ Section 7701(b)(3)(B),IRC.
⑤ Section 7701(b)(1)(B),IRC.
⑥ IRS 发布的个人纳税人纳税申报指南主要有:(1)Your Federal Income Tax-For Individuals,Publication 17(Cat.No.10311G);(2)Tax Guide for U.S. Citizens and Resident Aliens Abroad,Publication 54(Cat.No.14999E);(3)U.S. Tax Guide for Aliens,Publication 519(Cat. No.15023T)

## 2.纳税申报义务人

大部分个人纳税人均需要进行纳税申报,成为纳税申报义务人。值得强调的是,纳税人在申报纳税的程序中,经过申请减免、扣除、抵免和退税等税收待遇,其最终缴纳的联邦所得税可能为零。但是,这并不影响纳税人的纳税申报义务。换言之,只有通过纳税申报程序,纳税人才可能申请适用减免、扣除、抵免和退税等税收待遇。

(1)美国公民和美国居民外国人作为申报义务人的条件

在美国联邦所得税法上,美国公民与居民外国人适用相同的征税规则。美国公民和居民外国人是否具有纳税申报义务取决于三个要素:总所得额、申报身份和年龄(见表1-2)。总所得额是指纳税人以货币、商品、财产、服务等形式取得的全部应税所得。就个人所得而言包含以下项目:①工资、薪金或其他劳务所得;②小费所得;③利息所得;④股息或其他分配所得(例如合伙份额);⑤租金所得;⑥退休金、养老金或年金所得;⑦社会保障和铁路退休收益;⑧其他所得。

表1-2 2016财年美国联邦所得税的纳税人最低申报标准

| 申报身份(filing status) | 2016年年底的年龄 | 总所得(gross income)*最低额 |
| --- | --- | --- |
| 单身 | <65 | $10350 |
| | >=65 | $11900 |
| 已婚合并申报 | <65(夫妻双方) | $20700 |
| | >=65(夫妻一方) | $21950 |
| | >=65(夫妻双方) | $23200 |
| 已婚单独申报 | 不限年龄 | $4050 |
| 户主(head of household) | <65 | $13350 |
| | >=65 | $14900 |
| 符合条件的抚养子女的丧偶者 | <65 | $16650 |
| | >=65 | $17900 |

表格信息来源:Your Federal Income Tax-For Individuals,Publication 17(Cat. No. 10311G),p.5.

(2)美国非居民外国人成为申报义务人的条件

在美国联邦所得税法上,非居民外国人与美国公民和居民外国人适用的征税规则不同。非居民外国人适用的征税规则取决于其所得的来源,以及所得是否与美国境内的贸易或经营有实质联系。①若非居民外国人的所得来源于美国,且与美国境内的贸易或经营有实质联系[①],在相应的扣除之后(allowable deductions),其净所得额(net income)与美国公民和居民外国人适用相同的税率;

---

① 所得是否与美国境内的贸易或经营有实质联系的认定标准可参见 U.S. Tax Guide for Aliens,Publication 519(Cat.No.15023T),pp.17-18.

②若非居民外国人的所得来源于美国,但与美国境内的贸易或经营没有实质联系,则不允许任何扣除,其毛所得额(gross income)一般适用30%的税率(税收协定可能降低这一税率)。鉴于适用征税规则的不同,非居民外国人一般不能申请与非居民配偶合并申报联邦所得税,也不能申请美国所得税法的标准扣除(standard deduction)。非居民外国人仅能申请个人免征额(personal exemption),不能像美国公民和居民一样申请家属免征额(exemption for dependents)。

鉴于征税规则的不同,非居民外国人是否具有纳税申报义务取决于一个要素:是否具有来源于美国的所得(见表1-3)。非居民外国人若具有来源于美国的所得,无论其年龄、是否已婚和所得额多少,均需要向IRS申报纳税。

表1-3 非居民外国人所得来源地规则一览表

| 所得项目 | 来源地 |
| --- | --- |
| 工资、薪金或其他雇佣所得 | 劳务发生地 |
| 营业所得: | |
|     个人劳务 | 劳务发生地 |
|     销售购进货物 | 销售地 |
|     销售出厂货物 | 发货地(allocation) |
| 利息 | 支付人居住地 |
| 股息 | 一般情况:美国公司支付即来源于美国,外国公司支付即来源于外国。<br>例外情况:a.若某美国公司选择美属萨摩亚经济发展信贷,则由该美国公司支付的股息属于来源于美国境外的股息;b.若某外国公司在股息分配前三个纳税年度内,其至少25%的毛所得与美国境内的贸易或营业有实质性的联系,则由该外国公司支付的股息也属于来源于美国境内的股息。 |
| 租金 | 租赁财产所在地 |
| 特许权使用费: | |
|     自然资源 | 财产所在地 |
|     专利、著作权等 | 财产使用地 |
| 不动产销售 | 财产所在地 |
| 个人财产销售 | 卖方的税收居住地 |
| (归因于贡献取得的)退休金 | 取得退休金的劳务发生地 |
| 退休金的投资收益 | 退休金信托所在地 |
| 自然资源销售 | 视财产在出口终端的公平市场价值分配来源地<br>具体规则见 Treasure Regulations,section 1.863-1(b) |

表格信息来源:U.S. Tax Guide for Aliens, Publication 519(Cat.No.15023T),p.13.

3.使用恰当的申报表格

在美国联邦税收实践中,纳税申报应当选择恰当的表格。IRS 为此设计了不同的表格,以适应不同纳税人以及不同税种的需要。① 每一种申报表格的名字不一样,内容也随之改变。纳税人在进行纳税申报时,必须根据自己的实际情况,在不同类型的表格中进行选择。

(1)个人纳税人的申报表格

一般情况下,美国公民和居民外国人应填报《个人所得税纳税申报表》(1040表),但若有多种个人所得类型或不需要申请家属免征额,美国公民和居民外国人还可以分别选择 1040A 表(适用于多种所得类型且欲申请多种扣除的个人)②和 1040EZ 表(适用于无家属的个人)③。

非居民外国人一般应填报《美国非居民外国人所得税申报表》(1040NR表),不需要申请家属免征额的居民外国人可以填报 1040EZ 表。非居民外国人在纳税申报时,一般会向 IRS 申请 W-8 表系列证明,用以向预提税义务人证明其身份,以及所得是否与美国境内的经营有实质联系。④

(2)申报表格的法律效力

纳税申报表格是纳税人申报纳税和 IRS 评税、征税的重要依据。那么,申报表格在法律上的效力如何?纳税人是否必须遵循这些形式上的规定?如果没有使用正确的申报表格,是否必然导致申报无效呢?

从 IRS 的征管实践来看,申报表格主要上为了便于税收管理,同时也便于纳税人披露信息。除了签名、宣誓证实等必备的内容之外,纳税人只要披露了全部信息,使税务局可以据此核实所申报的税款,即使纳税人没有正确选择纳税表格,也不影响纳税申报的有效性。⑤ 反之,即使选用了正确的申报表格,但披露的信息不够完整也可能致使申报无效。为了避免风险,纳税人还是应当尽可能选用正确的纳税申报表格。

对申报表格的效力问题,美国司法实践与征管实践相一致。在 Lane Wells 一案中,纳税人涉及两个税种(公司所得税和个人控股公司税)的纳税申报义务。

---

① IRS 发布的申报表格有几百种,具体参见 https://www.irs.gov/forms-pubs,下载日期:2019 年 7 月 1 日。

② 2018 财政年度开始,1040A 表不再使用,统一使用修订后的 1040 表格。https://www.irs.gov/uac/about-form-1040a,下载日期:2019 年 7 月 1 日。

③ 2018 财政年度开始,1040EZ 表不再使用,统一使用修订后的 1040 表格。https://www.irs.gov/uac/about-form-1040ez,下载日期:2019 年 7 月 1 日。

④ Instruction for the Request of Forms W-8BEN, W-8BEN-E, W-8ECI W-8EXP and W-8IMY(Rev.July 2014), https://www.irs.gov/pub/irs-pdf/iw8.pdf,2019-07-01.

⑤ Michael Saltzman, IRS Practice and Procedure, Warren Gorham & Lamont, 1991, Boston, USA.

纳税人递交了普通的公司所得税申报表,但是没有递交个人控股公司税申报表。美国最高法院判决称,纳税人对个人控股公司税的申报不成立,税收核定时效不受限制。[①] 此外,在 Germantown Trust Co.一案中,信托人涉及一个税种(公司所得税)的纳税申报义务。但信托人仅递交了一份信托人申报表(fiduciary return),没有递交公司所得税申报表,且在信托人申报表中也没有对所得税税额进行任何计算。但是,美国最高法院认为,纳税人(信托人)已递交的信托人申报表包含足够的信息,IRS 可以据此计算和核定相关税额,因此可以视为一份有效的(公司所得税)纳税申请表,税收核定时效从申报期限届满之次日开始起算。[②]

可以看出,无论是 IRS 的征管实践还是司法实践均秉承这样的原则来认定申报表格的效力:无论纳税人选取的申报表格形式上是否正确,若申报表格所载信息足够使联邦税务局据此计算和核定所申报税种的税额,则申报表格即有效申报;相反,若申报表格所载信息不足以使联邦税务局据此计算和核定所申报税种的税额,则申报表格即无效申报。

4.填入完整的纳税信息

(1)纳税申报表的必要内容

纳税人的税务身份号码(taxpayer identification number)[③]、所得、扣除、抵免等信息是纳税申报表的必要内容,没有这些内容就不构成一份有效的纳税申报表。以个人所得税 1040 表为例,如果仅仅包含姓名、地址和纳税人的税务身份号码,但基于宪法理由拒绝申报和缴税,或者所有相关栏目都是零,那么这份表格就是不充分的,不构成一份有效的纳税申报表。个人纳税人也可能漏报或误报了某些必要的信息,且其发生缺乏正当合理的理由,那么纳税人可能因此面临民事或刑事上的处罚。美国的第三方纳税申报与信息申报制度(本章第二节)将有效于帮助联邦税务局监督纳税人申报信息的真实性与完整性。那么,所得、扣除、抵免等信息充分之后,是否必须将应税所得额计算出来,并填写在纳税申报表上?从上述 Germantown Trust Co.案中可以看出,最高法院认为只要披露的信息充分,联邦税务局能够据此计算和核定税款,即使纳税人自己没有完成计算,也不影响纳税申报的效力。

---

① Commissioner of Internal Revenue Service, IRS v. Lane Wells Co., 321 US 219,223(1944).

② Germantown Trust Co. v. Commissioner of IRS, 309 US 304(1940).

③ 纳税人的税务身份号码即税号,既便于确认纳税人身份,又利于在现代技术条件下进行信息处理。美国纳税人的税务身份号码分为两类:(1)个人身份号码。个人一般使用社会保障号作为纳税人身份号码,遗产申报纳税时使用被继承人的社会保障号。(2)雇主的税务身份号码。雇主的税务身份号码由美国联邦税务局分配,一般针对需要纳税的实体(如公司、合伙、信托等)和作为雇主或者独资企业主的个人。

### (2)是否"自证其罪"的争论

美国宪法第五修正案明确规定了"公民不得自证其罪"(self-incrimination)。因此美国国内长期以来存在公民纳税申报可能面临"自证其罪"的争论。即便如此,纳税申报必须包含充分的信息,仍然是美国联邦税法的一般性原则。如果基于"不得自证其罪"的宪法特权,纳税申报没有包含必要的信息,那么这份纳税申报不构成有效的纳税申报。如果纳税人认为对某个具体问题的回答,可能会导致其"自证其罪",纳税人可以就这个具体问题申请特权。但是,纳税人的申请不能太空泛,不能基于一个笼统的特权声明,而拒不提供所有的信息,或者根本不递交纳税申报表。此外,如果纳税人自动披露可能导致"自证其罪"的信息,那么就构成了对"不得自证其罪"特权的自动放弃,纳税人事后不得再行要求。①

### 5. 签名和宣誓证实

除非法律另有规定,否则纳税申报表必须有申报人的签名。② 并且通过一个书面声明宣誓确认(verifying returns),申报表绝对真实、可靠,不存在虚假或隐瞒的成分,否则愿意按伪证罪接受惩罚。③ 没有签名的纳税申报表,不构成税法意义上的纳税申报。如果仅仅有纳税人的签名,而没有宣誓证实申报表的真实性的书面声明,那么这份申报表也会被视为无效。在纳税申报表上签名和宣誓证实的人,对纳税申报表的真实性负有法律责任。如果对重大问题故意虚假申报,签名人必须为此承担刑事责任。

一般情况下,个人纳税申报必须由申报纳税的个人签字;公司纳税申报一般由公司的总裁、副总裁、财务主管以及其他任何被正当授权的人签字;合伙及其他非公司实体纳税申报,由被正当授权的负责人签名或由了解其业务的官员签名;信托或遗产的纳税申报,由受托人负责签字。④

### 6. 申报纳税的期限

美国税法的纳税期限不统一,不同的税种有不同的申报截止日期。就个人联邦所得税而言,以公历年度为基础的纳税人,纳税申报的时间不得迟于应税年度下一年的4月15日;以财政年度为基础的纳税人,纳税申报的时间不得迟于财政年度结束之后第4个月的第15天。就公司联邦所得税而言,以日历年度为基础的纳税人,纳税申报的时间不得迟于应税年度下一年的3月15日;以财政年度为基础的纳税人,纳税申报的时间不得迟于财政年度结束之后第3个月的第15天。对于非居民的外国个人或者公司而言,无论是个人联邦所得税还是公

---

① Michael Saltzman, IRS Practice and Procedure, Warren Gorham & Lamont, 1991, Boston, USA, pp.4-7.
② Section 6061, IRC.
③ Section 6065(a), IRC.
④ 熊伟:《美国联邦税收程序》,北京大学出版社2006年版,第32~33页。

司联邦所得税,以日历年度为基础的纳税人,纳税申报的时间不得迟于应税年度下一年度的 6 月 15 日;以财政年度为基础的纳税人,纳税申报的时间不得迟于财政年度结束之后第 6 个月的第 15 天。

通常 IRS 只有在申报纳税期限截止之前收到纳税申报表,纳税人才算完成了纳税申报义务。以邮寄方式提交,邮戳日期为提交日期。若纳税人不能在申报期限内申报,为了避免相关罚金,纳税人可以考虑申请延期申报。延期申报必须在纳税申报期限截止前提出,除纳税人不在美国境内的情况外,申报延期一般不得超过 6 个月。① 纳税申报期限截止之后的延期申请,联邦税务局一般都不会予以考虑。如果延期申请被拒绝,纳税人应当在正常申报期限内申报,或者在被拒绝之后 10 日内申报,两者时间不一致时以在时间后的为准。

7.税款支付

纳税申报和税款支付是两个不同的概念,但是美国联邦税的纳税申报与税款支付的截止日期相同。因此,纳税人在递交纳税申报表的同时,也必须将税款足额缴给联邦税务局,无论纳税申报的期限是否得以延长。如果纳税人及时申报纳税,但没有及时缴付税款,纳税人不必遭受延迟申报的处罚,但是会招致延迟缴税的处罚。

与纳税申报一样,经过 IRS 允许之后,税款支付也可以延期。在不同情况下,税款延期支付的期限也不一样。如果还处于申报纳税的阶段,税款支付延期一般不能超过 6 个月。如果已经构成欠税,延期可以达到 18 个月,特殊情况下还可以再延期 12 个月。而对于遗产税这种数额可能巨大,且财产变卖过程较长的税种,税款延期支付最长可达到 10 年。② 值得强调的是,即使延期支付税款被税务局批准,税款也必须加计利息,可以免除的仅是延期支付税款的罚金。此外,并不是所有的延期支付都会被批准,若纳税人欠税是由于其过失或者欺诈,延期支付则不会被批准。延期支付还可能以纳税人存在严重困难为前提,如果纳税人有能力及时支付税款或者通过其他努力可以做到及时支付,一般 IRS 也不会批准延期支付税款。③

### 三、纳税申报与评税、征税、退税和抵免的关系

纳税人的纳税申报完成之日,既是 IRS 评税、征税法定期限的起算点,也是纳税人申请退税和抵免的法定期限的起算点。

---

① Section 6081(a),IRC.
② Section 6161(a),IRC.
③ 熊伟:《美国联邦税收程序》,北京大学出版社 2006 年版,第 36~37 页。

### (一) 与评税、征税的关系

IRC 规定,一般情况下,IRS 必须在法定期限内完成对相关税收的评税(assessment)、征收(collection)工作。通常情况下,评税工作应在纳税人申报纳税后的 3 年内完成。① 征收工作应在评税后的 10 年内完成。② 若 IRS 未在法定期限内完成对相关税收的评估,将丧失通过司法途径向纳税人追缴税款的权利。③ 若税务局未在法定期限内完成对相关税收的征收,则不能对欠税再进行行政征收或诉诸法院裁决。④ 这看似是一个法律漏洞,使那些超过法定征税期限仍未缴税的纳税人免予被起诉。但美国国会认为这项漏洞有合理性。倘若 IRC 允许美国政府在超过上述法定期限时依然能够通过司法途径追诉纳税人,这将损害被告人的权利。因为长时间之后,证人对待证事实的记忆可能淡化,证人也可能去世或失踪,证据有可能丢失。况且,IRC 除了对美国政府评税和征税设置了法定期限,以保护纳税人权利之外,也对纳税人申请退税和抵免设定了法定期限,以保护政府的权力。⑤

### (二) 与退税、抵免的关系

纳税人申报纳税和申请退税或抵免是不同的。由于美国税收征管实行的是先申报缴纳,后申请退税的原则,纳税人须在法定期限内向 IRS 申请退还或抵免其多缴纳的税款。(1)已完成申报纳税的纳税人,须在申报纳税完成之日起 3 年内或者缴税之日起 2 年内(以两者中迟者为截止期限)申请退税或抵免。若申报纳税早于申报纳税法定截止日期(due date)完成,则申报纳税截止日期应视为申报完成日期。(2)若纳税人没有申报纳税义务(例如纳税人的所得税被其雇主从工资中预提缴付给 IRS,但由于纳税人的应税所得没有超过免税额和标准扣除额,因此无须申报纳税),则须在缴税之日起 2 年内申请退税或抵免。⑥ 任何超过上述法定期限的退税或抵免申请不应被允许。⑦ 这意味着纳税人超过法定期限将丧失获得退税或抵免的权利。但需要说明以下两点。

第一,法定期限的计算十分复杂,IRC 除了上述一般性规定之外,还规定了一系列特别规则。特别规则包括延长或缩短政府评税和征税的一般法定期限的

---

① Section 6501(a), IRC.
② Section 6502(a)(1), IRC.
③ Section 6501(a), IRC.
④ Section 6502(a), IRC.
⑤ Roby B.Sawyers etc., *Federal Tax Research* (10th edition), South-Western College/West, (March 5, 2014), p.516.
⑥ Section 6511(a), IRC.
⑦ Section 6511(b)(1), IRC.

规则,延长纳税人申请退税或抵免的一般法定期限的规则,以及期限中止规则。① 比如,为维护纳税人权利,在快速评估(prompt assessment)程序下,IRS 的评估期限从 3 年缩短为 18 个月。② 但如果纳税人漏报税款达到申报毛所得额的 25% 以上,那么评估期限将从一般的 3 年延长至 6 年。③ 再比如,无价值证券(worthless securities)和坏债(bad debt)的损失(losses)在应税所得中是可以扣除的,但某证券或债权是否会成为无价值证券或坏债只有在事实发生后才能确定。因此 IRC 规定,归因于无价值证券或坏债损失的退税或抵免申请,应在申报纳税截止日后 7 年内进行(而不是一般的 3 年法定期限)。④ 再比如,若美国税法法庭受理相关案件,则从纳税人向法庭提出申请到案件裁决作出后的 60 日,相关税收的评税和征税法定期限中止。⑤

第二,鉴于法定期限经过后,IRS 权力和纳税人权利均受到较大影响,因此 IRC 规定了一系列规则,防止 IRS 或者纳税人滥用上述法定期限。⑥ 比如,当对所得的分类、是否允许扣除或其他税收待遇的认定存在错误时,那么即使超过了正常法定期限,也应当允许改正这些错误。

## 四、纳税申报的法律责任

为了加强联邦税纳税申报制度的实施,促进纳税人自愿申报,IRC 对纳税人违反申报义务的行为规定了一系列罚则。在实践中,由于申报纳税的复杂性和技术性,纳税人往往委托报税师(tax return preparer)等专业人员提供帮助其申报纳税服务。因此,除了纳税人之外,IRC 还对报税师的一些违法行为也规定了罚则。对纳税人和报税师的罚则既包括民事处罚(主要指罚款),也包括刑事处罚(主要指罚款、补偿政府起诉成本和监禁)。民事处罚和刑事处罚并不矛盾,可以同时适用于同一违法行为。

### (一)纳税人的法律责任

1. 民事处罚

纳税人由于疏忽(negligence)、故意(willful disobedience)或欺诈(outright

---

① 具体可参见:Roby B. Sawyers etc., *Federal Tax Research* (10th edition), South-Western College/West, (March 5, 2014), pp.516-520.
② Section 6501(d), IRC.
③ Section 6501(e)(1)(A), IRC.
④ Section 6511(d)(1), IRC.
⑤ Section 6503(a)(1), IRC.
⑥ Section 1311-1314, IRC.

fraud)等原因违反法定义务,且没有合理理由,通常需要承担民事处罚。IRC 规定的民事处罚有两类:其一,从价罚款(ad valorem penalties),即按照拖欠税款的一定比例确定的罚款;其二,定额罚款(assessable penalties),直接规定罚款的美元金额或金额范围。罚款是纳税义务之外的义务,不能在纳税人的后续纳税义务中扣除。①

常见的遭受民事处罚的违法行为包括以下七种:②

第一种,未按期履行申报义务(failure to file a tax return)。

一般情况下,在没有合理理由的情形下,纳税人未按期进行纳税申报,则可能按月被处以应缴税款 5% 的罚款,罚款金额以应缴纳税款的 25%(或合计 5 个月的总计罚款)为限。如果填报税务信息存在欺诈,那么罚款涉及的上述比例可增加到每月处以应缴税款的 15%,总额不超过应缴税款的 75%。③ 这意味着纳税人一旦出现未按期履行申报义务的情况,除非纳税人能够证明(burden of proof)存在合理理由,否则其将被处以相应的罚款。IRC 或财政部的行政规则均没有规定"合理理由"的定义。美国法院的一些判例对"合理理由"有所界定,但也并不一致。比如纳税人最常提出的一个"合理理由"是由于依赖和等待专业报税的填报意见,因此未按期申报。对这个理由,一些判例支持它构成"合理理由",④而有些判例并不认可它构成"合理理由"。⑤ IRS 描述的"合理理由"一般包括:按期邮寄的报税资料因邮资不足未被退回;纳税人或其家庭成员死亡或严重疾病;纳税人居所、营业地或记录遭受火灾或其他灾难;纳税人被监禁;IRS 为提供正确填报表格,IRS 工作人员提供了错误的信息;等等。⑥

第二种,未缴纳税款。

如果纳税人在收到 IRS 通知的 10 日内(纳税额少于 10 万美元,扩展至 21 日),没有缴纳纳税申报表上的应付税款,将被按月处以未缴纳税款 0.5% 或 1% 的罚款。⑦

---

① Section 6665(a)(1),IRC.

② Roby B. Sawyers etc., *Federal Tax Research* (10th edition), South-Western College/West,(March 5, 2014),p.491.

③ Section 6651(a)(1),Section 6651(f),IRC.

④ Chamberlin, T.C.Memo 2000-50。本案中纳税人并没有提供证据证明他没有及时申报纳税的原因是因为他委托了报税师并支付了佣金。但在上诉审理中,税务法院认为纳税人已充分知晓(或应当知晓)他有每年申报纳税的义务。(88 A.F.T.R.2d 2001-5151)

⑤ McNair Eye Center,Inc., T.C.Memo 2010-81.在本案中,税务法庭裁决认为,即使公司因为须依赖税务咨询师的服务而未及时申报雇佣税,也依然需要被处以罚款。

⑥ Roby B. Sawyers etc., *Federal Tax Research* (10th edition), South-Western College/West,(March 5, 2014),p.492.

⑦ Section 6651(a)(2)(3),IRC.

第三种,准确性瑕疵的相关处罚。

第四种,未缴纳估算所得税(公司或者个人按季度缴纳的估算所得税)。

第五种,未存储税款(依据 IRC 雇主从雇员工资中预提所得税和社会保险税,雇主须将预提的税款在指定日期存入美国政府储蓄账户)。

第六种,提交有关预提税的错误信息。

第七种,轻率填报(filing a frivolous return)。

2.刑事处罚

除了民事处罚之外,IRC 还对违反纳税申报义务的行为规定了刑事处罚。刑事处罚旨在"阻止和惩罚评税和征税中的欺诈行为"[①]。刑事处罚必须在宪法规定的刑事程序之后(即纳税人具有与其他刑事被告人同样的权利和特权)才能实施。在刑事程序中,IRS 须承担较重的举证责任,且如果纳税人的宪法权利可能遭受损害,那么纳税人有权拒绝回答 IRS 的询问。一般刑事起诉仅在公然欺诈(flagrant offenses)的情形下才会启动。例如,故意逃税等。并且刑事处罚与民事处罚并不矛盾,可以同时适用。因此,若纳税人的违法行为可以通过民事处罚得到纠正,IRS 通常并不愿意参与到刑事起诉中。刑事处罚的种类包括罚款(一般个人不超过 10 万美元,公司不超过 50 万美元),补偿政府起诉成本和监禁(一般不超过 5 年)。[②]

### (二)报税师的法律责任

据 IRS 统计,美国 2010 年有 58.68% 的纳税人通过报税师申报个人所得税,40.78% 的纳税人使用报税软件自行申报个人所得税。[③] 当违法行为发生时,不仅纳税人需要承担责任,报税师也可能承担责任,只是 IRC 对报税师承担的责任的规定总体比较温和,从未提供身份代码的 50 美元罚款到帮助和教唆少报税处以 1000 美元罚款。但由于这个罚金的数额是可以累计的,因此报税师也可能受到较重的处罚。

1.报税师的概念

(承担民事责任的)报税师是指任何为准备报税或退税事项收取佣金的人,或任何雇佣他人准备报税或退税申请事项而收取佣金的人。报税或退税事项是指报税(所得税、遗产税和赠与税、雇佣税、消费税等)或所得税退税申请的全部或实质部分。[④] 报税师分为签字报税师和不签字报税师。签字报税师对报税单

---

① U.S. v. White,417 F.2d 89,93 (CA-2,1969).

② Section 7201,IRC.

③ Taxpayer Filing Attribute Report,IRS Publication 4822(Cat.NO.54312P)(2013).

④ Section 7701(a)(36)(A),IRC.

或退税申请的总体准确性负主要责任,而不签字报税师是协助准备了报税单或退税申请的实质部分。认定报税师不是仅依据从事报税师职业所需的资格证书、学位或教育条件,而是依据其是否有偿完成了纳税或退税申报服务的实质部分。①

相较于签字报税师,不签字报税师的认定较为复杂,即如何确定"报税或退税申请的实质部分"需要具体解释。美国财政部的税务规章具体规定了不构成不签字报税师的两种情形。其一,时间要素。虽然协助准备了报税单或退税申请,但是其提供咨询服务的时间不足其余报税或退税服务时间的5%,则不构成不签字报税师。② 其二,金额要素。报税单涉及的报税额低于1万美元,或者报税额同时低于40万美元和涉及毛所得额(或纳税调整后毛所得额)的20%,则不构成不签字报税师。③

此外,不能仅因为从事了以下活动而认定其构成报税师:①打字、复制或其他文书辅助工作;②雇员为其雇主或领导(或者雇主为雇员)准备报税或退税申请;③作为受托人(fiduciary)准备报税或退税申请;④在审计或申诉(appeal)程序中准备报税申请;⑤为纳税人提供一般的税务咨询服务;⑥IRS的雇员或官员从事的职务行为;⑦无偿的申报纳税服务;⑧从事 IRS 支持项目的活动,比如所得税服务志愿者项目(volunteer income tax assistance)、老年人税务咨询项目(tax counseling for the elderly)、低收入者税收诊所项目(low-income tax clinic)。④ 从2012年起,IRS只接受签字报税师的申报。⑤

2. 报税师承担的民事或刑事处罚

(1)违反申报规则的民事处罚

对报税师的下列行为一般处以50美元且一年不超过2.5万美元的罚款: a.在交付纳税人签字时未向纳税人提供完整的报税单;b.未在报税单相应位置签字;c.未填写报税师或其雇主的身份代码;d.未保留其准备的报税单复印件达规定期限(一般为3年)。

(2)违法行为的民事处罚

①报税师向他人背书转让或出具所得税退税支票,罚款500美元。⑥

②因不合理的申报策略导致的不足额报税,罚款1000美元或报税师获取佣

---

① Section 301.7701-15(d),26 CFR(Treasure Regulations).
② Section 301.7701-15(b)(2)(i),26 CFR(Treasure Regulations).
③ Section 301.7701-15(b)(3)(ii)(A),26 CFR(Treasure Regulations).
④ Section 7701(a)(36)(B),IRC;Section 301.7701-15(f),26 CFR(Treasure Regulations).
⑤ https://www.irs.gov/uac/Tips-for-Choosing-a-Tax-Return-Preparer,2019-07-01.
⑥ Section 6695(f),IRC.

金的一半(以两者中较高数额为准)。① 若无实质授权依据,申报策略即可构成"不合理"。② 这项规则主要是为了防止报税师协助纳税人从事逃避税行为。若报税师正当披露"实质授权依据"③,且报税师不充分报税是基于"实质授权依据"和善意,则本项法则不适用。④

举例:汤姆在准备申报纳税时,主张了一项与当前税务裁决(revenue ruling)相矛盾的扣除待遇,因为在最新的法院判决中这项扣除待遇得到了法庭的支持。汤姆认为如果 IRS 不支持该项扣除待遇,那么在诉讼阶段有 70% 的机会法庭会支持这项扣除待遇。那么无论最后法庭是否支持该扣除待遇,只要汤姆提供与税务裁决相抵触的不充分报税的合理理由(如另一法庭判决),作为报税师的汤姆则不承担民事责任。反之,如果汤姆认为只有 5% 的机会法庭会支持这项扣除待遇,那么汤姆的申报可能被认定为轻率,采取了不合理的申报策略,从而承担民事责任。另一法院的判决就成了汤姆申报策略的"实质授权依据"。

③故意不足额报税。若因为报税师以任何方式故意少报,或者疏忽或故意忽视 IRS 税务规则或规章导致的纳税人未足额报税,则报税师将被处以罚款 5000 美元或报税师获取佣金的 75%(以两者中较高数额为准)。⑤

④组织、帮助组织避税项目,或利用避税项目完成报税,报税师可能面临 1000 美元或申报毛所得额 100% 的罚款(以两者中较低额为准)。⑥ 虽然避税项目本身才是主要的责任人,但是报税师经常帮助避税项目的实施,因此报税师也要承担民事责任。但若报税师能提供合理理由和善意为之的依据,IRS 可以豁免全部或部分罚款。⑦

(3)同时受民事和刑事处罚的违法行为

①帮助或教唆纳税人不充分报税

帮助或教唆纳税人不充分报税,对报税师一般可处 1000 美元(公司处 1 万美元)的民事罚款。此外,若报税师构成故意帮助或协助准备欺诈性或错误的报税材料,其行为可能构成犯罪(guilty of a felony),面临 3 年以下监禁和 10 万美元以下(公司为 50 万美元)的罚款。⑧ 这是 IRC 规定的对报税师最为严厉的

---

① Section 6694(a)(1), IRC.
② Section 6694(a)(2)(A), IRC.
③ Section.6662(d)(2)(B)(ii)(I)IRC.
④ Section 6694(a)(2);(a)(3), IRC.
⑤ Section 6694(b), IRC.
⑥ Section 6700(a), IRC.
⑦ Section 6700(a)(2);(b)(2), IRC.
⑧ Section 7206(2), IRC.

处罚。

②滥用纳税人报税信息

若报税师为除了准备报税之外的目的披露或使用报税信息,每次使用将被处以 250 美元民事罚款(报税师的该项罚款每个公历年度不超过 1 万美元)。① 此外,若报税师为报税之外的目的明知或疏忽大意披露或使用报税信息,还可能承担 1 年以下监禁和 1000 美元以下罚款的刑事责任。② 值得注意的是:第一,承担刑事责任的报税师的定义范围要宽于承担民事责任的报税师的范围。③ 比如,从事打字、复印等文书辅助工作的人不构成民事责任中的报税师,但其可能构成承担刑事责任的报税师。第二,报税师民事责任与刑事责任并不矛盾,可以一并适用。民事责任可以适用征税程序完成,但是刑事责任必须适用普通刑事程序,被告人须被赋予一系列宪法权利,即报税师在被认定为有罪之前皆为无罪(无罪推定原则)。④

# 第二节　第三方的预提税申报与信息申报制度

虽然美国有较为完善的纳税人纳税申报程序,但是美国依然存在纳税人不申报(non-filing)、少申报(underreporting)和少缴付税款(underpayment)的税收不合规行为。根据 2012 年 IRS 发布的统计数据,2001 纳税年度和 2006 纳税年度,美国的税收合规率估计分别达到 83.7% 和 83.1%,由于税收不合规行为导致的税款流失总额(gross tax gap)估计分别为 3450 亿美元和 4500 亿美元。在税款流失的三大因素中,少申报依然占据主要因素。2001 纳税年度估计的 3450 亿美元税款流失额中,少申报税额估计达到 2850 亿美元;2006 纳税年度估计的 4500 亿美元税款流失额中,少申报税额估计增长至 3760 亿美元。⑤ 因此,在各国的税收征管体制中,由税务主管部门和纳税人之外的第三方,就纳税人的应税

---

① Section 6713(a),IRC.
② Section 7216(a),IRC.
③ 刑事责任报税师的范围可参见 Section 7206(2),IRC,Section 7216(a),IRC.
④ Roby B. Sawyers etc., *Federal Tax Research* (10th edition), South-Western College/West, (March 5, 2014), pp.511-512.
⑤ IRS, IRS Releases New Tax Gap Estimates; Compliance Rates Remain Statistically Unchanged From Previous Study, Jan.6, 2012. https://www.irs.gov/uac/IRS-Releases-New-Tax-Gap-Estimates%3B-Compliance-Rates-Remain-Statistically-Unchanged-From-Previous-Study,2017-12-01.

收入自动向税务主管部门独立进行纳税申报或披露信息成为一种有效的征管制度，笔者将其统称为第三方涉税信息申报制度。一般来说，第三方涉税信息申报制度包括两种：第一种是预提义务人向税务主管机关递交的预提税纳税申报（简称预提税申报）；第二种是其他第三方向税务主管机构递交的涉税信息申报（简称信息申报）。预提税申报在世界各国的国内税制中已经极为普遍，但信息申报在各国的发展情况大相径庭。以中国和美国的国内税制为例，两国的预提税制度均较为成熟，但信息申报制度的发展水平差异较大。美国拥有世界上较为发达的信息申报制度，但中国的信息申报制度建设才刚刚起步。2015年1月5日，由国务院法制办公室发布的《税收征收管理法修正案（征求意见稿）》（以下简称《征管法意见稿》）第32条新增了银行和其他金融机构信息报告义务的规定，以加大税源监控力度。[①] 但《征管法意见稿》尚未获得全国人大常委会通过，对《中华人民共和国税收征收管理法》（以下简称《税收征管法》）的第三次修订工作仍在进行中。

美国税收的征管实践表明，第三方涉税信息申报制度对提高纳税人对税法的"自愿合规率"（voluntary compliance rate）十分有效。第三方涉税信息披露的程度与纳税人的税收合规率成正比。以2007年的统计数据为例，那些适用预提税申报的所得项目（例如工资、薪金所得），纳税人的税收合规率最高（98.8%）；那些不适用预提税，但适用第三方信息申报的所得项目（例如利息和股息所得），纳税人的税收合规率略有降低（95.5%）；那些不适用预提税，且仅有部分第三方参与信息申报的所得项目（例如资本利得），纳税人的税收合规率略降至91.4%；而那些既不适用预提税，也不适用第三方信息申报的所得项目（例如Schedule C所得或者其他所得），纳税人的税收合规率仅为46.1%。[②] FATCA制度的核心机制是境外第三方（主要是境外金融机构）向IRS进行美国纳税人涉税信息的申报，从而提高美国纳税人海外资产的税收合规率。那么在研究FATCA机制之前，本节先来回顾和梳理美国税制中的第三方涉税信息申

---

[①] 《征管法意见稿》第32条规定："银行和其他金融机构应当按照规定的内容、格式、时限等要求向税务机关提供本单位掌握的账户持有人的账户、账号、投资收益以及账户的利息总额、期末余额等信息。对账户持有人单笔资金往来达到五万元或者一日内提取现金五万元以上的，银行和其他金融机构应当按照规定向税务机关提交相关信息。"但这一修改也是《税收征收管理法》第三次修订工作自2008年启动以来颇受争议和阻力的修订内容之一。有关《征管法意见稿》详情可访问 http://www.chinatax.gov.cn/n840303/c1448892/content.html，下载日期：2019年7月1日。

[②] United States Government Accountability Office Report to the Committee on Finance, U.S. Senate, Tax Administration: Costs and Uses of Third-Party Information Returns, GAO-08-266, November 2007, p.25, http://www.gao.gov/new.items/d08266.pdf, 2019-07-01.

报制度。

## 一、第三方的预提税申报

预提义务人(withholding agent)是指任何依照 IRC 相关条款(第 1441 条、第 1442 条、第 1443 条或第 1461 条)要求其扣除和预提税款的人。① 预提义务人可以是个人,也可以是公司、合伙、信托或其他任何实体。预提义务人并不是相关联邦税税种的纳税人,但由于其控制、掌握纳税人相关收入和信息,因此从税收征管效率的角度,一般由预提义务人向纳税人支付相关款项时,代替纳税人向 IRS 申报纳税。但是,预提义务人的申报纳税义务并不影响纳税人的申报纳税义务,IRS 通过对两者申报纳税信息的匹配程度进行相关税收评估。

### (一)就业税中雇主的申报义务

1.联邦就业税

就业税(payroll taxes)不是一个具体的税种,它是指美国联邦政府、大部分的州政府和部分地方政府要求雇主从其支付给雇员的工资中预提缴纳(雇员是纳税人,雇主是预提义务人)或者由雇主根据雇员工资缴纳(雇主是纳税人)的全部税种的统称。就业税既包括联邦税,也包括州税和地方税,既包括由雇员负担的预提税(比如联邦所得税),也包括由雇主负担的税收(比如联邦失业税)。就业税所包含具体税种的共同特点是以雇主支付给雇员的工资作为计税基础的,其涉及的具体税种主要是个人所得税和各类社会保险税。无论就业税的纳税人是雇员还是雇主,其最终都是由雇员负担。那些由雇主负担的薪资税,雇主会通过降低雇员工资的方式转嫁给雇员。② 截至 2016 年年底,在美国联邦税范围内,就业税具体包括联邦所得税、社会保险税、联邦老年人医疗保险税、加收联邦老年人医疗保险税、自雇税和联邦失业税(参见表 1-4)。

2.雇主的申报义务

一般情况下,雇主必须按季度向 IRS 申报就业税。申报就业税一般须填写 941 表,申报的信息主要包括雇主的身份信息、地址、雇员总数以及雇主当季(为全体雇员)支付的各项就业税总额。雇主申报的就业税税款必须在一个季度结束后次月底存入联邦税务局指定的账户。如果雇主没有按时存款,可能面临最

---

① Section 7701(a)(16),IRC.

② Congressional Budget Office,Historical Effective Federal Tax Rates:1979 to 2004,published online in December 2006.p.3. Available at https://www.cbo.gov/sites/default/files/109th-congress-2005-2006/reports/EffectiveTaxRates2006.pdf,2019-07-01.

表 1-4 联邦就业税

| 具体税种 | 纳税人与征税方式 | 预提义务人 | 征税法律依据 | 雇主季度申报表格 | 雇主年度申报表格 |
|---|---|---|---|---|---|
| 联邦所得税 社会保险税 联邦老年人医疗保险税 加收联邦老年人医疗保险税 自雇税 | 雇员（雇主预提缴纳） | 雇主 | Sec.3401-3406 IRC Sec.3101-3128 IRC | 941表 [943表（适用于农业雇主）； 944表（雇主年度联邦税表）； 945表（预提税年度税表）] | W2/W3表 |
| 联邦失业税 | 雇主（雇主主动缴纳） | 无 | | | 940表 |

表格信息来源：根据 IRS 网站信息整理，https://www.irs.gov/businesses/small-businesses-self-employed/understanding-employment-taxes，下载日期：2019年7月1日。

多15%的未缴付罚款。美国纳税人对此颇为不满，因为依照 IRC 纳税人对联邦个人所得税是按年度申报纳税的，但就业税要求雇主对纳税人的薪资按季度申报预提税，这意味着就业税税款在两个期限差内产生的利息成了 IRS 的额外收入。

雇主除了按季度向 IRS 申报就业税，还须按年度向联邦、州或地方政府税务部门、社会安全局和雇员申报就业税年度信息（通常填写 W2 表），申报的信息主要包括雇主的身份信息、地址、每个雇员的身份信息和地址，以及雇主当年为每一位雇员支付的各项就业税信息。IRS 可以将雇主的季度申报信息（941表信息）和年度申报信息（W2表信息）与雇员的个人所得税年度申报信息（1040表信息）进行比对，综合评税。以此达到以预提税申报提高纳税人税收合规率的效果。

3.雇主违反申报义务的法律责任（民事罚款）

依照 IRC 的规定，雇主没有及时和恰当履行就业税申报纳税义务将面临未履行税额 2% 至 10% 的罚款。① 雇主没有按月或按季度恰当申报就业税信息，可能面临额外的罚款。例如未及时填报 W-2 表，每份填报表雇主将被处 50 美元(全年不超过 10 万美元)的罚款。② 若雇主没有向 IRS 预提支付联邦所得税和社会保险税，雇主和雇主的法定代表(例如公司总经理)将可能面临未支付税款额最高 100% 的罚款。③

**(二)对外国人来源于美国所得的预提税申报义务**

1.外国人来源于美国所得的预提税

在美国负有纳税义务的人包括美国人和外国人。美国人须就其全球所得对美国联邦政府承担无限纳税义务，而外国人仅就其来源于美国境内的所得向美国承担有限的纳税义务。美国人包括美国公民、居民外国人、按照美国法律或在美国境内成立的美国公司或美国合伙、美国房地产、美国信托和其他美国实体。④ 外国人(foreign person)包括非居民外国人、外国公司、外国合伙、外国房地产、外国信托和其他外国实体。一般外国公司或外国合伙设在美国的分支机构是外国人。如果美国金融机构的境外分支机构具有"适格中间机构"(Qualified Intermediary，简称 QI)的资格，那么该境外分支机构也构成外国人。⑤ 从税收管辖权的角度来看，美国政府对外国人(税法理论上的非居民)行使的是来源地税收管辖权，对美国人(税法理论上的居民)行使的是居民税收管辖权和公民税收管辖权。

外国人来源于美国的所得主要有两类：第一类，与美国境内的贸易或经营活动有实际联系(effectively connected)的所得(笔者简称为"积极所得")；第二类，与美国境内的贸易或经营活动无实际联系，且具有固定和定期回报特点的所得(Fixed, Determinable Annual or Periodical Income，简称 FDAP)，也可以称其为"消极所得"，一般可包含任何类型的所得项目(如利息、股息、租金等)。⑥ IRS 对外国人的两类所得适用不同的征管方式。对第一类积极所得，适用与美国人相同的税收待遇和征税方式，允许相应的免税、抵扣后按净所得额征收联邦所得税；对第二类消极所得，适用预提税征税方式，不允许任何扣除，按照毛所得额适

---

① Section 6656(a)(b), IRC.
② Section 6723, IRC.
③ Section 6672(a), IRC.
④ Section 7701(a)(30), IRC.
⑤ https://www.irs.gov/individuals/international-taxpayers/foreign-persons, 2019-07-01.
⑥ https://www.irs.gov/individuals/international-taxpayers/fixed-determinable-annual-periodical-fdap-income, 2019-07-01.

用30％的税率（或更低的税收协定税率）征收联邦所得税。① 需要说明的是，在美国联邦税层面上，外国人来源于美国所得的预提税具体包含五种。② FDAP预提税是其中最重要的一种。本书受主题和篇幅限制，仅以 FDAP 预提税为例，说明对外国人来源于美国所得的预提税申报义务。

2. FDAP预提税的申报程序

预提义务人是任何有能力控制、接收、托管、处分或支付可预提款项的美国人或外国人。它既可以是个人，也可以是公司、合伙、信托等实体；既可以是美国人，在特定情形下也可以是外国人。③ 在大多数情形下，FDAP预提义务人是向外国人支付 FDAP 的美国人。一笔 FDAP 的预提义务人也并不限于一人，即使该所得已经被另一个预提义务人申报纳税，也并不影响其他人对该所得具有预提义务人的身份。虽然一笔 FDAP 的预提义务人可以是数人，但是一笔所得只能被征收一次 FDAP 预提税。④

对 FDAP，预提义务人（无论是美国人还是外国人）需要选用 1042 表和 1042-S 表两份表格进行预提税申报。1042 表和 1042-S 表均按年度申报，前者是预提义务人全年有关 FDAP 支付数额的总和信息申报；后者是预提义务人全年支付给每个外国人 FDAP 的单独信息申报。在 FDAP 的申报程序中，预提义务人的申报预提税义务和外国人（纳税人）纳税申报义务彼此独立，外国人依然须履行纳税人的纳税申报义务。IRS 可通过将预提义务人的申报与外国人的纳税申报（个人如 1040NR 表）进行比对，来进行对外国人的评税和征税活动。

在法律责任方面，如果 FDAP 预提义务人未成功申报预提税，且外国人（FDAP 的受益所有人）也未成功申报联邦所得税，那么预提义务人和外国人须

---

① Section 1441(a)，IRC.

② 美国 IRC 目前对外国人来源于美国的所得征收预提税的情况主要包括五种：(1)FDAP预提税(Section 1441-1442 IRC，预提税税率一般为 30％)；(2)对外国免税组织征收的预提税(Section 1443 IRC，预提税税率一般为 4％)；(3)对处置美国不动产利益征收的预提税(Section 1445 IRC，预提税税率一般为 10％)；(4)外国合伙人依合伙份额享有的与美国有实际联系的所得预提税(Section 1446 IRC，预提税税率一般为非公司合伙人 39.6％或公司合伙人 35％)；(5) FATCA 预提税(Section 1471-1474 IRC，预提税税率一般为 30％)。其中，前4项预提税均属于落实外国人对美国政府的有限纳税义务，外国人具体缴纳的是联邦所得税；但第 5 项 FATCA 预提税系监督 FATCA 信息申报规则实施的惩罚措施，它并不涉及某一个具体联邦税的税种。两者性质不同，因此可以同时适用。第(2)项、第(3)项、第(4)项预提税的申报规则可参见 IRS Publication 515（Withholding of Tax on Nonresident Aliens and Foreign Entities）(2017)，p.42；第(5)项预提税规则参见本书第二章。

③ Section 1.1473-1(d) 26 CFR(Treasure Regulations).

④ IRS Publication 515（Withholding of Tax on Nonresident Aliens and Foreign Entities）(2017)，p.3.

分别承担各自的法律责任;如果预提义务人未成功申报预提税,但外国人成功申报了联邦所得税,那么预提义务人可以免除预提义务,但是仍须承担未成功履行预提税申报义务的法律责任。①

**(三)备用预提税的申报**

1.备用预提税

IRC 规定的备用预提税(backup withholding tax)一般是指,任何应申报的付款(reportable payment),若符合下列情况之一,则支付人应当从其所付款项中扣减一定比例(当前适用 28%)的预提税:(1)收取人未向支付人提供其税务身份号码;(2)收取人向支付人提供的税务身份号码不正确;(3)在股息和利息的支付中,美国财政部认定收取人构成少报税;(4)在股息和利息的支付中,收取人未向支付人履行相关证明义务。②

(1)备用预提税的特点

第一,与就业税和 FDAP 预提税旨在征收联邦税不同,备用预提税旨在惩罚收款人(所得的纳税人)的特定违反税法的行为。换言之,备用预提税(与 FATCA 预提税一样)是一种惩罚性预提税,它并不能帮助纳税人就其合法行为预提缴纳相应的税款。同一个收款人,可能因为两个以上的法定理由被多次征收备用预提税,但是一个法定理由只能征收一次备用预提税。③

第二,备用预提税的适用条件取决于应申报付款的具体项目。应申报付款的范围十分广泛,具体项目包括租金、非雇佣劳务所得、特许权使用费、利息、股息、赌博所得等多种具体的所得项目。④ 但是应申报付款不包括工资和养老金⑤,也不包含 10 美元以下的付款。⑥ 一般的,股息和利息项目适用备用预提税的条件最为严格,必须适用第 3 项或第 4 项条件,即股息或利息的收取人向联邦税务局少报税或未向支付人成功履行证明义务。其他项目的应申报付款仅适用第 1 项或第 2 项条件,即款项的收取人未向支付人提供税务身份号码或提供的税务身份号码存在瑕疵。

第三,备用预提税一般针对美国人支付给美国人的应申报付款,仅在特定条

---

① IRS Publication 515(Withholding of Tax on Nonresident Aliens and Foreign Entities)(2017),p.3.
② Section 3406(a),IRC.
③ IRS Publication 1281(2017),pp.8-9.
④ 应申报付款的具体范围参见 Section 3406(b)(1),IRC;IRS Publication 1281,p.4
⑤ IRS Publication 15,p.6,available at:file:///C:/Users/PC/Desktop/p15.pdf,2019-07-01.
⑥ Section 3406(b)(5),IRC.

件下适用于美国人支付给外国人的应申报款项(例如该付款的受益所有人是美国人,而作为名义收款人的外国人又不能提供相应的豁免备用预提税的证明)。

(2)备用预提税的适用条件

①税务身份号码信息缺失或瑕疵

税务身份号码由9位数字组成,没有字母。税务身份号码具体指美国社会安全局(Social Security Administration)授予的社会保障号(social security number),或者 IRS 授予雇主的税务身份号码(employer identification number),或者IRS授予个人的税务身份号码(individual taxpayer identification number)。[①]

对任何项目的应申报付款适用备用预提税的条件是款项收取人未向支付人提供其税务身份号码,或者收取人向支付人提供的税务身份号码不正确。若款项收取人提供的姓名(名称)和税务身份号码信息在 IRS 或美国社会安全局系统中不存在,或者与 IRS 和美国社会安全局系统中存在的信息不匹配,也构成税务身份号码信息不正确。[②] 通常所得支付人需要先向 IRS 就其支付款项通过填写1099表格做信息申报。IRS 在收到支付人的信息申报后,会将应申报付款的收取人税务身份号码瑕疵问题书面通知支付人(CP2100 or CP2100A Notice)。[③]

②股息或利息的收取人被税务局通知未足额报税

就股息或利息所得未足额申报纳税是指下列情况之一:第一,经美国财政部认定,其收取的股息或利息所得未足额申报纳税的人;第二,美国财政部已经至少4次邮寄通知(且超过120天)股息或利息的收取人,其未足额申报纳税;第三,收取人虽在纳税年度内对股息或利息所得申报纳税,但对其有关股息或利息的纳税评估结果为未足额纳税。上述情况符合其一,美国财政部即可以通知股息或利息的支付人,对股息或利息的收取人适用备用预提税。[④] 这里"未足额申报的收取人"既包括对其收取的股息或利息在纳税年度内完全没有申报纳税的情况,也包括对其收取的部分股息或利息没有申报纳税的情况。[⑤]

③利息或股息收取人未向支付人成功履行证明义务

一般情况下,若股息或利息的收取人不能向支付人证明其存在豁免适用备用预提税的法定情形,那么在第②项条件发生时,股息或利息的支付人必须对收

---

① IRS Publication 1281(2017),p.4.
② IRS Publication 1281(2017),p.5.
③ IRS Publication 1281(2017),p.5.
④ Section 3406(c)(1),IRC.
⑤ Section 3406(c)(2),IRC.

取人适用备用预提税。① 实践中,股息或利息的收取人可以向支付人证明的豁免适用备用预提税的法定情形一般包括四种情形。A.本人申报的税务身份号码正确(或本人正在等待相关部门授予税务身份号码)。B.鉴于下列理由之一,本人没有缴纳备用预提税的义务:(ⅰ)本人有资格豁免备用预提税;(ⅱ)本人并未收到 IRS 要求本人就未成功申报的利息或股息缴纳备用预提税的通知;(ⅲ)本人已经收到 IRS 允许本人不缴纳备用预提税的通知。C.本人是美国公民或其他美国人。D.(如果有)本人豁免 FATCA 申报义务的信息是正确的。②

2.备用预提税的申报纳税

第一步:收款人在基础交易中向付款人披露税务身份号码或提供免除备用预提税的证明信息。若应预提付款的收取人是美国人,在开户和交易发生时,付款人会要求收取人填写 IRS 的 W-9 表,用以收集美国人的税务身份号码和相关证明信息(见上述备用预提税的适用条件第③项)。③ 无论美国收款人是否提供相关信息,付款人均需要进行第二至第四步骤。

备用预提税一般针对美国人支付给美国人的应申报付款,在特定条件下也适用于美国人支付给外国人的应申报款项(例如该付款的受益所有人是美国人,而作为名义收款人的外国人又不能提供相应的豁免备用预提税的证明)。④ 若应预提付款的收取人是外国人,在开户和发生交易时,如果该外国人不能提出相关证明(如证明其作为受益所有人的外国人身份),那么付款人对支付款项可以适用备用预提税。无须进行第二至第四步骤。

第二步:付款人就基础交易向 IRS 做申报信息。

第三步:IRS 通过信息比对程序审查相关信息,对需适用备用预提税的款项收取人范围作出决定,并将该决定书面通知付款人。首先,付款人就基础交易申报的信息(1099 表)包含了收款人的姓名和税务身份号码。这可以帮助 IRS 将付款人的申报信息与收款人的纳税申报信息(1040 表)作比对。⑤ 若收款人提供

---

① Section 3406(d)(1),IRC.
② Form W-9 (Part II).
③ IRS,Instruction for the Requester of Form W-9(Rev.August 30,2013),p.1.
④ 外国收款人可提供的豁免备用预提税的证明包括以下四种:1. W-8BEN 表 (Certificate of Foreign Status of Beneficial Owner for United States Tax Withholding);2. W-8ECI 表 (Certificate of Foreign Person's Claim for Exemption From Withholding on Income Effectively Connected With the Conduct of a Trade or Business in the United States);3. W-8EXP 表 (Certificate of Foreign Government or Other Foreign Organization for United States Tax Withholding);4. W-8IMY 表 (Certificate of Foreign Intermediary, Foreign Flow-Through Entity, or Certain U.S. Branches for United States Tax Withholding)。IRS Publication 1281 (2017),p.31.
⑤ IRS Publication 1281(2017),p.14.

的姓名(名称)和税务身份号码信息在 IRS 或美国社会安全局系统中不存在,或者与 IRS 和美国社会安全局系统中存在的信息不匹配,则构成税务身份号码信息不正确。[①] 对股息和利息所得,IRS 还要继续对是否构成未足额申报做信息比对和审查(见上述备用预提税适用条件第②项)。其次,审查结束后,联邦税务局对需适用备用预提税的款项收取人范围作出决定,并将该决定以书面通知(CP2100/CP2100A Notice)的方式送达付款人。[②] 书面通知将载明付款人有义务扣除备用预提税的款项范围,并列明这些款项收取人漏报、错报或尚未取得税务身份号码的情况。

第四步:付款人依据 IRS 的书面通知,通过填报 945 表(annual return of withheld federal tax)申报备用预提税,同时对支付款项按照毛额预提 28%。

## 二、第三方的信息申报

虽然预提税纳税申报是一种有效促进纳税人税收合规的征管方式,但是并非全部所得类型都适用预提税制度。在美国,预提税一般仅适用于雇佣税(employment tax)或非居民收取的消极所得。对那些不适用预提税制度的所得又该如何监督其纳税人的税收合规情况呢?为此,IRC 设计了极为庞大而周密的信息申报制度。信息申报制度主要由六个部分构成:(1)特定条款下的信息申报义务(比如合伙所得信息申报、免税组织信息申报、特定信托信息申报、S 公司信息申报等);(2)与他人交易行为的信息申报(一般指某应税年度内,某人在其主营业务下向另一人支付的总计款项等于或超过 600 美元时,某人须向 IRS 履行信息申报义务);(3)向雇员支付工资的信息申报;(4)医疗保险责任范围的信息申报;(5)退休金、养老金计划的信息申报;(6)报税师的信息申报。[③]

虽然信息申报与预提税申报均是第三方参与纳税人税收合规的措施,但是两者有着较大的差异。首先,预提税申报既是纳税申报,也是信息申报,而信息申报并不涉及纳税申报。其次,预提税申报仅限于特定的所得项目,而信息申报的范围广泛,并不限于特定的所得项目,甚至并不限于所得。例如报税师的信息申报义务与任何所得或收入都无关。为了实施 IRC 的信息申报制度,美国财政部和联邦税务局针对上述六部分内容发布了大量有关信息申报的具体适用规则

---

① IRS Publication 1281(2017),p.5.
② IRS Publication 1281(2017),p.5.
③ Section 6031-6060,IRC.

和指南。① 本书研究 FATCA 的制度基础,就需要从美国庞杂的信息申报制度中找到对 FATCA 的制定和实施起到关键性作用的部分。笔者认为信息申报制度第(2)部分"与他人交易行为的信息申报"构成了境外实体申报的基础,而境外实体申报制度又直接构成 FATCA 制度的基础。

**(一)与他人交易行为的信息申报**

1.与他人交易行为信息申报的概念和特点

与他人交易行为信息申报,一般是指某应税年度内,某人(申报义务人)在其主营业务下向另一人支付的总计款项(例如租金、独立劳务所得、年金、固定或可预期的资本利得和利润等)等于或超过 600 美元时,某人须就其在主营业务下所支付的上述款项向 IRS 履行信息申报义务,但 IRC 另有规定的除外。例如,一般情况下股息、利息和特许权使用费的支付金额等于或超过 10 美元即需要信息申报。② 而诸如服务小费支付和特定的医疗保险支付却无须进行信息申报。③

举例来说,如果汤姆在美国境内的银行有固定的存款,并且当年的利息不低于 10 美元,那么银行在年底将向 IRS 申报支付给汤姆的利息所得相关信息(具体填报 1099-INT 表),同时汤姆也将收到银行寄来的 1099-INT 表的副本,从而敦促汤姆诚实履行纳税申报义务。与他人交易行为的信息申报体现了以下特点:

第一,与他人交易行为的信息申报义务人是所得的支付方,并非所得的受益所有人(通常为收取人)。在上述例子中,银行是该笔利息所得的信息申报义务人,而汤姆是该笔所得的纳税人,履行纳税申报义务。

第二,支付方的支付行为必须构成其主营业务(例如银行支付的存款利息),非主营业务下的支付行为不适用"与他人交易行为的信息申报"条款。笔者也注意到,该所得对收取人来说往往是消极所得或投资所得。

第三,该信息申报的所得范围十分广泛,并不限于应税所得。所得也不能因豁免纳税义务而豁免信息申报义务。具体所得项目见下文(1099 表)。

2.与他人交易行为信息申报的程序(1099 表申报)

与他人交易行为的信息主要通过 1099 系列表格向 IRS 申报。1099 系列表格是一个大家族,它根据不同的所得类型或交易类型设计了不同的申报表格。

---

① https://apps.irs.gov/app/picklist/list/formsPublications.html?indexOfFirstRow=0&sortColumn=sortOrder&value=information&criteria=title&resultsPerPage=25&isDescending=false,2019-07-01.

② Section 6041(a),IRC.

③ Section 6041(e)(f),IRC.

常用的 1099 表包括：

(1)1099-MISC 表。主要用于某人在其主营业务下对租金、特许权使用费、独立劳务所得等支出的信息申报。

(2)1099-INT 表。主要用于某人在其主营业务下对利息支出的信息申报。

(3)1099-DIV 表。主要用于某人在其主营业务下对股息支出的信息申报。

(4)1099-OID 表。主要用于某人在其主营业务下对债券初次发行折扣现金支付的信息报。

(5)1099-B 表。证券或期货交易经纪人对为某人出售证券或期货而获取收入情况的信息申报。

(6)1099-K 表。主要用于金融机构对信用卡或储蓄卡交易信息的申报。①

值得注意的是以下两点：

第一，1099-B 表和 1099-K 表的申报并不是传统意义上的与他人交易行为信息申报，它们是 2011 年美国财政部根据美国相关立法开始实施的信息申报义务。它们申报的信息并不是申报义务人与被申报人之间的交易信息，申报义务人只是以独立于基础交易之外的第三方身份向 IRS 进行申报。

首先，1099-B 表是基于证券交易的信息申报。2008 年美国国会通过的《改善和扩展能源法案》规定，证券经纪人须向 IRS 申报其从事的证券交易信息，该信息包括客户对已售出证券的调整信息，并须阐明任何短期或长期的利得和损失。这一规定从 2011 年 1 月 1 日起实施。② 其次，1099-K 表主要用于金融机构对信用卡或储蓄卡交易信息的申报。2008 年美国国会通过的《住房支持税收法案》规定，银行和其他支付平台必须对通过其维持的信用卡、储蓄卡和网络支付系统进行的商业交易行为进行审查，如果某公历年度内某一商户的总和商业交易金额超过 2 万美元或总和交易次数不低于 200 笔，那么该银行或其他支付平台必须将该商户的相关交易信息通过 1099-K 表格向 IRS 进行申报，并将 1099-K 表副本抄送该商户。这一规定对 2011 年 1 月 1 日及之后发生的交易开始适用。③ 1099-B 表和 1099-K 表所申报的信息并不是申报义务人与被申报人之间的交易信息，申报义务人只是以独立于基础交易之外的第三方身份向联邦税务局进行申报。因此，美国财政部和联邦税务局也将这两种申报称为（狭义的）第三方信息申报。④

第二，从股息、利息、特许权使用费这三种典型的投资所得来看，如果所得的

---

① IRS Publication 1281(2017)，p.4.
② Section 6045(g)，IRC.
③ Section 6050W(2)，IRC.
④ https://www.irs.gov/tax-professionals/third-party-reporting-information-center，2019-07-01.

受益所有人是美国人,那么由所得的支付人对其适用信息申报(1099表),纳税义务由受益所有人向 IRS 进行纳税申报(1040表);若所得的受益所有人是外国人,则由所得的支付人对其适用预提税申报(1042-S表和1042表),纳税人仍然需要向 IRS 做纳税申报(例如 1040NR 表)(见前文 FDAP 预提税)。

第三,一般情况下,只有申报义务人向美国人支付款项时,才需要履行1099表信息申报义务。即使申报义务人支付款项的直接收款人不是美国人,但只要该笔款项的受益所有人是美国人,申报义务人也需要履行1099表信息申报义务。例如,申报义务人将款项支付给了境外中间机构(foreign intermediary)或流经实体(flow through entity),而该境外中间机构或流经实体是为美国人收取款项,那么申报义务人需要就该笔支付做信息申报,除非上述境外中间机构或流经实体能向申报义务人证明其存在法定豁免信息申报的情形(例如,取得FATCA 项下的合作金融机构资格)。[①]

### (二)境外实体的信息申报

虽然按照 IRC 的规定,与他人交易行为的信息申报义务人是"所有人"(all persons)[②],但是实际上信息申报义务人只能是美国人。外国人作为第三方,当它既没有来源于美国境内的所得,也没有在美国境内设立分支机构的情况下,这样的外国人一般没有遵从美国税法的义务。因此,20世纪80年代开始,越来越多的美国人将资产藏匿在离岸避税地,以躲避 IRS 的税务审计。

举例来说,如果美国人汤姆在美国境内的银行和境外银行分别存款10万美元,且每年利息均为3000美元,假设汤姆就这两笔存款均不履行纳税人申报义务的情况下,那么首先,对美国境内银行的存款而言,美国银行将就汤姆取得的利息情况向联邦税务局做信息申报,从而敦促汤姆诚实履行利息所得的纳税申报义务;其次,对美国境外银行的存款而言,境外银行没有向 IRS 申报客户信息的法定义务,且这样的申报很可能违背境外银行所在地法律,从而使更多的美国人将资产转移至境外,以逃避美国税收监管。美国国内法层面的一些反避税措施(比如受控外国公司税制)虽然可以在一定范围内打击离岸资产的逃避税问题,但是并不能解决美国税务当局对本国纳税人境外资产信息缺失的根本性问题。

为应对上述问题,IRS 先后实施了 QI 项目、预提境外合伙项目(Withholding Foreign Partnership Program,简称 WP 项目)和预提境外信托项目(Withholding

---

① IRS Publication 515(Withholding of Tax on Nonresident Aliens and Foreign Entities)(2017),p.4.

② Section 6041(a),IRC.

Foreign Trust Program,简称 WT 项目)。这三个项目是美国在 21 世纪初对境外第三方涉税信息申报制度的大胆尝试。经过十年的运行,三个项目日渐成熟,但也暴露出了一些弊端。其中 QI 项目主要针对美国境外金融机构。笔者认为,QI 项目是美国 FATCA 规则的直接基础,FATCA 规则弥补了 QI 项目的制度缺陷。

1.QI 项目

(1)QI 项目的背景

在现代税收制度中,一国政府最常见的征税对象是财产、所得和消费。美国则更倚重于所得税,美国对所得税的倚重程度要高于其他发达国家,所得税也是美国联邦政府最重要的财政收入。[①] 美国境内的预提义务人对监控来源于美国所得的税收合规情况至关重要。根据前文所述的预提税制度和信息申报制度,当某人向美国境外支付一笔来源于美国的所得时,他需要根据该笔所得(不包含雇佣所得)受益所有人(通常表现为收款人)的下列不同身份履行相应的申报义务。

①若受益所有人是美国人,美国付款人仅需履行信息申报义务(W-9 表,1099 表)。通常该笔所得由受益所有人申报纳税,而不适用预提税。除非作为受益所有人的美国人存在适用备用预提税的情况。[②]

②若受益所有人是外国人,且该笔所得系与美国境内的经营有实质联系的所得(积极所得),通常该笔所得也不适用预提税。其税收待遇与美国人取得相同所得的待遇相同。受益所有人需要向美国付款人出具由 IRS 签发的 W-8ECI 表,以证明其所得与美国境内经营有实质联系。美国付款人对该笔所得虽不适用预提税,但依然需要向 IRS 做信息申报(1042S 表)。

③若受益所有人是外国人,且该笔所得系与美国境内的经营无实质联系的所得(消极所得),通常该笔所得需要适用预提税。由预提义务人在向外国人支付所得时按照毛额适用预提税税率。这样的预提税主要包括四种:Ⅰ.FDAP预提税(section 1441-1442,IRC,预提税税率一般 30%);Ⅱ.对外国免税组织征收的预提税(section 1443,IRC,预提税税率一般 4%);Ⅲ.对处置美国不动产利益征收的预提税(section 1445,IRC,预提税税率一般为 10%);Ⅳ.外国合伙人依合伙份额享有的与美国有实际联系的所得预提税(Section 1446,IRC,预提税税率

---

① Susan C.Morse & Stephen E. Shay,Qualified Intermediary Status:A New Role for Foreign Financial Institutions Under Final U.S. Withholding Regulations,*Tax Management International Journal*,1998,Vol.27,pp.331-332.

② Section 3406,IRC.

一般为非公司合伙人39.6%或公司合伙人35%)。①

对预提义务人而言,识别所得受益所有人的身份成为越来越重的负担。预提义务人的主要义务有两项:其一,对款项受益所有人的信息申报;其二,对支付所得的预提税申报。② 首先,预提义务人须通过收款人提供的文件确定收款人是美国人还是外国人;③其次,若收款人是外国人,预提义务人须进一步通过文件确认该笔所得是否存在豁免预提税或降低预提税税率的法定情形。

例如,收款人虽是外国人,但该笔款项的受益所有人是美国人,那么该笔所得不适用预提税。④ 又例如,某外国受益所有人来源于美国的消极所得是否能够享受税收协定的优惠税率,也需要预提义务人对该外国人身份信息进行搜集,以确认其居民国。⑤ 如果预提义务人不能获得有关受益所有人身份的可靠信息,那么一系列法律推定条款(presumptions)将可能被适用。⑥ 再例如,一般情况下,预提义务人可以将那些支付给不明身份的受益所有人的所得依法推定为支付给美国人,并对其适用31%税率的备用预提税。⑦ 预提义务人有及时获取受益所有人信息或按照法律推定条款搜集信息的义务。⑧ 预提义务人在对外支付款项时,任何故意不扣缴预提税或故意逃避预提税的行为都将导致预提税金额之外的罚款。⑨ 显而易见,对所得受益所有人信息的搜集和申报给美国预提义务人带来了很大的负担。⑩

一方面,预提义务人在向境外支付所得时承担了过重的信息申报义务;另一方面,相当部分来源于美国的所得是通过境外金融机构维持的账户收取的,即预提义务人直接将所得支付给了境外金融机构。毫无疑问,境外金融机构比美国

---

① 预提税的申报规则可参见 IRS Publication 515(Withholding of Tax on Nonresident Aliens and Foreign Entities)(2017),p.42。

② Section 1.1441-1(b)(1) to (2),26CFR(Treasure Regulations).

③ Section 1.1441-1(d) to (e),26CFR(Treasure Regulations).

④ Section 1.1441-6(b)(1),(d),26CFR(Treasure Regulations).

⑤ Section1.1441-6(b)26 CFR(Treasure Regulations).

⑥ Section 1.1441-1(b)(3),26 CFR(Treasure Regulations).

⑦ Section 1.1441-1(b)(3)(i),(iii),26 CFR(Treasure Regulations). David Luntz, What Is Really Wrong with the QI Program and How It Should and Should Not Be Fixed, *Tax Management Real Estate Journal*, 2009, Vol.25, p.43.

⑧ Section 1.1441-1(b)(7),26 CFR(Treasure Regulations).

⑨ Section 6672,IRC.

⑩ Susan C.Morse & Stephen E. Shay, Qualified Intermediary Status,Act II: Notice 99-8 and the Role of a Qualified Intermediary, *Tax Management International Journal*, 1999, Vol.28, pp.259,269.

预提义务人更有能力获取所得受益所有人(账户持有人)的可靠信息。[①] 因此，IRS 在 2000 年创设了 QI 项目，旨在鼓励境外中间机构(主要是境外金融机构)分担美国预提义务人的预提税申报与信息申报义务。

(2) QI 项目的主要内容

2000 年，美国政府为了减轻预提义务人的负担创设了 QI 项目，并将该项目纳入 IRC。[②] IRS 也发布了具体执行 QI 项目的规范。[③] 那么，QI 项目是如何减轻预提义务人负担的呢？

QI 项目的核心是，允许符合条件的境外中间机构与 IRS 签订《适格中间机构协议》(QI Agreement)，从而取得 IRS 认可的 QI 资格，QI 须依照协议向 IRS 承担部分或全部本应由美国预提义务人承担的义务。

①可以与 IRS 签订《适格中间机构协议》的境外中间机构的范围

根据 QI 项目的有关规定，境外中间机构须同时符合下列条件，才有资格申请与 IRS 签订《适格中间机构协议》。其一，境外金融机构、境外清算组织、美国金融机构的境外分支机构或美国清算组织的境外分支机。[④] 其二，境外中间机构所在的国家(或地区)是适用"了解你的客户规则"(Know Your Customer Rule，简称 KYC)的国家(或地区)。[⑤] 这些国家(或地区)的法律能够保障其金融机构对客户的开户信息适用统一的审核标准(KYC)，以确定该账户的受益所有人或实际控制人。截至 2019 年 7 月，IRS 官方认可的适用 KYC 的国家(或地区)共 70 个，包括中国香港和中国台湾地区，但不包括中国内地(大陆)。[⑥] 美国预提义务人或其他人可以根据境外中间机构提供的 W-8IMY 表来判断其是否属于 QI。

②QI 与 NQI 的差别

不适格中间机构(Non-qualified Intermediary，简称 NQI)是没有与 IRS 签订《适格中间机构协议》的境外中间机构。如果美国预提义务人将所得支付给 NQI，那么 NQI 必须向美国预提义务人披露该笔所得受益所有人的信息，通常

---

① U.S. Government Accountability Office, QI Program Provides Some Assurance that Taxes on Foreign Investors Are Withheld and Reported, 12 (2007).

② Section 1.1441-1(e)(5), 26 CFR(Treasure Regulations).

③ Revenue Procedure 2000-12, https://www.irs.gov/pub/irs-drop/rp-00-12.pdf, 2019-07-01.

④ IRS Publication 515(2017), p.7.

⑤ Section 3(02)(9), Revenue Procedure 2000-12 (Application Procedures for Qualified Intermediary Status Under Section 1441; Final Qualified Intermediary Withholding Agreement).

⑥ https://www.irs.gov/Businesses/International-Businesses/List-of-Approved-KYC-Rules, 2019-07-01.

是其客户或账户持有人。预提义务人根据受益所有人的身份信息进行预提税申报或信息申报。如果 NQI 不向美国预提义务人披露所得受益所有人信息,那么该笔所得将可能被适用备用预提税。但若 NQI 披露的"所得受益所有人"并不是真实的受益所有人(除非 NQI 明知真实的受益所有人是美国人),对受益所有人信息申报瑕疵的责任并不能归于 NQI,因为预提义务人是所得受益所有人的信息申报义务人。①

若美国预提义务人将所得支付给了 QI,那么美国预提义务人只需向 IRS 申报该笔所得支付给了某 QI,并提供能证实收款人 QI 身份的信息即可。原本由美国预提义务人承担的预提税申报和受益所有人信息申报义务通过 QI 协议转移给了 QI,即由 QI 向 IRS 履行申报义务。

为了鼓励境外中间机构(尤其是境外金融机构)积极参与美国的 QI 项目,QI 可以获得以下两个方面的利益。其一,简化对所得受益所有人的信息申报。QI 只需按年度向 IRS 申报由其代收款项的受益所有人的总和信息(aggregate information),总和信息不包含受益所有人的身份信息。而不必像 NQI 一样向预提义务人逐一披露各个所得受益所有人的身份信息。② 因此,QI 向 IRS 披露的受益所有人信息也被称为"率池"(rate pools)。"率池"的好处是显而易见的。对境外中间机构来说,"率池"信息的搜集和申报比各个受益所有人信息的搜集和申报更有效率,更节省税收合规成本,也更有利于对客户信息的保密(这往往是金融机构有利的市场竞争砝码)。因此,有学者认为 QI 项目试图以市场导向刺激境外中间机构主动自愿地申请成为 QI。③ 为了保障"率池"信息的真实性,QI 必须接受 IRS 认可的审计机构定期对其进行外部审计(external audit)。④ 其二,可以避免将账户持有人(尤其是重要客户)信息披露给预提义务人(可能是同业竞争者),也可以豁免适用备用预提税。如果美国预提义务人将所得支付给 NQI,那么 NQI 必须向美国预提义务人披露该笔所得受益所有人的信息,通常是其客户或账户持有人。预提义务人根据受益所有人的身份信息进行预提税申报或信息申报。如果 NQI 不向美国预提义务人披露所得受益所有人信息,那么该笔所得将可能被适用备用预提税。但由于 QI 承担了部分或全部预提义务人的申报义务,因此,不必再向预提义务人披露受益所有人信息,也可以豁免适用

---

① Section 1.1441-1(e)(3)(iv)(A)(as amended in 2003),26 CFR(Treasure Regulations).

② Section 1.1441-1(e)(5)(iii)(B),(v)(C)(1),26 CFR(Treasure Regulations).

③ Steven Nathaniel Zane, Carrot or Stick? The Balance of Values in Qualified Intermediary Reform, *Boston College International and Comparative Law Review*, Vol. 33, 357 (2010), p.362.

④ Section 1.1441-1(e)(5)(i) to (iii),26 CFR(Treasure Regulations).

备用预提税。

但实际上,境外金融机构选择成为 QI 的利弊并不能一概而论。NQI 虽然不能申报客户的总和信息,但是也不必接受 IRS 指派的外部审计;NQI 虽然需要向预提义务人逐一申报其代替取得款项的客户信息,但是除非 NQI 知道其代替收取所得的人是美国人,NQI 并没有义务向预提义务人披露外国人的信息。① 因此,是否选择成为 QI 是一个复杂且高度视情况而定的问题。

(3)QI 项目的缺陷

QI 项目的宗旨是加强美国对来源地税收管辖权的监管,通过境外中间机构(尤其是境外金融机构)的参与,进一步完善美国人向境外支付所得的预提税申报和信息申报制度。QI 实施近十年取得了一定的效果,但自 2009 年起开始逐渐面临很多质疑。虽然 QI 项目能够加强对非居民来源于美国境内所得的税收进行监管,但是大部分来源于美国的所得并没有流经 QI。② 显然,QI 项目存在被滥用的问题。瑞银集团案就是一个 QI 项目被滥用的例子。③ 瑞士银行建议它的美国客户在美国境外设立公司,以该境外公司名义在瑞士银行开立账户。美国客户来源于美国的所得可以汇至境外公司在瑞士银行的账户。这样瑞士银行对外披露的该笔所得的受益所有人是境外公司,且很大程度上可以申请美国税收协定上的优惠税率甚至免税待遇。结果,美国的富人们可以成功利用 QI 项目逃避他们本该向美国政府承担的无限纳税义务。④

QI 项目的以下缺陷致使其被滥用:第一,如果境外金融机构代为收取所得的人是外国公司,那么境外金融机构只需要将外国公司作为受益所有人进行申报,无须进一步申报外国公司所有人的信息;第二,境外金融机构对客户提交的文件一般均可接受(accept documentation at face value),除非境外金融机构有

---

① Section 1.1441-1(e)(3)(iv)(A)(as amended in 2003),26 CFR(Treasure Regulations).

② U.S. Government Accountability Office, Qualified Intermediary Program Provides Some Assurance that Taxes on Foreign Investors Are Withheld and Reported, But Can Be Improved, *Goverment Accountability Office Reports*, 2008.

③ Joseph M. Erwin, The UBS Affair: A QI and "John Doe" Summons, Steuerbetrug, and Bankgeheimnis, *Tax Management International Journal*, 2009, Vol.38, p.487.

④ Byrnes, IV, William H. and Kleinfeld, Denis and Gil Soriano, Alberto, LexisNexis ® Guide to FATCA Compliance (Chapter 1, Background and Current Status of FATCA) (February 1, 2014). LexisNexis ® Guide to FATCA Compliance, LexisNexis ®, 2d Edition, 2014, §1.10; Thomas Jefferson School of Law Research Paper No.2457671. SSRN: https://ssrn.com/abstract=2457671, 2019-07-01.

理由知道该文件无效。①

2.预提境外合伙和预提境外信托项目(WP项目和WT项目)

在美国税法上,合伙和信托一般不构成纳税实体,合伙人和信托受益人构成纳税实体。因此,当预提义务人向外国合伙或外国信托支付所得时,预提义务人必须获取所得受益所有人(即合伙人或信托受益人)的身份信息,以确认该笔所得的性质。外国合伙和外国信托显然比预提义务人更有能力获取所得受益所有人的信息。因此,在QI项目设立之后,2003年IRS又发布了WP项目和WT项目。② WP项目和WT项目与QI项目的创立背景与宗旨相同,都是为了获取来源于美国所得的受益所有人的真实信息,以强化美国预提税申报和信息申报制度的实施。

WP项目允许符合条件的外国合伙与IRS签订《预提境外合伙协议》,从而代替美国预提义务人就其合伙人来源于美国所得的情况向IRS进行预提税申报或信息申报。WT项目允许符合条件的外国信托与IRS签订《预提境外信托协议》,从而代替美国预提义务人就其受益人来源于美国所得的情况向IRS进行预提税申报或信息申报。预提义务人可以通过外国合伙或外国信托提供的W-8IMY表确认其是否与IRS签订《预提境外合伙协议》或《预提境外信托协议》。与QI项目相同,WP项目和WT项目同样要求境外合伙和境外信托位于适用KYC的国家(或地区);同样允许境外合伙、境外信托对合伙人和信托受益人所得信息做总和申报,不必逐一披露合伙人或信托受益人的身份信息。

虽然QI项目、WP项目和WT项目均存在被滥用的问题,但是毫无疑问的是,它们为IRS与境外实体(尤其是境外金融机构)合作实施美国税法打开了尝试之门。三个项目实施的十几年间,IRS逐步建立和完善与境外实体的合作平台,并通过这些平台掌握了大量与美国境内存在经济往来的境外实体的信息。这些都为FATCA的实施奠定了坚实的基础。对境外实体而言FATCA与QI项目/WP项目/WT项目是彼此独立的申报项目,QI项目、WP项目和WT项

---

① William H. Byrnes, IV, LexisNexis © Guide to FATCA Compliance (Chapter 1, Background and Current Status of FATCA) LexisNexis ©, 2d ed. 2014, § 1.10.

② Revenue Procedure 2003-64.

目不能豁免境外金融机构和境外实体FATCA申报义务。①

# 本章小结

本章通过对美国联邦所得税的纳税申报制度和美国第三方纳税申报与信息申报制度的梳理和分析,得出以下结论。

第一,美国联邦税的纳税申报制度是FATCA规定的美国人主动申报境外账户信息义务的国内法基础。与美国长期形成的纳税申报制度相比,中国个人纳税人的主动申报制度显得异常薄弱。两国纳税申报制度的差异将影响中美合作实施FATCA各自所承担的行政征管成本。

第二,本书分析了美国第三方涉税信息申报的三种形式,即境内第三方的预提税申报、境内第三方与他人交易行为的信息申报和境外第三方实体的信息申报。从美国联邦所得税的税收合规率来看,第三方预提税申报涉及的所得(例如工资、薪金所得)合规率最高,第三方信息申报涉及的所得(例如股息、利息)合规率次之,而那些既不适用预提税,也不适用第三方信息申报的所得项目(例如美国Schedule C所得或者其他所得),纳税人的税收合规率大幅度降低。

第三,美国境外第三方实体的信息申报制度(QI项目、WT项目和WP项目)是FATCA核心机制(境外金融机构信息申报规则)的直接制度基础。本章分析了三个项目的制度缺陷,FATCA规则将弥补这些缺陷。

---

① 由于与FATCA规则有部分交集,且实施十年来QI项目、WP项目和WT项目也需要进一步完善,2014年美国财政部和IRS在FATCA开始实施的大背景下发布了对QI项目、WP项目和WT项目的修订规则。修订后的QI项目、WP项目和WT项目注意到了与FATCA申报的衔接问题。但总体而言,它们是彼此独立的申报义务。针对QI项目的修订规范是Revenue Procedure 2014-39, https://www.irs.gov/pub/irs-drop/rp-14-39%20(1).pdf,2019-07-01;针对WP项目/WT项目修订的税收规范是Revenue Procedure 2014-47, Internal Revenue Bulletin:2014-35 August 25,2014, https://www.irs.gov/irb/2014-35_IRB/ar04.html,下载日期:2019年7月1日。

# 第二章

# FATCA 制度内容及在美国引发的法律争议

如第一章所述,美国的税收合规不仅依赖于纳税人的纳税申报制度,更依赖于第三方的预提税申报与信息申报制度。但是,对于美国纳税人利用离岸地藏匿资产以逃避美国税收的行为,无论是纳税人申报制度还是第三方申报制度都无法达到理想的监管效果。即使是境外第三方的申报(QI 项目、WP 项目和 WT 项目),也存在对来源于美国所得的受益所有人信息披露不足的问题。此外,境外第三方的申报旨在加强对来源于美国境内所得的预提税征管,并不涉及美国公民和居民来源于境外所得的税收征管问题。因此,QI 项目、WP 项目和 WT 项目对打击美国海外逃避税行为的作用十分有限。20 世纪 80 年代随着经济全球化的加速,利用离岸金融中心藏匿资产以逃避纳税人居民国税收管辖的行为日益猖獗。美国政府也一直在探索打击离岸资产逃避税行为的有效措施。虽然 QI 项目对直接打击离岸资产逃避税行为的效果并不理想,但是也为美国政府下一步的监管措施提供了经验和方向。美国政府意识到,境外第三方(尤其是境外金融机构)的信息申报是促进海外资产税收合规的有效方式,但前提是境外第三方信息申报的规则和标准要统一,且与 IRS 的信息申报系统接轨。2008 年瑞银集团丑闻(UBS scandal)成了压死骆驼的最后一根稻草。① 在金融危机

---

① 瑞士银行是美国 QI 项目的合作银行,但瑞士银行帮助它的美国客户向 IRS 隐匿资产,造成了瑞银集团丑闻。瑞士银行建议它的美国客户在美国境外设立公司,以该境外公司名义在瑞士银行开立账户。美国客户来源于美国的所得可以汇至境外公司在瑞士银行的账户。这样瑞士银行对外披露的该笔所得的受益所有人是境外公司,且很大程度上可以申请美国税收协定上的优惠税率甚至免税待遇。结果,美国的富人们可以成功利用 QI 项目逃避他们本该向美国政府承担的无限纳税义务。2008 年 IRS 和美国司法部开始对瑞士银行进行调查。经过调查,美国司法部签发指令,要求瑞士银行移交超过 4000 名美国账户持有人的账户信息,并开具了 7.8 亿美元的罚单。https://www.irs.gov/pub/irs-drop/us-swiss_government_agreement.pdf,下载日期:2019 年 7 月 1 日。

和政府财政赤字加剧的利益驱动下,美国政府决定出台一部规范境外第三方(尤其是境外金融机构)信息申报标准的法律。于是,FATCA应运而生。

FATCA既要求美国公民和居民向IRS主动申报其境外资产信息(无论该资产是否为应税收入),也要求境外机构(主要是境外金融机构)向IRS申报其掌握的美国公民和居民的资产信息。FATCA最重要的特征是,一部规范和统一境外机构(尤其是境外金融机构)向IRS申报美国公民和居民(账户)信息的美国国内法。显然,FATCA将境外第三方实体(尤其是境外金融机构)当作打击美国海外逃税的突破点。IRS预计FATCA将在未来10年通过打击美国纳税人的海外逃税行为为美国带来87.14亿美元的税收收入。[①] 2010年3月,FATCA一经美国国会通过便激起千层浪。美国富人们开始担心他们海外资产的信息安全问题;境外金融机构开始担心他们的客户流失,合规成本提高以及FATCA与当地法律冲突的问题;各国政府(主要是G20国家)在世界金融危机和政府财政赤字的大背景下,开始权衡是否可以借助FATCA的东风,建立起"金融账户信息自动交换"的多边化合作机制和国际统一标准。

本章内容将视角集中在美国国内。第一节"FATCA制度的概述"将从整体上阐述FATCA制度的内容;第二节"FATCA制度的核心机制"将集中研究境外金融机构的账户信息申报规则,这也是FATCA制度对国际税收体制和各国国内法影响最深刻的内容;第三节"FATCA在美国引发的法律争议",将在美国国内法层面研究和探讨FATCA的实施给美国国内带来的影响以及遭受到的国内阻力。在本书的第三章和第四章中,笔者将把视角移向美国境外,在本章内容的基础上进一步研究FATCA的域外适用问题。

# 第一节 FATCA制度的概述

虽然境外第三方(尤其是境外金融机构)信息申报制度是FATCA制度的最重要内容,也是本书的研究对象,但是从立法结构上看,境外第三方申报制度仅是FATCA13个条款中的第一个条款。可见,FATCA的内容并不限于境外第三方信息申报制度。即使在FATCA的境外第三方申报制度中,也包含了境外金融机构申报和境外非金融实体(non-financial foreign entity)申报两套规则,

---

① Joint Committee on Taxation, Estimated Revenue Effects Of The Revenue Provisions Contained In Senate Amendment 3310, The Hiring Incentives To Restore Employment Act, Under Consideration By The Senate. https://www.jct.gov/publications.html?func=startdown&id=3649,2019-07-01.

而本书将要深入研究的对象是境外金融机构的信息申报,即 FATCA 的核心机制(第二节)。作为基础铺垫,本节将从 FATCA 的立法结构、美国纳税人的 FATCA 申报义务和境外第三方的 FATCA 申报义务三个角度总览 FATCA 制度的内容,从而分析为什么境外金融机构的信息申报规则构成 FATCA 申报的核心机制。

## 一、FATCA 的立法结构

2010 年 3 月 18 日,美国国会通过了《刺激雇佣以恢复就业法案》(*Hire Incentives to Restore Employment Act*,简称 HIRE Act),其中第五章第一节题目为"境外账户税收合规"(foreign account tax compliance),共 13 条内容(第 501 条至第 541 条),因此被称为《境外账户税收合规法案》。[①] FATCA 的 13 个条款包含以下 5 个部分内容。

第一部分,加强披露受益所有人信息(increased disclosure of beneficial owners)。本部分内容同时是对 IRC 所得税部分(subtile a income tax of Internal Revenue Code)的修订,即在原有所得税部分第三章(外国人预提税)之后新增第四章(加强境外账户申报的税收)。FATCA 第 501 条被整体纳入 IRC 所得税部分第四章(Section 1471-1474,IRC)。其主要内容是,要求境外金融机构和非金融机构同意按照 FATCA 规则向 IRS 披露美国公民或居民持有的账户信息,否则上述境外机构来自美国的所得将可能被征收 30% 的惩罚性预提税。因此,IRS 将所得税部分的第三章信息申报与第四章信息申报明确分开。第三章信息申报指对外国人来源于美国所得的预提税申报,第四章信息申报指境外机构对美国账户的信息申报(即 FATCA 申报)。前者只针对应税所得,而后者针对美国账户信息,不问账户内资产是否为应税所得。因此,FATCA 申报的性质是信息申报,并非纳税申报。FATCA 预提税是 FATCA 信息申报的监督和惩罚措施,并非对应税所得的征管措施。

第二部分,未足额申报的境外资产(under reporting with respect to foreign assets)。本部分的主要内容是:其一,要求任何在境外金融机构持有 5 万美元以上存款账户或托管账户的自然人(美国公民或美国居民),向 IRS 申报该账户信息;其二,对因未披露境外金融资产而未足额缴税的行为加重处罚;其三,延长对境外资产未足额缴税行为的评估期间等。

第三部分,其他信息披露条款(other disclosure provisions)。本部分的主要

---

[①] Hiring Incentives to Restore Employment Act,2010. Public Law No.111-147 (Mar. 18.2010),Section 501-Section 541.

内容是:其一,要求境外消极投资公司的美国股东按年度向 IRS 申报该公司的信息;其二,允许美国财政部要求某些金融机构对外国人境外转让的信息(且符合所得税部分第三章或第四章申报条件的信息)使用磁性媒体(magnetic media)进行申报,且上述金融机构不受"一个公历年度最低 250 份申报才可准许使用磁性媒体申报"①的一般性限制。

第四部分,有关外国信托的条款(provisions related to foreign trusts)。本部分的主要内容是:其一,如果一个外国信托受益人利益的取得依赖于未来某个不确定的事件是否发生,或者外国信托受益人直接或间接向该信托无偿转让财产,或者外国信托受益人无偿使用该信托财产,那么,该外国信托将被视为存在美国受益人的外国信托;其二,要求上述外国信托的所有人申报信息,并对不申报该外国信托接受转让和对外分配信息的行为实施惩罚。

第五部分,外国人收取的视同股息的收入(substitute dividends and dividend equivalent payments received by foreign persons treated as dividends)。本部分的主要内容是:将某些等同于股息的支付(dividend equivalent payment)②视为美国联邦所得税意义上"来源于美国境内的股息",并对收取股息的外国人适用预提税规则。FATCA 的结构、法律依据与具体条款的相关义务人可参见表 2-1。

表 2-1　FATCA 的立法结构

| | FATCA(HIRE Act)具体条款 | IRC 条款依据 | 相关义务人 |
|---|---|---|---|
| 第一部分 加强披露 受益所有 人信息 | 申报特定境外账户(Sec. 501) | 新增 IRC 第四章 (Sec.1471-1474) | 境外第三方申报美国居民纳税人信息 (境外金融机构或境外非金融机构实体) |
| | 撤销对注册债券的某些境外例外(Sec.502) | 对 Sec.163(f)等条款的修订 | 美国纳税人 |

---

① Section 6011(e)(2)(A),IRC;Section 522(a), Hiring Incentives to Restore Employment Act, 2010. Public Law No.111-147 (Mar.18.2010).

② Section 541(a), Hiring Incentives to Restore Employment Act, 2010. Public Law No.111-147 (Mar.18.2010).

续表

| | FATCA(HIRE Act)具体条款 | IRC 条款依据 | 相关义务人 |
|---|---|---|---|
| 第二部分 未足额申报的境外资产 | 境外金融资产信息披露(Sec.511) | 新增 Sec.6038(D) | 美国纳税人 |
| | 因未披露境外金融资产而未足额缴税的处罚(Sec.512) | 对 Sec.6662 的修订 | 美国纳税人 |
| | 对显著遗漏申报境外资产相关所得的法定期限等限制的修改(Sec.513) | 对 Sec.6501(e) 的修订 | 美国纳税人 |
| 第三部分 其他信息披露条款 | 申报有关境外消极投资公司活动(Sec.521) | 对 Sec.1298 的修订 | 境外消极投资公司的美国股东 |
| | 允许财政部要求特定金融机构对境外转让信息通过磁性媒体进行申报(Sec.522) | 对 Sec.6011(e) 的修订 | 主要指美国金融机构 |
| 第四部分 有关外国信托的条款 | 有关认定外国信托具有美国受益人的规则(Sec.531) | 对 Sec.679 的修订 | 美国纳税人 |
| | 有关推定外国信托具有美国受益人的规则(Sec.532) | 对 Sec.679 的修订 | 美国纳税人 |
| | 无偿使用信托财产(Sec.533) | 对 Sec.643(i),679(c)的修订 | 美国纳税人 |
| | 申报外国信托的美国所有人条件(Sec.534) | 对 Sec.6048(b) 的修订 | 美国纳税人（美国信托的美国所有人） |
| | 未申报特定外国信托的最低罚款(Sec.535) | 对 Sec.6677 的修订 | 美国纳税人[外国信托的美国受益所有人、美国创立人，向外国信托转让资金或财产（包括遗产）的美国人] |

续表

| | FATCA(HIRE Act)具体条款 | IRC 条款依据 | 相关义务人 |
|---|---|---|---|
| 第五部分 外国人收取 的视同股息 的收入 | 外国人收取的视同股息的所得(Sec.541) | 对 Sec.871 的修订 | 预提义务人 |

表格信息来源:根据 FATCA 和 IRC 相应条款整理。

从内容上看,FATCA 既要求美国纳税人主动向 IRS 申报其境外资产信息(无论该资产是否为应税收入),也要求境外机构(尤其是境外金融机构)向 IRS 申报其掌握的美国公民和居民的资产信息。在 FATCA 全部 13 个条款中,只有第一个条款(Section 501,HIRE Act)涉及境外第三方的信息申报义务,其他 12 个条款均只涉及美国纳税人或预提义务人的信息申报义务。鉴于对国际金融行业和国际税收信息交换制度的深刻影响,FATCA 第一个条款(境外第三方的信息申报)成了 FATCA 最重要的内容。本书若无特别说明,除本节外提及的 FATCA 申报或 FATCA 规则均指 FATCA 第一款内容(境外第三方的信息申报)。

## 二、美国个人纳税人的 FATCA 申报

从申报义务人来看,FATCA 信息申报主要包括两个部分:第一,美国公民或居民个人就其境外金融资产向 IRS 主动进行信息申报(Section 511,512,513,HIRE Act),笔者称之为美国纳税人的 FATCA 申报;第二,境外机构就其掌握的美国人信息进行申报(Section 501,HIRE Act),笔者称之为境外第三方的FATCA 申报。美国纳税人的 FATCA 申报目前仅指美国个人纳税人的 FATCA 申报。对于美国的实体纳税人,FATCA 授权美国财政部制定相关规定或指南,以将 FATCA 对美国个人纳税人的境外金融资产信息申报规则的适用范围扩展至美国实体纳税人。① 但目前美国财政部尚未出台相关规则。

### (一)美国个人纳税人 FATCA 申报义务的内容

FATCA 规定的美国纳税人申报境外金融资产信息义务主要针对美国个人纳税人。FATCA 第 511 条(Section 511,HIRE Act)规定,美国个人纳税人在

---

① Section 6038D(f),IRC.

某一纳税年度持有的特定境外金融资产总价值超过一定额度(最低 5 万美元)则需要主动向 IRS 申报相关资产信息。纳税人的 FATCA 申报通过填写 8938 表进行申报,并随年度所得税纳税申报表(如 1040 表)一并申报。符合申报条件但不履行 FATCA 申报义务的美国人将遭受处罚。美国财政部和联邦税务局根据 FATCA 的规定就美国个人纳税人申报境外金融资产信息出台了相关实施细则。笔者根据 FATCA 及实施细则的规定,将个人纳税人申报境外金融资产信息的核心内容整理在表 2-2 中。

表 2-2 美国个人纳税人申报境外(不包含美国属地)金融资产信息义务

| | 一般规则 | 例 外 |
|---|---|---|
| 申报义务人 | 1.美国公民。<br>2.美国居民个人。<br>3.极个别的美国非居民个人。 | 不需要填报 8938 表格的人。<br>例如,那些没有所得税申报义务的美国纳税人无须填报 8938 表,无论其境外金融资产数额多少。 |
| 境外金融资产的申报门槛(5 万美元) | 纳税年度最后一天,持有境外金融资产的总价值符合下列条件之一:<br>1.个人(单身或者与配偶分别申报)且居住在美国境外,超过 20 万美元(或者纳税年度内任何其他时间均超过 30 万美元)。<br>2.个人(单身或者与配偶分别申报)且居住在美国境内超过 5 万美元(或者纳税年度内任何其他时间均超过 7.5 万美元)。<br>3.与配偶联合申报且居住在美国境外超过 40 万美元(或者纳税年度内任何其他时间均超过 60 万美元)。<br>4.与配偶联合申报且居住于美国境内超过 10 万美元(或者纳税年度内任何其他时间均超过 15 万美元)。<br>居住境外是指美国公民在连续 12 个月的时间内在境外至少停留 330 天。 | 额度未达到门槛条件的账户。 |

续表

| | 一般规则 | 例 外 |
|---|---|---|
| 应申报境外资产的类型 | 1.境外金融机构账户资产：<br>比如：存放于境外金融机构的存款账户、托管账户；通过境外金融机构金融账户持有的境外股票或证券；境外发行的有现金值的生命保险或年金合约；境外对冲基金或私募股权基金；境外共同基金。<br>2.境外非金融机构维持的资产：<br>(1)非美国人发行的股票或证券。<br>比如：通过境外非金融机构账户持有的境外股票或证券。<br>(2)为投资持有的金融工具或合约，且其发行人或缔约方系非美国人。<br>比如：通过境内外委托人信托(grantor trust)持有的境外账户和非账户投资资产，且申报义务人是委托人。<br>(3)对外国实体的权益。<br>比如：境外合伙人权益。 | 1.美国支付人管理的金融账户：<br>a.存放于美国金融机构境外分支机构的金融账户；<br>b.存放于境外金融机构美国分支机构的机构账户；<br>c.投资于境外股票或证券的国内共同基金；<br>2.外国信托或房地产的权益，且受益人有理由对权益不知情。<br>3.公共债券、社会保险或其他类似的外国政府项目所涉权益。<br>4.其他财政部公布的例外。<br>d.通过某实体持有的境外金融资产的间接权益；<br>e.直接持有的境外房地产；<br>f.直接持有的外汇；<br>g.直接持有的稀有金属；<br>h.直接持有的个人财产（比如艺术品、古董、珠宝、车或其他收藏品）。 |
| 应申报的信息 | 参见8938表 | |
| 申报方式 | 年度所得税申报：填写8938号表格，作为年度所得税申报表（通常为1040号表格）的附件。 | |

续表

| | 一般规则 | 例　外 |
|---|---|---|
| 不合规的罚则 | 1. 怠于履行申报义务：1万美元。<br>2. IRS邮寄通知后，超过90天继续不履行申报义务，从90天期满起算，每超过30天增加1万美元的罚款。<br>3. 罚款总额不能超过5万美元<br>（5万美元罚款＋未申报资产应纳税40％的罚金）。 | 能证明未申报信息存在合理原因，而不是故意忽视（willfulnegelect）但须一案一裁（case by case）。 |
| 备注： | 纳税人的FATCA申报义务（8938表）不影响美国个人履行境外银行和金融账户申报，两者独立申报。 | |

表格信息来源：根据FATCA相应条款整理。

### （二）美国个人纳税人FATCA申报义务与OVDP和FBAR的关系

境外资产信息自愿披露项目（Offshore Voluntary Disclosure Program，简称OVDP）、境外银行和金融账户申报（Report of Foreign Bank and Financial Accounts，简称FBAR）和FATCA均涉及美国人对其持有的境外金融账户信息的申报。那么三者的关系如何呢？概言之，三者既彼此独立，又存在联系。

1. 境外资产自愿披露项目（OVDP）

2003年，为了解决日益盛行的海外资产逃避税问题，IRS创立了OVDP，鼓励美国人主动自愿地向IRS披露其从未申报过的境外资产信息，以缴纳欠税、利息和部分罚款的方式换取一定程度上民事或刑事处罚的赦免。OVDP带有"自首"和"赦免"的色彩，旨在提高持有的境外资产的美国纳税人对美国税法的合规率。截至2017年，该项目已经实施四次，分别为2003 OVDP，2009 OVDP，2011 OVDP和2012 OVDP。但是该项目开始发挥作用是从2009 OVDP开始的。受瑞银集团案的影响，通过2009 OVPD向IRS披露境外资产的美国人，超过一半人是将资产存放到了瑞士银行。① OVDP取得的效果如何呢？据IRS2012年1月的报道，在2009年和2011年两次OVDP实施期间，有3.3万美

---

① GAO，GAO-13-318，IRS Has Collected Billions of Dollars, but May Be Missing Continued Evasion, p.1.Mar.2013. http://www.gao.gov/assets/660/653369.pdf, 2019-07-01.

国人通过 OVDP 向 IRS 披露海外资产信息,带来的税收收入为 44 亿美元。①2013 年年初的一份统计数据表明,2009 年、2011 年、2012 年三次 OVDP 共有 3.9 万美国人向 IRS 披露境外资产信息,带来的税收收入为 55 亿美元(主要来自 OVDP 罚款)。②

OVDP 带有强烈的"自首"和"赦免"性质。美国人主动披露境外资产可以在一定程度上降低通过其他执法程序发现其境外资产所面临的民事和刑事处罚。当然,美国纳税人主动披露信息之后仍需补缴税款、利息和一定比例的罚款,才可以降低或免除其因未披露海外资产本应承担的更为严厉的民事或刑事处罚。

就 OVDP 与 FATCA 的关系而言,一方面,FATCA 的境外第三方信息申报机制将逐步降低 OVDP 的赦免程度。例如,2012 年的 OVDP,IRS 提高了罚款比例,对从未申报的境外资产罚款比例从 2011 年的 25% 提高到 27.5%。另一方面,FATCA 并不能取代 OVDP。FATCA 的境外第三方信息申报主要针对境外金融机构的金融账户信息,对美国人拥有的不动产等其他类型的境外资产仍然缺乏有效的监管。

2. 境外银行和金融账户申报(FBAR)

1970 年,美国国会通过《银行保密法案》(*Bank Secrecy Act*),这是美国第一部也是最全面的一部联邦层面打击洗钱行为和反恐怖主义金融活动的法律。该法案授权美国财政部出台法规,要求美国公民、居民或在美国境内从事经营的人,在其与境外金融组织(foreign financial agency)从事交易或其为他人与境外金融组织维持关系的条件下,对相关信息予以保存并申报。③ 其中,美国人对其持有的境外银行账户的申报被称为 FBAR。FBAR 申报主体必须同时符合两个条件:第一,美国人至少在位于美国境外的一个金融账户拥有金融利益或签名授权;第二,该美国人持有的所有境外金融账户的总价值,在申报年度的任何时间均超过 1 万美元。

FBAR 与 FATCA 有着本质的不同。

首先,两者的目的和功能不同。FBAR 的法律依据并不是 IRC,而是美国《货币金融法典》(31 U.S.C)。虽然两者都涉及境外金融账户信息的申报,但是 FBAR 旨在保护金融系统不被违法行为利用,违法行为包括洗钱、恐怖分子的金

---

① https://www.irs.gov/pub/irs-news/ir-12-005.pdf,2019-07-01.

② GAO, GAO-13-318, IRS Has Collected Billions of Dollars, but May Be Missing Continued Evasion, p.1.Mar.2013. Available at http://www.gao.gov/assets/660/653369.pdf, 2019-07-01.

③ Section 5314(Records and reports on foreign financial agency transactions), 31 U.S. Code.

融活动,也包括税收违法和腐败等其他违法行为。而 FATCA 旨在加强美国纳税人境外资产的税收合规。目的和功能的不同决定了两者申报规则的不同。比如,FBAR 的申报条件要求美国人持有境外金融账户的总价值在申报年度内的任何时间均超过 1 万美元;但 FATCA 申报对美国人在申报年度内持有境外金融资产的总价值要求则更为复杂,不仅区分个人账户和实体账户,还同时区分先前账户和新建账户,并且对不同类型金融账户的申报条件也不同。例如 FATCA 申报要求在申报年度内,先前个人存款账户的余额超过 5 万美元,新建个人存款账户的余额也需超过 5 万美元;但先前个人现金保险合同的余额或现金价值则不低于 25 万美元,新建个人现金保险合同的余额或现金价值不低于 5 万美元。

其次,两者的实施机构也不同。FATCA 由 IRS 负责实施,通过填报 8938 表进行申报。而 FBAR 由美国金融犯罪执法局(V.S. Financial Crimes Enforcement Network,简称 FinCEN)负责实施。作为实施《银行保密法案》的合作机构,1990 年美国财政部成立了 FinCEN。FinCEN 的主要职责是保护金融系统不被非法利用、打击洗钱行为和促进国家安全。FinCEN 的主要工作是接收和维持金融交易数据,为法律实施目的对数据进行分析和输送,与其他国家和国际上的同类组织构建全球合作机制。[①] 符合条件的美国人须通过填报特定表格(FinCEN Form 114)向 FinCEN 履行 FBAR 义务。[②]

## 三、境外第三方的 FATCA 申报

如前文所述,从申报义务人来看,FATCA 信息申报主要包括两个部分:第一部分,笔者称之为美国纳税人的 FATCA 申报;第二,境外机构就其掌握的美国人信息进行申报(Section 501,HIRE Act),笔者称之为境外第三方的 FATCA 申报。境外第三方的 FATCA 申报才是 FATCA 最具革新性的内容。FATCA 颁布的主要目的是将那些由美国纳税人直接或间接持有的境外账户信息能够按年度向 IRS 进行申报,以帮助 IRS 了解这些境外账户的价值和所得。理论上,这些信息应当主要由美国纳税人主动向 IRS 申报,但实际上 IRS 更希望掌握这些信息的第三方(境外金融机构或境外非金融实体)能够参与申报。

在 FATCA 颁布之前,对 IRS 来说要求境外第三方参与信息申报的挑战是巨大的。首先,依照美国税法,境外第三方机构对美国客户来源于美国境外的所

---

① https://www.fincen.gov/what-we-do,2019-07-01。
② FBAR 和 FATCA 具体条件和事项的详细比较可参见 https://www.irs.gov/businesses/comparison-of-form-8938-and-fbar-requirements,2019-07-01。

得没有向美国政府申报的义务。即使是 QI 项目/WP 项目/WT 项目,也只能要求境外第三方对美国客户/合伙人/受益人来源于美国的所得(而非全球所得)向 IRS 进行申报。其次,美国境内的第三方信息申报(1099 表)一般只针对美国人,不适用于外国人。因此,很多美国人借助一个外国实体收取来源于美国的所得,从而躲避美国境内第三方信息申报的监管。可见,FATCA 是否能够切实解决困扰了美国近 40 年的境外资产税收合规问题,关键在于境外第三方的 FATCA 申报能否顺利和有效地实施。境外第三方的 FATCA 申报包括三个部分的内容:第一,境外金融机构申报美国账户信息;第二,境外非金融实体提供美国人信息;第三,FATCA 的监督机制——FATCA 预提税。

**(一)境外金融机构申报美国账户信息**

境外金融机构掌握着大量的境外资产信息,要求境外金融机构向 IRS 申报美国账户信息是 FATCA 最核心的机制,也是对国际税收信息交换制度影响最大的机制。由 OECD 主导的《AEOI 标准》,其核心机制 CRS 就是以 FATCA 境外金融机构申报规则为蓝本的。FATCA 境外金融机构的概念范围十分广泛,不仅包括境外银行,还包括那些将为他人持有金融资产作为经常性营业活动的境外实体,或者主要从事证券投资或交易的境外实体。境外金融机构只有与美国财政部签订合作协议,并依照协议对美国账户进行尽职调查(due diligence)和信息申报,才能避免被征收 FATCA 预提税。境外金融机构需要履行的 FATCA 义务主要包括以下几个方面:

(1)获取其维持的每一个账户持有人信息,以确定美国账户的范围;

(2)依照《境外金融机构合作协议》的证明和尽职调查程序对美国账户进行识别,以确定应申报的美国账户;

(3)对应申报的美国账户按年度向 IRS 进行信息申报;

(4)若美国财政部请求进一步提供某美国账户信息,境外金融机构应提供美国财政部所请求的额外信息;

(5)若境外金融机构所在地法律不允许 FATCA 义务的履行,境外金融机构应要求账户持有人提供其豁免适用 FATCA 的证明;若账户持有人不能在合理期限内提供豁免适用 FATCA 的证明,境外金融机构应关闭该账户。

为了区分先前账户和新建账户的持有人,境外金融机构必须适用 FATCA 尽职调查程序。美国财政部和 IRS 出台了一系列 FATCA 尽职调查程序的细则,从而加重了境外金融机构的合规成本。尽职调查程序最终将举证责任转嫁给了账户持有人。如果一个账户的账户持有人不能证明其不是"特定美国人"①或者不能提供所需要的身份证明文件,那么该账户持有人将被视为不合作的账户持有人(Recalcitrant Account Holder,简称 RAH)②。FATCA 要求境外金融机构对支付给不合规账户持有人的款项扣除 30% 的预提税。若不合规账户持有人依然拒绝合作,作为最后措施,FATCA 要求境外金融机构关闭其账户。本章第二节将具体研究 FATCA 的核心机制——境外金融机构的账户信息申报规则。

### (二)境外非金融实体提供美国人信息

境外非实体提供美国人信息义务是 FATCA 规定的义务,在后文所述的 FATCA-IGA 和 OECD 主导下的 CRS-MCAA 目前均没有吸纳此项规则。境外非金融实体是指并非金融机构的外国实体(包含美国属地的外国非金融机构),也包括根据《促进国际税收合规和实施 FATCA 的政府间协定范本》(*Model Intergovernmental Agreement to Improve Tax Compliance and to Implement FATCA*,简称 FATCA-IGA 范本)视为境外非金融机构的外国实体。③ 对境外非金融实体适用 FATCA 规则必须先界定其性质是消极境外非金融实体(passive non-financial foreign entity),还是积极境外非金融实体(active non-financial foreign entity)。若境外非金融实体是积极境外非金融实体,其不必向预提义务人履行 FATCA 的证明或提供信息义务,预提义务人对支付给积极境外非金融实体的款项免予适用 FATCAT 预提税。但是,若境外非金融实体是消极境外非金融实体,那么其必须向预提义务人履行 FATCA 的证明或提供信息义务,否则预提义务人对支付给消极境外非金融实体的款项将征收 30% 的

---

① 特定美国人是指,排除下列 10 类人的美国人:A.其股票在一个以上证券市场常规交易的(美国)公司;B.属于 A 项公司集团的成员公司;C.属于 IRC 规定的免税组织[Sec.501(a)]或个人退休计划(免税)[Sec.7701(a)(37)];D.美国政府(包括政府代表机构);E.美国各州、哥伦比亚特区、美国属地及其代表机构或下属政治机构;F.IRC 定义的银行(Sec.581);G.IRC定义的不动产投资信托(Sec.856);H.IRC 定义的受管制投资公司(Sec.851),或依照《1940 年投资公司法案》向"证券交易委员会"注册的实体;I.IRC 定义的共同信托基金[Sec.584(a)];J.IRC 定义的免税信托[Sec.664(c)或者 Sec.4947(a)(1)]。Section 1473(3),IRC.

② 不合作的账户持有人是指对金融机构依据 FATCA 提出的合理信息请求不执行的账户持有人,或者在接到信息请求时不能提供 FATCA 相关信息豁免证明的账户持有人[Section 1471(d)(6),IRC]。通常如果某个账户持有人不能证明自己并非美国公民或居民,或者不能向缔约方境内金融机构提供必要的豁免文件,以及那些因不愿意放弃当地法律所规定的保密权利而在合理期限内拒绝为金融机构提供免责授权的账户持有人,都将被认定为 FATCA 意义上的"不合作的账户持有人"。

③ Section 1.1471-1(b)(80),26 CFR(Treasure Regulations).

FATCA 预提税。

境外非金融实体适用 FATCA 的步骤如下：

第一步：认定境外非金融实体属于"积极"还是"消极"的实体，具体通过境外非金融实体的自证义务完成。

第二步：

(1) 若认定构成积极境外非金融实体，则其豁免适用 FATCA 有关境外非金融实体提供美国人信息的义务规则；

(2) 若认定构成消极境外非金融实体，境外非金融实体须向境外金融机构（作为境外账户持有人时）或向预提义务人（有来源于美国境内的所得时）证明其没有实质美国所有人，或者提供实质美国所有人的相关信息。

1.积极境外非金融实体及其自证义务

当境外非金融实体是积极境外非金融实体时，则其不必向预提义务人履行有关受益所有人的证明或提供信息义务。① 预提义务人对支付给积极境外非金融实体的款项免予适用 FATCA 预提税。换言之，积极境外非金融实体可以豁免适用 FATCA 有关境外非金融实体提供美国人信息的义务规则。但是，境外非金融实体仍需向预提义务人证明其构成积极境外非金融实体，否则将被预提义务人视为消极境外非金融实体。此外，如果境外非金融实体在境外金融机构持有账户，那么它同样需要向境外金融证明其构成积极境外非金融实体，才能豁免披露实际控制人信息。可见，积极境外非金融实体的认定标准不仅决定着消极境外非金融实体的范围，也决定着境外非金融实体是否能够通过自我证明在一定程度上减轻其适用 FATCA 的合规标准。

积极境外非金融实体一般是指，上一公历年度内，消极所得占总收入比重不足 50%，并且产生或为产生消极所得而持有的资产权重不足总资产的 50% 的境外非金融实体。② 消极所得一般指股息、利息、租金、特许权使用费、年金等不属于积极经营活动的收入。③ 境外非金融实体在收取一笔来源于美国的所得时，通常需要向预提义务人证明其属于积极境外非金融实体，笔者称之为积极境外非金融实体的自证义务，以豁免适用 FATCA 预提税。

---

① 有关受益所有人的证明或提供信息义务是指，若境外非金融实体有来源于美国的收入，且该或另一境外非金融实体系收入的受益所有人，那么受益所有人（或收款人）一般需向该笔收入的预提义务人履行下列义务之一：(1)向预提义务人证明其没有"实质上的美国所有人"（证明义务）；或者(2)向预提义务人提供其每一位"实质上的美国所有人"的信息（包括姓名或名称、地址、税务身份号码）（提供信息义务）。Section 1472(b)(1), IRC.

② Section 1.1472-1(c)(1)(iv), 26 CFR(Treasure Regulations).

③ Section 1.1472-1(c)(1)(iv), 26 CFR(Treasure Regulations).

积极境外非金融实体的自证义务具体包括：

(1)提供充分的信息以确定其为境外实体,且从事积极的贸易或经营活动(但不包括金融机构的营业活动);或者

(2)提供一份有效的书面声明,能够证明其为境外实体且从事积极的贸易或经营活动(但不包括金融机构的营业活动)。①

最常见的"有效的书面声明"是 IRS 出具的 W-8 表系列证明。笔者在第一章已提到,外国人在纳税申报时,一般会向 IRS 申请 W-8 表系列证明,用以向预提义务人证明其外国人身份,以及所得是否与美国境内的经营有实质联系。②若外国人有来源于美国的所得,且不能向预提义务人提供 W-8 表系列证明,预提义务人通常可以对其适用 28％的备用预提税。③

2.消极境外非金融实体的证明或提供信息义务

消极境外非金融实体是指不包括豁免适用 FATCA 的境外非金融实体在内的其他全部境外非金融实体。④ 豁免适用 FATCA 的境外非金融实体包括十种,其中最重要的是积极境外非金融实体。⑤ 如果境外非金融实体不能向预提义务人或境外金融机构证明其属于积极境外非金融实体或其他豁免适用 FATCA 的境外非金融实体,那么其将被推定为消极境外非金融实体。

FATCA 规定,如果消极境外非金融实体有来源于美国的所得,那么它必须向预提义务人履行有关所得受益所有人的证明(certificate)或提供信息(provide information)义务,才可以豁免适用 FATCA 预提税。有关所得受益所有人的证明或提供信息义务是指,如果境外非金融实体有来源于美国的所得,且该实体或另一境外非金融实体系所得的受益所有人,那么受益所有人(或收款人)一般需向该笔所得的预提义务人履行下列义务之一:(1)向预提义务人证明其没有"实质美国所有人"(证明义务);或者(2)向预提义务人提供其每一位"实质美国所有人"的信息(包括姓名或名称、地址、税务身份号码)(提供信息义务)。⑥

消极境外非金融实体的证明或提供信息义务,旨在监管美国人通过实质控

---

① Section 1.1471-3(d)(11)(ix)(A),26 CFR(Treasure Regulations).

② Instruction for the Request of Forms W-8BEN, W-8BEN-E, W-8ECI W-8EXP and W-8IMY(Rev.July 2014), https://www.irs.gov/pub/irs-pdf/iw8.pdf,2019-07-01.

③ 备用预提税一般针对美国人支付给美国人的应申报付款,在特定条件下适用于美国人支付给外国人的应申报款项,例如该付款的受益所有人是美国人,而作为名义收款人的外国人又不能提供相应的豁免备用预提税的证明。外国收款人可提供的豁免备用预提税的证明包括:(1)W-8BEN 表,非居民外国人(NRA)适用,提供这个签字表则可以申请豁免备用预提税;(2)W-8ECI 表;(3)W-8EXP 表;(4)W-8IMY 表。参见 IRS Publication 1281,p.31.

④ Section 1.1471-1(b)(94),26 CFR(Treasure Regulations).

⑤ Section 1.1472-1(c)(1),26 CFR(Treasure Regulations).

⑥ Section 1472(b)(1),IRC.

制境外实体套取美国税收协定优惠或其他投资优惠,从而逃避其在美国应负的无限纳税义务的行为。具体体现在三个层面。

第一,"实质美国所有人"概念至关重要。"实质美国所有人"是指:(1)对于公司,直接或间接拥有该公司不低于10%股权的特定美国人;(2)对于合伙,直接或间接拥有该合伙不低于10%利润权益或资本权益的特定美国人;(3)对于信托,被相关法律视为信托所有人的美国人,或者直接或间接持有不低于该信托10%受益权益的特定美国人。①

第二,若消极境外非金融实体履行了受益所有人的证明义务,即向所得的预提义务人证明该笔所得的受益所有人没有"实质美国所有人",且预提义务人不知道或有理由不知道受益所有人提供的证明信息存在错误,预提义务人就该笔所得不适用FATCA预提税。

第三,若消极境外非金融实体履行了受益所有人的提供信息义务,即向所得的预提义务人提供每一位"实质上的美国所有人"的信息(包括姓名或名称、地址、税务身份号码),且预提义务人向IRS申报该信息,预提义务人就该笔所得不适用FATCA预提税。

3.境外非金融实体与境外金融机构FATCA义务的差异

虽然境外金融机构和境外非金融实体的信息申报义务均系FATCA规定的境外第三方信息申报义务,但两者有着较大的差别。

第一,合作对象和适用程序不同。境外金融机构必须向IRS申报美国账户信息。因此,境外金融机构需要在IRS注册,并与IRS正式签订《境外金融机构合作协议》,境外金融机构对其维持的账户须适用尽职调查程序以确认应申报账户的范围。但是境外非金融实体不直接向IRS履行FATCA义务,因此无须在IRS注册,也不需要与IRS签订任何合作协议。境外非金融实体需要履行的FATCA义务是向预提义务人(有来源于美国境内的所得时)或境外金融机构(作为账户持有人时)证明或提供信息义务,这一过程并不适用尽职调查程序。

第二,申报或提供的信息内容不同。境外非金融实体提供的信息相对简单,仅涉及实质美国所有人的姓名或名称、地址、税务身份号码。但是,境外金融机构提供的信息内容较为复杂,不仅包括账户持有人的身份信息,还包括账户余额等资产信息,并需要适用严格的尽职调查程序。

第三,FATCA预提税的适用范围不同。对消极境外非金融实体而言,只有来源于美国境内的所得可能被预提义务人扣缴FATCA预提税。但是对境外金融机构而言,由于"透视款项"(passthrough payment)的存在,其全球所得都可能面临FATCA预提税。根据预提义务人的不同,不合作的境外金融机构(non-

---

① Section 1473(2)(A),IRC;Section 1.1473-1(b)(1),26 CFR(Treasure Regulations).

participating foreign financial institution)①将面临两种模式的 FATCA 预提税惩罚:第一种是由美国人作为预提义务人,对其支付给不合作境外金融机构的可预提款项征收 30% 的 FATCA 预提税;第二种是由合作的境外金融机构(participating foreign financial institution)②作为预提义务人,对其向 RAH 支付的"透视款项"征收 30% 的 FATCA 预提税。"透视款项"既包括来源于美国的可预提款项,也包括来源于其他国家但归因于可预提款项的付款。值得强调的是,"透视款项"只适用于境外金融机构,不适用于境外非金融实体。

### (三)FATCA 的监督机制——FATCA 预提税

无论是要求境外金融机构披露美国账户信息,还是要求境外非金融实体披露美国受益所有人信息,FATCA 都设计了一个有力的惩罚机制——30% 税率的 FATCA 预提税,即对不遵守 FATCA 义务的境外第三方或账户持有人来源于美国境内的投资所得征收 30% 的预提税。FATCA 预提税实际上是美国的"胡萝卜加大棒政策"继在瑞银集团案和 OVDP 成功试水后的又一次尝试。③ 也是美国利用其资本市场的绝对优势与全球金融机构进行的一次较量。

从立法结构上看,FATCA 预提税包括两种:(1)对支付给境外金融机构的可预提税款项征收的预提税(Section 1471,IRC);(2)对支付给境外非金融实体的可预提款项征收的预提税(Section 1472,IRC)。这两种预提税适用的"可预提款项"和"预提义务人"的概念是一致的,均旨在对不遵守 FATCA 义务的境外第三方直接来源于美国境内的投资所得征收 30% 的预提税。但是,为了使更多的境外金融机构实施 FATCA,FATCA 在可预提款项的基础上为合作的境外金融机构增加了对透视款项征收 30% 预提税的义务,旨在对不遵守 FATCA 义务的境外金融机构或账户持有人直接或间接来源于美国境内的投资所得征收 30% 的预提税。因此本部分分别从可预提款项和透视款项两个层面阐释 FATCA 预提税。(具体情形可参见表 2-3)

---

① 不合作的境外金融机构是指除了合作的境外金融机构、视为合规的境外金融机构或豁免受益所有人之外的境外金融机构[26 CFR(Treasure Regulations) Section 1.1471-1(b)(82)]。

② 合作的境外金融机构是指同意遵守《境外金融机构合作协议》的境外金融机构(包括依据 FATCA-IGA 范本 2)缔结的政府间协议,同意遵守《境外金融机构合作协议》的境外金融机构。

③ Luzius U. Cavelti, Automatic Information Exchange versus the Withholding Tax Regime Globalization and Increasing Sovereignty Conflict in International Taxation, *World Tax Journal*, June 2013, p.183.

### 1. 可预提款项

依照 FATCA 的规定，如果境外第三方不符合 FATCA 的要求，那么预提义务人对支付给境外第三方的可预提款项均可以适用 FATCA 预提税。首先，如果境外金融机构不符合 FATCA 所列信息申报义务的要求，那么预提义务人可以对支付给境外金融机构的可预提款项扣除 30% 的预提税。[①] 其次，如果境外非金融实体构成消极境外非金融实体，且作为可预提款项的受益所有人，那么当其不符合 FATCA 所列受益所有人证明或提供信息义务的要求时，预提义务人可以对支付给境外非金融实体的可预提款项扣除 30% 的预提税。[②]

可预提款项定义范围广泛，包括：①来源于美国境内的 FDAP（利息、股息、租金、工资、薪金、保险金、养老金、赔偿金以及其他具有固定或定期回报特点的所得）；②还包括出售或处分任何一种能够产生来源于美国的股息或利息的财产所取得的总收入。[③] 但是，可预提款项不包括与美国经营活动有实际联系的所得。[④] 预提义务人是指能够控制、收取、保管、处分或支付可预提款项的任何个人或实体。[⑤] 鉴于可预提款项是来源于美国的消极所得，因此可预提款项的预提义务人通常应是美国个人或实体。

表 2-3　FATCA 预提税

| 预提义务人 | 款项类型 | 款项收取人（受益所有人） |
| --- | --- | --- |
| 美国人 | 可预提税款项<br>（来源于美国的消极投资所得 FDAP） | 不合作的境外金融机构 |
| | | 消极境外非金融实体 |
| 合作的境外金融机构 | 透视款项<br>（可预提款项＋归因于可预提款项的付款） | RAH |
| | | 不合作的境外金融机构 |

美国个人或实体作为预提义务人，对其向不合作的境外金融机构或消极境外非金融实体支付的可预提款项征收 30% 的预提将从 2014 年 1 月 1 日起实施。

### 2. 透视款项

FATCA 规定，合作的境外金融机构应对支付给不合作的境外金融机构的

---

① Section 1471(a), IRC.
② Section 1471(a), IRC.
③ Section 1473(1)A, IRC.
④ Section 1473(1)(B), IRC.
⑤ Section 1473(4), IRC.

透视款项扣除 30% 的预提税。① 透视款项是指任何可预提款项或其他归因于可预提款项的付款。② 如何确定"其他归因于可预提款项的付款"呢？IRS 出台的税务通知（Notice 2011-34）规定，合作的境外金融机构必须计算和公布其透视款项比例。"透视款项比例"反映的是合作的境外金融机构持有的美国资产占全部资产的比例。对合作的境外金融机构来源于美国境外的所得，应按照"透视款项比例"计算归因于可预提款项的数额。③ 可见，IRS 没有选择按照直接跟踪可预提款项的跟踪方法（tracing method）确定归因于可预提款项的范围，而是选用了透视比例方法。

举例：A 银行是与 IRS 签订合作协议的"合作的境外金融机构"，A 银行在美国和其他国家的证券市场均有投资。A 银行的账户持有人或投资者的 50% 是在美国没有任何商业存在或直接投资的"小银行"，且它们没有与 IRS 签订合作协议。因此这些"小银行"都是 FATCA 意义上的不合作的境外金融机构。A 银行的总资产为 1000 万美元，其中 400 万美元是美国资产，因此 A 银行的"透视款项比例"为 40%（400/1000）。假设某一年度内，A 银行从美国投资中获得了 100 万美元的可分配股息和利息收入，从其他国家的投资中获得了 200 万美元的可分配股息和利息收入，那么 A 银行应当对它的"小银行"账户持有人征收多少 FATCA 预提税？

根据 Notice 2011-34 的规定，A 银行应当对支付给"小银行"账户持有人的透视款项征收 30% 的预提税。透视款项包括两个部分：(1)可预提款项，即来源于美国的投资所得 100 万美元×账户持有人比例 50%（50 万美元）；(2)其他归因于可预提款项的付款，即来源于其他国家的投资所得 200 万美元×账户持有人比例 50%×透视款项比例 40%（40 万美元）。因此，A 银行对它的"小银行"账户持有人应征收的 FATCA 预提税为（50+40）×30%＝27 万美元。

可以看出，美国联邦税务采用"透视款项比例"的方法确认归因于可预提款项的付款数额，明显扩大了 FATCA 预提税的适用范围，即不仅限于来源于美国境内的消极投资所得，还可能适用于来源于其他国家的所得。但是，这种透视款项仅适用于合作的境外金融机构，不适用于境外非金融实体，这表明透视款项的目的并不是增加 FATCA 预提税收入，而是迫使更多的境外金融机构（如案例中

---

① Section 1471(b)(1)(D)，IRC.在美国政府陆续与各国政府签订 FATCA-IGA 之后，不合作的境外金融机构通常是由以下两种因素被认定为不遵守 FATCA 义务：(1)金融机构所在的国家（或地区）没有与美国签订执行 FATCA 的政府间协定（FATCA-IGA），且该金融机构也没有与 IRS 签订《境外金融机构合作协议》；(2)被 IRS 依据所缔结的 FATCA-IGA 或《境外金融机构合作协议》认定为显著不遵守相应信息申报程序的金融机构。

② Section 1471(d)(7)，IRC.

③ Section Ⅱ.B.1，Notice 2011-34（IRB 2011-19）.

的"小银行"账户持有人)与 IRS 签订合作协议,成为合作的境外金融机构。透视款项预提税从 2017 年 1 月 1 日起实施。① 值得注意的是,当 FATCA 预提税与美国缔结的税收协定上的预提税条款(一般指股息、利息或特许权使用费条款)相冲突时,税收协定优先适用。②

## 第二节　FATCA 的核心机制:境外金融机构的账户信息申报规则

境外金融机构的账户信息申报规则是 FATCA 的核心机制。包含五个步骤:第一步,境外金融机构确认自己是否为负有申报义务的金融机构;第二步,负有申报义务的金融机构评估其维持的金融账户;第三步,评估的目的是确认哪些账户属于应申报的账户;第四步,对应申报账户适用尽职调查程序;第五步,申报相关信息。这一核心机制与 CRS 规定的境外金融机构账户信息申报机制一致,后者参照前者制定。(参见图 2-1)

本书将五个步骤的境外金融机构账户信息申报规则分为两个部分规则,即定义规则和程序规则两个部分。第一部分定义规则包含主要概念的界定,即负有申报义务的境外金融机构(reportable foreign financial institutions)、应申报账户(reportable accounts)和应申报信息(reportable information)的定义和范围。第二部分程序规则包含境外金融机构注册、尽职调查和申报信息的程序规则。

### 一、定义规则

定义规则是 FATCA 申报规则构建的基础。定义规则最重要的三个定义包括负有申报义务的境外金融机构、应申报账户和应申报信息。这三个定义的范围决定着程序规则运行的主体和客体。

#### (一)负有申报义务的境外金融机构

FATCA 项下负有申报义务的境外金融机构的范围需要三个具体概念予以界定,即金融机构、不申报金融机构和境内外金融机构的界定标准。FATCA 将境外机构分为境外金融机构与境外非金融实体,两者 FATCA 下的义务有着根

---

① Section 1.1471-4(b)(4),26 CFR(Treasure Regulations).
② Section 1.1474-5(a)(3)(ii),26 CFR(Treasure Regulations).

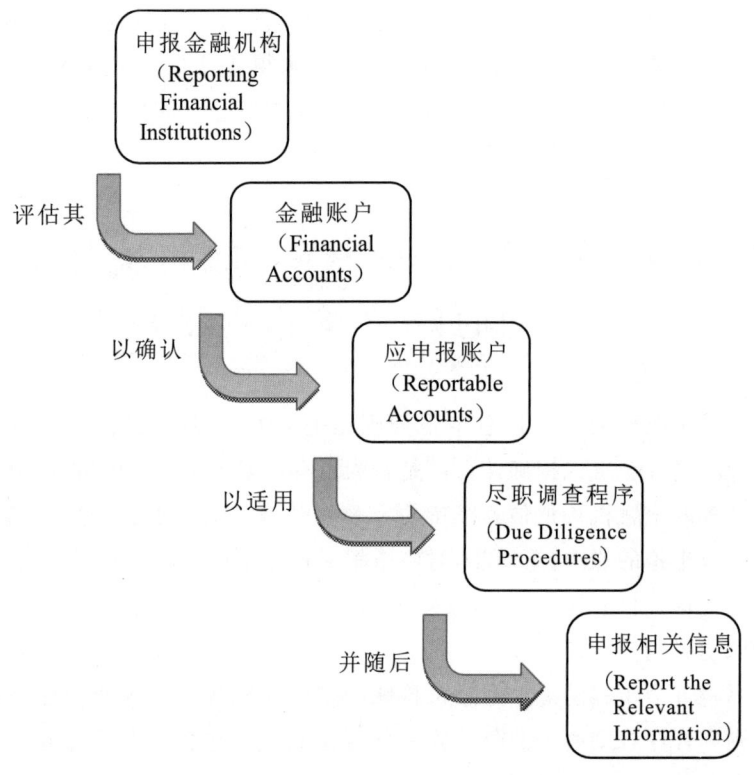

**图 2-1**

演示图信息来源：OECD, Standard for Automatic Exchange of Financial Account Information in Tax Matters: Implementation Handbook, p.34. http://www.oecd.org/tax/exchange-of-tax-information/implementation-handbook-standard-for-automatic-exchange-of-financial-information-in-tax-matters.pdf, 下载日期：2019 年 7 月 1 日。

本的区别（见第一节）。FATCA 境外金融机构的定义十分重要。其一，境外非金融实体的范围依赖境外金融机构的定义确定。其二，可以确认境外金融机构的具体范围、类型及其内涵（比如其包含存款机构、托管机构、投资实体等）。其三，可以确认"负有申报义务的境外金融机构"的范围，境外金融机构并非都是须履行 FATCA 信息申报义务的金融机构，那些"视为合规的境外金融机构"和"豁免申报的境外金融机构"一般无须履行 FATCA 信息申报义务。

1.金融机构

依照 FATCA 的规定，境外金融机构的定义范围非常广泛，不仅包含商业银行、投资银行、信贷联盟等境外存款机构，还包含那些常规业务是代他人持有金融资产的境外实体或主要从事投资或买卖证券的境外实体，比如境外的证券公司、清算公司、信托公司、托管银行、共同基金、对冲基金、组合基金、私募基金、风险投资基金等外国投资工具。①

金融机构一般包括四类：存款机构、托管机构、投资实体和指明保险公司。②值得强调的是：2013年1月，FATCA规则(TD9610)将金融机构的定义从以上四类机构拓展至金融集团的控制公司或资产中心。③但由于FATCA-IGA和CRS-MCAA对金融机构的定义只包含上述四类机构，并没有采纳拓展后的金融集团控制公司概念，因此笔者只阐述四类机构的内涵。

（1）存款机构

存款机构(depository institution)是指任何在银行业务或相似业务的日常经营活动中接受存款的实体。④存款机构的概念在FATCA，FATCA-IGA，CRS-MCAA中的定义是一致的，它只是特征性描述，其具体范围的确认一般需要结合缔约方（存款机构居民国）国内相关法律（例如商业银行法等）予以认定。

例如，泽西岛在适用"美国—泽西岛FATCA-IGA"的国内指南中规定，依照1991年《泽西商业银行法》，"在银行业务或相似业务的通常运作中接受存款"一般指从事以下一种以上活动：通过个人信用、房屋抵押、商业贷款等形式提供信用服务；买卖、贴现或缔结以下账户（应收账款、分期付款、账单、支票、账单交易、承兑或其他债权证据的账户）；提供信托服务；金融外汇交易；从事金融租赁或购置、处理金融租赁资产。但由于存款提取人(deposit takers)在《泽西商业银行法》中豁免注册，因此应当排除在FATCA金融机构定义之外。主要包括：保险经纪人，律师或咨询师，按照被代理人指示完成转移资金交易的实体，仅为担保接受存款的实体等。⑤

（2）托管机构

托管机构(custodial institution)是指其业务的实质部分是为他人持有金融

---

① Section 1471(d)(5), IRC.
② Section 1.1471-5(e)(1), 26 CFR(Treasure Regulations); Article 1(1)(g), Model 1 FATCA-IGA.
③ Section 1.1471-5(e)(1), 26 CFR(Treasure Regulations).
④ Section 1.1471-5(e)(1)(i), 26 CFR(Treasure Regulations); Article 1(1)(i), Model 1 IGA.
⑤ Taxation(International Tax Compliance)(Jersey) Regulations-Draft Guidance Notes 2014, release Date: 9 Sep.2015, pp.21-22. 笔者注：2013年12月13日，泽西岛与美国按照互惠范本签署了FATCA-IGA。为了顺利实施该协议，泽西岛政府发布了上述指南。值得注意的是，该指南不是具有拘束力的法律文件，也不能覆盖协议适用的所有情形。本书引用该指南的理由有二：其一，泽西岛作为离岸金融中心，该指南覆盖的具体情形对FATCA实施更具有代表性；其二，中国与美国已经按照互惠范本就合作实施FATCA的实质性内容达成共识，该指南作为以互惠范本为基础签订FATCA-IGA的泽西岛一方政府发布的国内指南，对中国更具参考价值。

资产的实体。① 业务的实质部分和金融资产是认定托管机构的关键要素。

①业务的实质部分

"其业务的实质部分是为他人持有金融资产"是指在下列较短的期限内,为他人持有金融资产的营业收入达到该实体总所得的20%及以上:a.征管决定作出前的三年期间(以征管决定作出前一年的12月31日为截止日期);b.该实体已存续的全部期间。②

举例:某机构2010年1月1日成立,2016年该机构所在国开始实施FATCA,为认定该机构在2016年是否构成FATCA项下的托管机构,则需要以该机构在2015年12月31日之前三个年度的营业状况确认(即在2013年、2014年和2015年三个年度的总营业收入中,为他人持有金融资产的营业收入是否不低于20%)。

再举例:若上述机构系2014年1月1日成立,2016年该机构所在国开始实施FATCA,因此须认定该机构在2016年是否构成FATCA项下的托管机构。但由于该机构在2015年12月31日之前的财务报表不足三年,因此只能以该机构存续期间的营业状况确认(即在2014年、2015年两个年度的总营业收入中,为他人持有金融资产的营业收入是否不低于20%)。

可见,"业务的实质部分"须适用特定期间来认定。若某实体成立时间较短(一般财务报表不满3年),则特定期间以征管决定作出前的该实体存续期间确定;若实体成立时间较长(一般财务报表满3年),则特定期间以三年期限确定。与存款机构仅以从事商业行为的性质认定身份不同(质的要素),托管机构除了从事商业行为的性质这一质的要素之外,还要求在特定期间内从事该商业行为的所得达到"量"(总所得的20%)的要求。

②金融资产

托管机构的主营业务是为他人持有金融资产(financial assets)。FATCA对金融资产的定义是证券、合伙权益、商品、名义本金合同、保险合同、年金合同,以及以上资产的任何权益(包括期货、远期合同或期权)。③值得注意的是,FATCA-IGA中并没有金融资产的定义,与美国缔结FATCA-IGA的缔约方可以参照FATCA对金融资产的定义,并依据其国内法与美国协商确定FATCA-IGA意义上金融资产的定义范围。

例如,泽西岛解释"美国—泽西岛FATCA-IGA"中金融资产一语在泽西岛

---

① Section 1.1471-5(e)(3),26 CFR(Treasure Regulations);Article 1(1)(h) Model 1 IGA;OECD Standard for Automatic Exchange of Financial Account Information in Tax Matters(2014),p.44.

② Section 1.1471-5(e)(3),26 CFR(Treasure Regulations);Article 1(1)(h) Model 1 IGA.

③ Section 1.1471-5(e)(4)(ii),26 CFR(Treasure Regulations).

的认定规则是,以下资产一般不是金融资产:a.现金;b.不动产;c.不动产的非债直接权益。值得注意的是,金融资产作为 FATCA 和 CRS 为确认金融机构(托管机构)身份的规则,将现金排除在外。但是,现金可能构成金融账户,若某金融机构维持该账户,则其依然须适用 FATCA 尽职调查程序。[①]

举例,某实体 A 为美国公司 C 保管现金,以 A 的名义将现金存在 B 银行。那么,C 是否能够躲过 FATCA 尽职调查程序呢?当认定 A 是否构成托管机构时,由于其持有的现金不构成 FATCA 和 CRS 项下的金融资产,因此 A 不构成 FATCA-IGA 和 CRS-MCAA 项下的托管机构,A 不适用 FATCA 或 CRS 尽职调查规则。但是,由于 B 是 FATCA 和 CRS 项下的金融机构(存款机构),现金构成 FATCA 和 CRS 项下的金融账户,因此 B 须对该现金账户履行 FATCA 或 CRS 尽职调查规则。根据账户持有人的定义,FATCA 项下的账户持有人若系保管人,则委托其保管的人(C)才是账户持有人。C 的相关账户信息依然会由 B 履行 FATCA 尽职调查程序。若 A 隐瞒为 C 保管的事实,则作为账户持有人的 A 将面临一系列有关境外非金融实体的自证义务。

(3)投资实体

FATCA 规定的投资实体(investment entity)包括下列三种实体:

①主要为客户从事一项或多于一项以下商业行为,作为其业务的实体:

a.买卖货币市场工具(包括支票、汇票、存款证明和衍生工具等),买卖外汇、兑换、息率和指数工具,买卖可转让证券、商品期货;

b.个人和集体投资组合管理;

c.以其他方式,代表其他实体或个人投资、处理或管理金融资产或金钱;

②由托管机构、存款机构、指明保险公司或者 A 款所述的投资实体管理的实体,并且该实体的总收入主要可归因于投资、再投资和贸易;

③具有下列一种投资工具功能,或者以下列一种投资工具的形式存在,且从事金融资产的投资、再投资或买卖投资策略的实体:

a.集合投资工具;

b.共同基金;

c.交易所交易基金;

d.私募股权基金;

e.对冲基金;

f.风险投资基金;

g.杠杆收购基金或者;

---

① Taxation(International Tax Compliance)(Jersey) Regulations-Draft Guidance Notes 2014, release Date:9 Sep.2015,p.26.

h. 其他类似投资工具。①

对投资实体应注意以下几个方面的理解：

第一，主要从事某商业行为（总收入主要可归因于投资、再投资和贸易）。主要从事某商业行为（总收入主要可归因于投资、再投资和贸易）是指，在下列较短的期限内，可归因于某商业行为（可归因于投资、再投资和贸易）的营业收入达到该实体总所得的 50% 及以上：①征管决定作出前的三年期间（以征管决定作出前一年的 12 月 31 日为截止日期）；②该实体已存续的全部期间。②（举例可参见上述"业务的实质部分"）

第二，FATCA-IGA 与 CRS-MCAA 投资实体的定义差别。FATCA-IGA 与 CRS-MCAA 投资实体的定义大部分借鉴了 FATCA 的定义。③ 比如有关"主要从事某商业行为"的认定与 FATCA 是一致的。但是，投资实体在 FATCA-IGA 与 CRS-MCAA 的定义差别较大。值得强调的是 CRS-MCAA 作为 OECD 主导下各国合作实施 CRS 的多边政府间协议，其本身并未规定有关信息报送和尽职调查的具体规则。但是依据 CRS-MCAA 第 5 段的规定："各缔约方应按照 CRS 规定的信息报送和尽职调查程序，报送有关特定账户的信息并执行相应的尽职调查程序。"因此，CRS-MCAA 具体执行 CRS 信息申报规则。从定义的范围来看，FATCA 投资实体的范围最广。因此我们在缔结 FATCA-IGA 或实施 CRS 标准时，应注意概念范围的差异。比如，实体 A 主要从事不动产经营活动，A 由

---

① 26 CFR(Treasure Regulations) Section 1.1471-5(e)(4).
② Section 1.1471-5(e)(4)(iii)-(ⅳ)，26 CFR(Treasure Regulations).
③ FATCA-IGA 规定的投资实体是指：主要为客户从事一项或多于一项以下商业活动，作为其业务的实体或由该种实体管理的实体：(1)买卖货币市场工具（包括支票、汇票、存款证明和衍生工具等），买卖外汇、兑换、息率和指数工具，买卖可转让证券、商品期货；(2)个人和集体投资组合管理；(3)以其他方式，代表其他实体或个人投资、处理或管理金融资产或金钱。本协定投资实体的定义应按照与《金融行动特别工作组建议》(Financial Action Taskforce Recommendations)"金融机构"的定义具有的含义相一致的方法进行解释。参见 Article 1(1)(j)，Model 1 FATCA-IGA.
CRS-MCAA 规定的投资实体（依据 CRS-MCAA 的规定，各缔约方应按照 CRS 规定的信息报送和尽职调查程序，因此投资实体定义采用 CRS 对投资实体的定义）是指：(A)主要为客户从事一项或多于一项以下商业活动，作为其业务的实体：①买卖货币市场工具（包括支票、汇票、存款证明和衍生工具等），买卖外汇、兑换、息率和指数工具，买卖可转让证券、商品期货；②个人和集体投资组合管理；③以其他方式，代表其他实体或个人投资、处理或管理金融资产或金钱；(B)由托管机构、存款机构、指明保险公司或者(A)款所述的投资实体管理的实体，并且该实体的总收入主要可归因于对金融资产的投资、再投资和贸易。本部分投资实体的定义应按照与《金融行动特别工作组建议》"金融机构"的定义具有的含义相一致的方法进行解释。参见 Section VIII,A,6, OECD, Standard for Automatic Exchange of Financial Account Information in Tax Matters(2014).

银行B管理,那么A是否构成投资实体呢?若依照FATCA-IGA投资实体的定义,A由于受金融机构B管理,因此构成投资实体;若依据CRS投资实体的定义,虽然A受金融机构B管理,但是由于A本身主要从事的投资行为并非投资于金融资产(不动产不是金融资产),因此A不构成CRS投资实体。

(4)指明保险公司

FATCA规定的指明保险公司是指,从事以下行为之一的保险公司或该保险公司所属关联集团的控制公司:①订立现金值保险合同或年金合同;②承担有关现金值保险合同或年金合同的付款义务。[①] FATCA-IGA,CRS与FATCA指明保险公司的定义基本一致。[②]

指明保险公司的特点是:

第一,并非所有的保险公司都是FATCA项下的指明保险公司,只有其提供的产品属于现金值保险或年金合同时(或承担这两类产品的付款义务),才构成FATCA项下的指明保险公司(现金值保险和年金合同见后文金融账户)。一个保险公司如果只能提供一般保险或定期人寿保险,那么它不构成指明保险公司。一个再保险公司如果只能提供补偿性再保险合同(indemnity reinsurance contract),那么它也不构成指明保险公司。

第二,保险经纪人虽然属于保险合同支付链中的一个重要部分,但是它不应被定性为指明保险公司,因为保险经纪人并不是现金值保险合同或年金合同约定的支付义务人。

第三,自保保险公司(captive insurance companies)通常不会发行现金值保险或年金合同,因此它一般不是指明保险公司。它通常也不是存款机构和托管机构。[③]

2.不申报金融机构

依照FATCA的规定,不申报金融机构(non-reporting financial institution)的范围包括两类:其一,视同合规的金融机构;其二,豁免申报的金融机构。FATCA-IGA附件Ⅱ采纳了FATCA不申报金融机构的规定,但OECD主导下的CRS对不申报金融机构的范围只包含豁免申报的金融机构。FATCA不申报金融机构的范围如下。

(1)视同合规的金融机构

视同合规的金融机构(deemed-compliant financial institutions)主要包括三

---

① Section 1.1471-5(e)(1),26 CFR(Treasure Regulations).
② Article 1(1)(k) Model 1 FATCA-IGA;OECD,Standard for Automatic Exchange of Financial Account Information in Tax Matters(2014),p.45.
③ Taxation(International Tax Compliance)(Jersey) Regulations-Draft Guidance Notes 2014,release Date:9 Sep.2015,p.27.

种类型:注册视同合规的金融机构、适格视同合规的金融机构、所有权人信息备案的金融机构。

①注册视同合规的金融机构

注册视同合规的金融机构(registered deemed compliant)依然需要向美国财政部注册,但无须履行FATCA尽职调查和申报义务。因为这些金融机构维持的金融账户信息可能已被另一个实体履行了FATCA尽职调查和申报义务。注册视同合规的金融机构包含以下六种:a.受资助投资实体和受控外国公司;b.本地客户为主的金融机构;c.合作金融机构集团中的不申报成员;d.符合条件的集合投资工具;e.限定用途的基金;f.符合条件的信用卡发行人。①

②适格视同合规的金融机构

根据FATCA的规定,适格视同合规的金融机构(certified deemed compliant)亦无须向美国财政部注册,但须向与其收取所得有关的美国预提义务人证明其"适格"的身份。适格视同合规的金融机构主要包括以下几类。

a.未登记本地银行。② 未登记本地银行(non-registering local bank)通常是一些主要从事存款业务的信用社和当地小型银行,例如美国大学里的信用社。它们一般营业利润较低或没有营业利润,因此它们不适用FATCA申报规则。

b.仅维持低值账户的金融机构。仅维持低值账户的金融账户必须满足以下条件才能不适用FATCA申报规则:其一,不是投资实体;其二,没有维持任何超过5万美元的金融账户;其三,在最近一个会计年度期末,其资产负债表的资产不超过5000万美元;其四,在与关联企业合并的资产负债表中,该金融机构的资产也没有超过5000万美元。③

c.受资助的投资工具。④ 受资助的投资工具(sponsored closely held investment vehicles)要求金融机构必须符合以下条件:其一,金融机构必须是投资实体;其二,该投资实体并非美国的QI项目/WT项目/WP项目的协议主体。受资助投资工具之所以不适用FATCA申报规则,理由是依据FATCA规则,出资的实体(sponsoring entity)必须向IRS注册,但不必注册其资助的投资实体。受资助的投资工具与出资的实体之间存在合同关系,受资助投资工具的尽职调查和申报义务均由出资实体履行。

③所有权人信息备案的金融机构

所有权人信息备案的金融机构(owner documented deemed compliant)旨在

---

① Section 1471-5(f)(1)(i), 26 CFR(Treasure Regulations).
② Section 1471-5(f)(2)(i), 26 CFR(Treasure Regulations).
③ Section 1471-5(f)(2)(ii), 26 CFR(Treasure Regulations).
④ Section 1471-5(f)(2)(iii), 26 CFR(Treasure Regulations).

降低那些持有消极投资工具的投资实体履行FATCA的负担。但是投资实体必须满足下列条件才能被认定为视同合规的金融机构：a.该投资实体没有维持任何由不合作金融机构持有的账户；b.该投资实体的所有人或关联企业没有存款机构、托管机构或特定保险公司（即该投资实体仅可能与另一个投资实体关联）；c.该投资实体必须提供FATCA所需的有关其所有人的信息文档，并同意将其所有人变动信息通知有申报义务的金融机构。①

（2）豁免申报的机构

豁免FATCA义务的机构包括：a.外国中央政府、地方政府，或者它们的代表机构；b.国际组织或者其代表机构；c.外国中央银行；d.为适用本部分规则，被美国财政部认定为具有较低逃税风险的机构。②

3.如何界定境外与境内

（1）一般规则：属地原则

境内与境外的认定标准十分重要，FATCA-IGA、CRS基本沿用了美国FATCA的认定标准。与一般国家的国内所得税法和税收协定普遍适用居民原则不同的是，FATCA、FATCA-IGA、CRS对境外金融机构（缔约方金融机构）的认定采用的是属地原则，即境外金融机构是位于缔约方领土内的金融机构。

第一，金融机构位于与美国尚未缔结FATCA-IGA的国家（或地区）——非居民原则。FATCA本身并没有考虑境外金融机构所在国政府与美国政府的合作问题，而是要求美国的境外金融机构直接向IRS履行FATCA信息申报义务。因此，从FATCA的视角来看，FATCA规定的境外金融机构原则上是指美国的非居民实体纳税人，即并非依据美国法律成立或在美国领土（不包括美国属地）之外成立的实体。③ 从实体的法律形式上看，美国非居民实体纳税人包括：外国公司、外国合伙、外国私人基金会等。美国属地（萨摩亚、北马里亚纳群岛、关岛、美属维京群岛）的实体是否构成美国非居民实体还须进一步考察该实体外国股东的持股比例、营业所得的来源等要素（只有外国股东高于一定比例，且营业所得主要来源于属地之外才认定为美国的非居民纳税人）。④ 但美国属地的金融机构不构成FATCA项下的境外金融机构。⑤

第二，金融机构位于与美国缔结FATCA-IGA的国家（或地区）——属地原则。为了实施FATCA，美国陆续与各国签订了旨在执行FATCA的双边性政府间合作协定（FATCA-IGA）。FATCA-IGA签署之后，境外金融机构一般无

---

① Section 1471-5(f)(3), 26 CFR(Treasure Regulations).

② Section 1471(f), IRC.

③ Section 1471(d)(4), IRC.

④ https://www.irs.gov/individuals/international-taxpayers/foreign-persons, 2019-07-01.

⑤ Section 1.1471-5(d), 26 CFR(Treasure Regulations).

须再向 IRS 履行 FATCA 信息申报义务,而是向其 FATCA-IGA 的缔约方税务当局履行 FATCA 信息申报义务,然后 FATCA-IGA 缔约方政府与美国政府间依照 FATCA-IGA 进行信息交换。因此 FATCA-IGA 签署之后,金融机构的身份就从 FATCA 的"境外金融机构"转变为 FATCA-IGA 的"缔约方金融机构",这一概念的目的是确认 FATCA-IGA 缔约方政府须对其辖区内的哪些金融机构实施 FATCA。FATCA-IGA"缔约方金融机构"是指:①构成缔约方国内税法上居民的金融机构,但不包括缔约方居民设在其领土外的分支机构;②缔约方国内税法上的非居民金融机构设在缔约方领土内的分支机构。① 可见,"缔约方金融机构"是指位于缔约方领土内的金融机构(包括缔约方的居民金融机构及非居民金融机构的分支机构)。

举例1:以美国—泽西岛 FATCA-IGA(参照 FATCA-IGA 范本 1 签署)为例,一个泽西岛的居民金融机构在美国境内设立的分支机构属于《美国联邦税法》上的非居民纳税人(外国人)。但是,由于该分支机构位于美国境内,因此它不构成 FATCA-IGA 的"泽西岛金融机构",无须向泽西岛税务当局履行 FATCA 义务。同理,如果一个美国居民金融机构设在泽西岛的分支机构,虽然它是《美国联邦税法》上的居民纳税人,但是由于其位于美国境外,因此它构成 FATCA-IGA 的"泽西岛金融机构",须向泽西岛税务当局履行 FATCA 义务。

CRS"合作国家(或地区)的金融机构"(participating jurisdiction financial institution)一语同样采纳了 FATCA-IGA"缔约方金融机构"的属地原则。② 那么,为何 FATCA-IGA、CRS 不采用国内税法和税收协定普遍适用的"居民"定义来界定"缔约方金融机构"和"合作国家(或地区)的金融机构"呢? 笔者认为,国内税法上"居民"定义的作用是用以区分居民纳税人和非居民纳税人,从而对承担无限纳税义务的居民和承担有限纳税义务的非居民适用不同的税收待遇和征管方法的。税收协定上的"居民"定义,是以缔约国国内税法上居民定义为基础,用以分配纳税人居民国和所得来源国的征税权益。但是,在 FATCA 规则中,缔约方金融机构的角色并不是纳税人,而是掌握缔约另一方居民纳税人境外资产信息的境外第三方机构。因此,"缔约方金融机构"的认定没有采纳税收协定居民原则,而是采用了属地原则。从征管效率的角度,缔约方税务当局更易于对本辖区境内的金融机构(或分支机构)进行管理。

(2)FATCA、FATCA-IGA、CRS 属地原则的适用

举例2:A 银行是泽西岛纳税居民,A 银行集团在下列国家(或地区)开展

---

① Article 1(1)(l), Model 1 FATCA-IGA.

② OECD, Standard for Automatic Exchange of Financial Account Information in Tax Matters(2014), p.44.

银行业务：

①它的母公司 P 是位于英国境内的公司（英国与美国间 FATCA-IGA 系参照 FATCA-IGA 范本 1 签订）；

②它的子公司 B 是位于澳大利亚境内的公司（澳大利亚与美国间 FATCA-IGA 系参照 FATCA-IGA 范本 1 签订）；

③它的分支机构 C 位于日本（日本与美国间 FATCA-IGA 系参照 FATCA-IGA 范本 2 签订）；

④它的子公司 X 位于俄罗斯（俄罗斯与美国尚未缔结 FATCA-IGA）；

⑤它的分支机构 Y 位于美国境内（泽西岛与美国间 FATCA-IGA 系参照 FATCA-IGA 范本 1 签订）。

依据各国与美国缔结的 FATCA-IGA，各国境内金融机构的 FATCA 义务如下：

①A 须将美国居民/公民持有的账户信息向泽西岛税务局申报；

②P 须将美国居民/公民持有的账户信息向英国税务局申报；

③B 须将美国居民/公民持有的账户信息向澳大利亚税务局申报；

④C 须将美国居民/公民持有账户信息向 IRS 申报（但只申报账户总余额，不披露账户持有人信息）；

⑤X 须与 IRS 签订《境外金融机构合作协议》，并按照 FATCA 的规定将美国居民/公民持有的账户信息向美国税务局申报（包括账户持有人信息），否则其将被 IRS 认定为不合作的境外金融机构；

⑥Y 须将泽西岛居民持有的账户信息向 IRS 申报。

依照英国－泽西岛 FATCA-IGA（参照 CRS）：

①P 须将泽西岛居民持有的账户信息向英国税务局申报；

②A 须将英国居民持有的账户信息向泽西岛税务局申报；

③其他各国之间，以及与泽西岛和英国并没有缔结 FATCA-IGA，因此它们的金融机构并没有对除美国居民/公民之外的人持有账户的申报义务。

## (二)应申报账户

根据 FATCA 的规定，境外金融机构调查金融账户后，仅对其中的美国账户履行尽职调查与申报义务，从而排除对非美国账户和美国账户中的豁免账户履行尽职调查和申报义务。FATCA 规定的"美国账户"是指境外金融机构维持的，且由一个或多个特定美国人持有，或由特定美国人实质拥有的境外实体持有的金融账户。①

---

① Section 1471(d)(1),IRC；Section 1.1471-5(a)(2),26 CFR(Treasure Regulations).

因此依据FATCA,境外金融机构对应申报账户的确定步骤是:

第一步,确认其维持的账户是否为金融账户?(以"金融账户"和"豁免账户"的定义判断)

第二步,确认其维持的金融账户的持有人是谁?(以"账户持有人"定义判断)

第三步,确认该账户持有人是否属于"特定美国人"?(以"特定美国人"定义判断)

第四步,若账户持有人不属于特定美国人,进一步确认该账户的持有人身份:

(1)若账户持有人是积极境外非金融实体,停止审查;

(2)若账户持有人是消极境外非金融实体,须进一步审查该账户持有人是否由特定美国人控制[以"控制人"(controlling person)定义判断]。

1.金融账户

合作的金融机构需要审查其金融账户,以确定可能向IRS申报的账户范围。一般而言,金融账户(financial accounts)是金融机构维持的账户。FATCA及FATCA规章进而对金融账户进行了分类和界定,并对豁免申报的金融账户作出规定。

应申报账户首先须是由金融机构维持的金融账户。其中"维持"(maintained)一语一般应作如下理解:①金融机构维持的存款账户,是指金融机构对该账户具有支付义务;②金融机构维持的托管账户,是指金融机构对该账户具有保管义务(包括以经纪人名义为账户持有人保管资产);③金融机构维持保险合同或年金合同,是指金融机构具有合同项下的支付义务;④金融机构维持股权权益或债券权益,是指金融机构系投资机构。一个金融机构可以维持一种以上的金融账户。例如,一个存款机构可能维持存款账户和托管账户。不同类型的金融账户适用的FATCA尽职调查和申报规则存在差异,因此金融机构须审查其维持的金融账户类型。

(1)存款账户

存款账户(depository account)是指a.商业账户、支票账户、存款账户、定期存款账户,或者以存款证明、投资证明、负债证明书或其他相似的文书为证明的账户,或者其他为将现金置于一个从事银行业务或相似业务托管之下的信用工具(例如,一个从事银行业务的信用卡公司发行的信用卡账户);或者b.保险公司所持有、用作依据担保投资合同或相似协议支付或记入利息的款额。存款账户不包括在那些通过金融机构持有、分配和在常规市场或场外进行交易的可协商债务工具,也不包括保险合同的预付保险费。①

对存款账户定义的理解应注意的是:第一,存款账户不必考虑是否具有利息收益;第二,存款账户包括信用卡的信用账户(信用账户余额不包括滞纳金等争端费用,但应包括因消费而得的返现);第三,存款账户包括保险公司依据协议支付或记入的利息金额,但是不包括保险公司因现金值保险合同终止而支付的款额。

(2)托管账户

为某名个人或实体的利益持有一项金融工具、合同或投资(包括但不限于:公司股票份额、票据、债券或其他负债证明,货币或商品交易,信用违约互换,基于非金融指数的互换,名义本金合同,保险合同或年金合同,及其他衍生品)的安排。②

对托管账户定义的理解应注意的是:第一,托管账户的特点是托管人具有向他人返还现金或资产的义务。第二,现金值保险合同或年金合同不是托管账户,但是可以成为托管账户所持有的资产。当现金值保险合同或年金合同作为托管账户所持有的资产时,合同的发行人只需要向托管人提供合同的现金价值。

(3)某实体的股权或负债权益

某实体的股权或负债权益包括三类:a.投资实体的股权或负债权益;b.控制公司或财产中心的某些股权或负债权益;c.其他金融机构的股权或负债权益。③本书仅以投资实体的股权或负债权益来说明该账户的特点。

投资实体的股权或负债权益具备以下特点:第一,在证券市场进行常规交易的股权权益或负债权益不是 FATCA 项下的金融账户。第二,当投资实体是资产经理人、投资顾问或类似实体时,该投资实体的股权或负债权益一般不视为金融账户。第三,投资实体的股权或负债权益只有满足以下条件才视为金融账户:①该投资实体的总所得可归因于对金融资产的投资、再投资或买卖;②该实体具有下列一种投资工具功能,或者以下列一种投资工具的形式存在,且从事金融资产的投资、再投资或买卖投资策略的实体:a.集合投资工具;b.共同基金;c.交易所交易基金;d.私募股权基金;e.对冲基金;f.风险投资基金;g.杠杆收购基金或者;h.其他类似投资工具。第四,若金融机构系合伙,则该合伙的股权权益是指该合伙的资本权益或利润权益。第五,若金融机构系信托,则该信托的股权权益是指下列人之一在该信托中所持有的利益:①信托所有人所持有的该信托的全部或任何部分权益;②有权对该信托强制分配的受益人;③在财政年度内收取该

---

① Section 1.1471-5(b)(3)(i), 26 CFR(Treasure Regulations).
② Section 1.1471-5(b)(3)(ii), 26 CFR(Treasure Regulations).
③ Section 1.1471-5(b)(1), 26 CFR(Treasure Regulations).

信托自由分配利益的受益人。①

(4)现金值保险合同

保险合同是指保险人向投保人承诺在特定事项(包括死亡、疾病、事故、责任或财产风险等)发生时向受益人支付一定款项的合同。一般而言,现金值保险合同是指某纳税年度内任何时间总现金值高于5万美元的保险合同(两家保险公司的补偿再保险和豁免申报的定期人寿险合同除外)。②

保险合同的现金值不包括以下金额:第一,因保险事项发生(包括死亡)而支付的保险金;第二,因非人寿保险合同撤销或终止而退还的保费金额;第三,为鼓励投保人缔约的优惠或红利金额。

(5)年金合同

年金合同是指合同的发行者同意在一段期间内支付款项,而该段期间完全或局部参照一名或多名个人的预期寿命确定。③ 以下合同不应视为FATCA项下的年金合同:a.退休金年金合同;b.定期付款单;c.两个保险公司之间年金合同的再保险;d.即期年金合同。

2.账户持有人

依照FATCA,负有申报义务的金融机构须审查其维持的金融账户的账户持有人身份,只有账户持有人符合下列两种身份之一,金融机构才须对该账户履行FATCA的尽职调查和申报义务:a.账户持有人系特定美国人;b.账户持有人是消极非金融实体,且其"控制人"中至少一人系特定美国人。若账户持有人不具有以上两种身份之一,那么该账户不属于FATCA的适用范围。"特定美国人"一般是指对美国负有无限纳税义务的美国居民/公民纳税人。FATCA规定的账户持有人须具有"特定美国人"要素,充分体现了FATCA的宗旨系加强对美国居民和公民纳税人海外资产的监管,从而打击美国居民/公民在海外藏匿资产,逃避美国无限纳税义务的行为。

(1)账户持有人的认定规则

FATCA规定的账户持有人是指由维持该金融账户的境外金融机构列明或识辨为该账户持有人的个人或实体。账户持有人可以是法律实体,也可以是流经实体。如果金融账户由某境外实体持有,那么为了美国联邦税之目的,该金融账户应被视为由该境外实体的所有人(即控制人)持有。④ FATCA原则上将账户持有人的认定权限赋予了维持该账户的金融机构,但FATCA和FATCA-

---

① Section 1.1471-5(b)(3)(iii),26 CFR(Treasure Regulations).
② Section 1.1471-5(b)(3)(vii),26 CFR(Treasure Regulations).
③ Section 1471-1(b)(5),26 CFR(Treasure Regulations).
④ Section 1.1471-5(a)(3)(i),26 CFR(Treasure Regulations).

IGA 对金融机构认定账户持有人提供了指导性规则。

①作为中间人的非金融机构

账户由并非金融机构的个人或实体,作为代理人、托管人、代名人、签署人、投资顾问或中间人,为另一名个人或实体(通常是客户)的利益或者为另一名个人或实体的账户而持有,则该另一名个人或实体为账户持有人,非金融机构不应视为账户持有人。

但是若金融机构作为代理人、托管人、代名人、签署人、投资顾问或中间人身份为他人利益持有金融账户时(例如托管机构),该金融机构应系账户持有人。①

举例:美国父母作为代理人为其未成年子女在某境外银行开设的账户,该账户的持有人系其未成年子女;某境外托管机构作为代理人为美国客户在某境外银行开设的账户,该账户的持有人系托管机构。在后一个例子中,虽然某境外银行可能无须对境外托管机构(无特定美国人要素)持有人的账户实施 FATCA 规则,但是境外托管机构依然须对其维持的账户进行审查(其美国客户的资产由该托管机构实施 FATCA 规则)。

再举例:F 是美国非居民,F 作为一家美国律师事务所 U 的代理人在某境外金融机构以 F 的名义为 U 开设并持有一个存款账户。某纳税年度内该账户的余额为 10 万美元。虽然 F 是境外金融机构列明的该账户的持有人,但是由于 F 是作为 U 的代理人为 U 的利益持有该账户的,F 对该账户的资金最终并不享有权益,因此 U 是账户持有人。鉴于 U 是美国纳税人,因此该账户是 FATCA 下的美国账户。②

②现金值保险合同和年金保险合同

现金值保险合同或年金保险合同的账户持有人:Ⅰ.系有权使用合同现金价值(access the cash value)的人(例如抵押合同、提取现金值、解除合同)或者依照合同有能力更改受益人的人;Ⅱ.若没有有权使用合同现金价值或依合同有能力更改受益人的人,那么现金值保险合同或年金合同的账户持有人应系合同列明的所有人,以及依合同有权收取未来付款的人;Ⅲ.当合同付款条件成就时,依合同有权收取现金值保险合同或年金保险合同款项的人应视为账户持有人。③

③信托和遗产

当某信托或遗产被列为金融账户持有人时,该信托或遗产(而非设立人或受益人)应被视为账户持有人。但若作为账户持有人的信托或遗产构成消极非金

---

① Section 1.1471-5(a)(3)(v),26 CFR(Treasure Regulations);Art.1(1)(dd), Model 1 IGA.

② Section 1.1471-5(a)(3)(v),26 CFR(Treasure Regulations).

③ Art.1(1)(dd), Model 1 FATCA-IGA.

融实体,则依然需要进一步确认该信托或遗产的控制人身份。

④合伙

当某合伙被列为金融账户持有人时,该合伙(而非合伙人)系该账户的持有人。

⑤共同持有的账户

如果某金融账户由两人以上共同持有,那么为 FATCA 信息申报之目的,任一账户持有人所持有的账户余额或价值均应按照共同持有账户的总余额或价值认定。若某金融账户由个人和实体共同持有,则金融机构需按照个人和实体单独持有全部账户来分别对其适用各自的尽职调查程序。

举例:U 是美国居民,A 是美国非居民个人,U 与 A 在某境外金融机构共同持有一个存款账户。某纳税年度内该账户的余额为 10 万美元。鉴于该账户的持有人之一是美国纳税人,因此该账户是 FATCA 下的美国账户。

再举例:U 和 Q 均是美国纳税人,在某境外金融机构共同持有一个存款账户。某纳税年度内该账户的余额为 10 万美元。该账户是 FATCA 下的美国账户,且 U 和 Q 均是该账户的持有人,每个持有人账户余额均视为 10 万美元。①

⑥实体账户持有人

若某境外金融账户列明的持有人系美国实体(无论是法律实体还是流经实体),则该美国实体系账户持有人。若某境外金融账户列明的持有人系境外实体,则须进一步考察该境外实体的性质:Ⅰ.当该境外实体系积极非金融实体时,无须继续适用 FATCA 规则;Ⅱ.当该实体系消极非金融实体时,其"控制人"系该账户持有人。美国联邦税法上的"流经实体"是指合伙、简单信托、委托人信托等。② 为税收目的,流经实体不构成税收居民,但是为了 FATCA 信息申报的目的,无论各国国内法是否将流经实体视为税收居民,流经实体均应被视为相关国家(或地区)的居民。

举例:一个在美国注册成立的合伙 A 属于美国联邦税法上的流经实体,其在美国的纳税义务由其 7 个来自加拿大的合伙人负担。A 在泽西岛某银行持有一个金融账户。那么,该账户的持有人系该合伙 A(而非合伙人)。

如果 A 是依照泽西岛法律注册成立的合伙,并在泽西岛某银行持有一个金融该账户,那么虽然该账户持有人系 A,但由于 A 属于美国的境外实体,则须进一步审查 A 的性质。若 A 构成消极境外非金融实体,则 A 的实际控制人(直接或间接拥有该合伙大于 10% 的利润权益或资本利益)系该账户的持有人。

---

① 26 CFR(Treasure Regulations) Sec.1.1471-5(a)(3)(v).
② 26 CFR(Treasure Regulations) Sec.1.1471-1(b)(46).

(2) 控制人

当账户持有人是特定美国人,或者是消极非金融实体,且该实体有至少一个控制人是特定美国人,那么该账户是应申报账户。那么什么是控制人呢?

控制人在各国国内税法的认定不尽相同。"控制人"一语在美国法上是指"实质上的美国所有人",即其一,对于公司,美国人直接或间接拥有该公司大于10%的股权;其二,对于合伙,美国人直接或间接拥有该合伙大于10%的利润权益或资本利益;其三,对于信托,Ⅰ.美国人被视为信托任何部分的所有人;以及Ⅱ.美国人直接或间接持有大于10%的信托受益权益。①

在FATCA-IGA和CRS层面上,"控制人"一语的范围须与国际标准接轨,即须结合《金融行动特别工作组建议》②对"控制人"一语的界定进行解释,原则上是指控制某实体财产的自然人。对于信托,"控制人"是指委托人、受托人、保护人(如有)、受益人或者其他最终实质控制信托财产的自然人。对于信托之外的其他法律实体,"控制人"是指处于(与信托控制人)同等或相似位置的自然人。③

值得注意的是,在FATCA-IGA和CRS中具有相同含义的"控制人"一语虽然从FATCA"实质上的美国所有人"一语发展而来,但是其认定标准与FATCA"实质上的美国所有人"一般采用大于10%权益作为控制的标准不同,"控制人"采纳《金融行动特别工作组建议》适用的标准,这是一个与全球反洗钱和反恐金融监管计划并轨的国际标准,根据2012年《金融行动特别工作组建议》,"控制人"一般采用大于25%权益作为控制的标准。④

3.豁免金融账户

美国账户中并非全部适用FATCA规则,某些美国账户由于避税风险小、账

---

① Section 1473.(2)(A),IRC.

② 《金融行动特别工作组建议》是由金融行动特别工作组(financial action task force)发布的最重要官方文件。金融行动特别工作组是1989年由七国集团(Group 7,简称G7)在巴黎峰会创立的政府间国际组织,旨在通过制定一系列国际标准打击金融领域的洗钱、贪污、恐怖活动融资、扩散大规模杀伤性武器等违法活动。目前全球超过200个国家(或地区)参与执行"金融行动特别工作组"发布的国际标准,中国是金融行动特别工作组39个成员之一。《金融行动特别工作组建议》是金融行动特别工作组用以发布国际标准的官方文本,自1990年首次发布至今经历2001年、2004年和2012年三次实质性修订。有关《金融行动特别工作组建议》的信息可参见http://www.fatf-gafi.org/about/historyofthefatf/,下载日期:2019年7月1日。

③ Art.1(1)(mm), Model 1 FATCA-IGA;OECD,Standard for Automatic Exchange of Financial Account Information in Tax Matters,Second Edition,p.57,OECD Publishing,Paris,2017.

④ OECD,Standard for Automatic Exchange of Financial Account Information in Tax Matters,Second Edition,p.198,OECD Publishing,Paris,2017.

户余额小或其他法定原因豁免适用 FATCA 尽职调查和申报程序。FATCA 和 FATCA-IGA 在附件Ⅱ中也明确列出了五大类豁免适用 FATCA 规则的金融账户。

(1)豁免申报的存款账户

豁免申报的存款账户的认定问题,FATCA-IGA 完全引入了 FATCA 内容。具体包括两个部分:退休账户和退休金账户;非退休税收优惠账户。[①]

①退休账户和退休金账户

依照所在国家(或地区)法律符合下列条件的退休账户或退休金账户豁免申报:

a.该账户是作为个人退休账户而受规管,或属于一个退休计划或退休金计划的一部分,该计划是为了提供退休利益或退休金利益(包括伤残福利或死亡抚恤金)而设立的,并且是获注册或受规管的;

b.该账户获得税收优惠;

c.有关定要求须就该账户,向本国(或地区)税务当局按年度作信息申报;

d.提取款项的先决条件是年届退休年龄、残疾或死亡,或有罚则适用于该等事件发生前进行的提取款项;

e.账户年供款限于 5 万美元或以下,或者账户设有在世供款最高额,且最高额不超过 100 万美元。

②非退休税收优惠账户

符合下列所有条件的账户豁免申报:

a.该账户是就退休以外的目的,作为存款工具而受规管的;

b.该账户获得税务优惠;

c.提取款项的先决条件是符合关乎存款账户的目的(例如提供教育或医疗福利)的特定准则,或有罚则适用于在符合该等准则前进行的提取款项;

d.每年供款限于 5 万美元或以下。

(2)某些定期人寿险合同豁免申报

豁免申报的某些定期人寿保险合同的范围,FATCA-IGA 也是完全引入了 FATCA 内容。[②] 如某人寿险合同的承保期将会在被保险人年届 90 岁之前到期,而该合同符合以下全部条件,则该合同属于豁免账户:

①定期保费并不随着时间的推移而减少,而该保费须在该合同有效期间或

---

① Section 1.1471-5(b)(2)(i),26 CFR(Treasure Regulations);Art.V(A),Annex Ⅱ,Model 1 FATCA-IGA.

② Section 1.1471-5(b)(2)(ii),26 CFR(Treasure Regulations);Art.V(B),Annex Ⅱ,Model 1 FATCA-IGA.

直至被保险人年届 90 岁为止的期间（两者中以较短者为准），每年至少缴付一次。

②该合同并无任何现金价值，是可让任何人在没有终止该合同的情况下取得（无论是提取、借贷还是以其他方式）的。

③须在取消或终止该合同时缴付的款额（死亡抚恤金除外），在扣减有关款额后，不得多于已就该合同而缴付的保费总额；上述有关款额，指该合同有效期间（或各有效期间）的死亡费用、罹病费用及开支（无论是否实际施加的），以及在取消或终止该合同之前已缴付的款额。

④该合同并非由某受让人以有值方式持有。

(3) 遗产账户

账户完全由某遗产持有，如果该账户的相关文件中包含有关死者的遗嘱或死亡证明的文本，那么该账户不属于应申报的金融账户。①

(4) 某些代管账户

某代管账户（escrow account）为下列事项之一设立，则不属于 FATCA 金融账户：

①法院命令或判决；

②出售、交换或租赁土地财产或非土地财产，前提是该账户符合以下条件：

a.该账户的资金纯粹来自首付款、诚意金，且资金款额对确保履行直接关乎交易的责任属适当的订金或类似付款，或该账户的资金是来自在与出售、交换或租赁财产相关的情况下存于该账户的金融资产。

b.设立该账户是纯粹为确保有关支付的责任得以履行，而该账户亦纯粹用作确保该等责任得以履行；上述有关支付是指：买房支付该财产的售价，卖房支付任何或有负债，或者出租人或承租人根据租赁协议支付关乎租赁物的赔偿。

c.该账户的资产（包括该等资产赚取的收入）在该财产出售、交换或交还时，或在有关租约终止时，将会为买房、卖房、出租人或承租人的利益（包括履行买房、卖房、出租人或承租人的责任）而作出支付，或以其他方法分配。

d.该账户并不是与出售或交换金融资产相关的情况下设立的保证金账户或相类似账户。

e.该账户并非与信用卡账户有关联。②

---

① Section 1.1471-5(b)(2)(iii), 26 CFR(Treasure Regulations); Art.V(C), Annex II, Model 1 FATCA-IGA.

② Section 1.1471-5(b)(2)(iv), 26 CFR(Treasure Regulations); Art.V(D), Annex II, Model 1 FATCA-IGA.

(5)某些年金合同豁免申报

非投资、不可转让的即期年金合同(包括伤残年金),且该合同将退休或退休金货币化。①

(6)FATCA-IGA 列明的其他豁免账户

### (三)应申报信息

1.应申报信息的一般范围

当负有申报义务的境外金融机构审查其维持的金融账户,对其中应申报的金融账户应适用尽职调查程序,以获得 FATCA 要求的应申报信息。FATCA 规定的应申报信息是指应申报账户(美国账户)的下列信息:(1)账户持有人(特定美国人)的姓名、地址和税务身份号码;(2)账户号;(3)账户余额或价值;(4)账户全年有关股息、利息和出售或赎回股权、债权的付款信息;(5)转移或关闭存款账户、托管账户、保险账户和养老金账户的信息;(6)美国联邦税务局请求提供的其他信息。② 此外,为了掌握 RAH 的信息,合作的境外金融机构还必须每年向 IRS 报告以下信息:(1)含有美国要素(US Indicia)的账户总数量和总价值;(2)不含美国要素的账户的总数量和总价值;(3)处于休眠状态的账户的总数量和总价值。③

2.应申报信息的特殊范围

除了以上应申报信息的一般范围之外,不同类型的金融账户应申报的信息还存在一些特殊性。(1)存款账户。除了一般应申报的信息外,存款账户还应申报在相应年度内该账户记入或贷出的利息总额。(2)托管账户。除了一般应申报的信息外,托管账户还应申报在相应年度内该账户:①记入或贷出的利息总额;②记入或贷出的股息总额;③记入或贷出的其他所得总额;④记入或贷出的贸易总收入或回赎财产的总收入。(3)其他类型账户,除了一般应申报的信息之外,还应该申报在相应年度内记入或贷出该账户的任何回赎款项的总金额。

## 二、程序规则

FATCA 申报规则的程序规则包括境外金融机构向 IRS 进行注册,境外金融机构对其维持的金融账户开展尽职调查和境外金融机构向 IRS 进行申报三个程序。其中尽职调查程序是最重要的程序。

---

① Section 1.1471-5(b)(2)(v),26 CFR(Treasure Regulations).
② Section 1.1471-4(d)(3)(ii) and (iii),26 CFR(Treasure Regulations).
③ Section 1.1471-4(d)(6),26 CFR(Treasure Regulations).

### (一)程序规则概述

1.注册程序

FATCA规则的注册程序是指境外负有申报义务的金融机构与美国财政部签订《境外金融机构合作协议》的程序。在实体规则中,有关"境外负有申报义务的金融机构"我们探讨了三个概念:金融机构;不申报金融机构;境内与境外实体的界定。实践中,运用这三个概念认定FATCA"负有申报义务的境外金融机构"的具体步骤如下。

第一步:是否为美国的境外实体(适用境内与境外实体的界定规则);

第二步:该境外实体是否为境外金融机构(适用金融机构定义);

第三步:该境外金融机构是否属于不申报金融机构的范围(适用不申报金融机构定义);

第四步:启动注册程序——即负有申报义务的境外金融机构向IRS注册取得全球中间机构身份号码(Global Intermediary Identification Numbers,简称GIIN),并签订《境外金融机构合作协议》。[①] 第四步就是注册程序。

根据FATCA的规定,负有申报义务的境外金融机构必须与美国财政部签订一项同意履行FATCA规则的协议(《境外金融机构合作协议》)。[②] IRS具体负责这项工作。为此,美国财政部和联邦税务局出台了有关签订《境外金融机构合作协议》的具体规则。[③] 依据该规则,若IRS和某境外金融机构经过上述第一至第三步骤,确认某境外金融机构属于FATCA定义的"境外负有申报义务的金融机构"时,则需要启动"注册"程序,使该境外负有申报义务的金融机构取得IRS官方认可的"合作的境外金融机构"资格,同时签订《境外金融机构合作协议》。IRS对合作的境外金融机构一般不再适用FATCA预提税(包括对透视款项征收的FATCA预提税),也不要求其关闭RAH的账户,只要其履行《境外金融机构合作协议》即可。相反,若境外负有申报义务的金融机构没有取得合作境外金融机构资格,其将被IRS认定为不合作的境外金融机构。不合作的境外金

---

① 全球中间机构身份号码是指IRS分配给"合作的境外金融机构"、"已注册的视同合规的境外金融机构"(registered deemed-compliant foreign financial institution)或FATCA-IGA范本1中负有申报义务的境外金融机构的身份号码,以确认该实体FATCA预提义务人身份(withholding agents)。所有的GIIN均将在IRS境外金融机构名单中公示。《境外金融机构合作协议》是指,旨在具体执行IRS规定的FATCA实施程序的协议,包括境外金融机构与IRS缔结的《适格中间机构协议》《预提境外合伙协议》《预提境外信托协议》。Section 1.1471-4(a),26 CFR(Treasure Regulations)。

② Section 1471(b)(1),IRC.

③ Revenue Procedure 2014-38.

融机构将面临FATCA预提税的惩罚。① 因此,负有申报义务的境外金融机构与IRS之间的"注册"程序十分关键。

笔者认为,注册程序的特点如下:

第一,通过"注册程序",境外金融机构从IRS取得了GIIN,并同IRS签订《境外金融机构合作协议》,从而取得了IRS认可的"合作的境外金融机构"资格。FATCA允许IRS向公众披露合作的境外金融机构的名单,并认为这种披露不违反保密义务。②据此,IRS在其官方网站公布合作的境外金融机构的名单,并定期(按月)更新。其他境外金融机构亦可以通过该名单查询某一机构是否属于合作的境外金融机构。

第二,"合作的境外金融机构"与"不合作的境外金融机构"的范围在FATCA和FATCA-IGA框架下有所差异。

首先,在境外金融机构居民国与美国尚未缔结FATCA-IGA的情况下,该境外金融机构适用FATCA,须直接向IRS履行FATCA义务。这意味着,该负有申报义务的境外金融机构若不履行"注册程序",则将被IRS认定为"不合作的境外金融机构"。即使是履行了注册程序的"合作的境外金融机构",若违反《境外金融机构合作协议》相关义务,也将被IRS重新认定为不合作的境外金融机构。

其次,在境外金融机构居民国与美国参照FATCA-IGA范本1缔结了政府间合作协定的情况下,依据FATCA-IGA,该金融机构适用其国内法向其税务主管当局履行FATCA义务,无须直接向IRS履行FATCA义务。虽然该境外金融机构依然需要IRS网站进行FATCA注册(取得GIIN)③,但是它无须与IRS签订《境外金融机构合作协议》。依据FATCA-IGA范本1,只有当境外金融机构"实质不遵守协定义务"的情况下,IRS才会将其认定为不合作的境外金融机构。FATCA-IGA范本1规定的"实质不遵守协定义务"是指缔约国一方的负有申报义务的金融机构违背FATCA-IGA规定,经缔约国另一方税务主管当局向缔约国一方税务主管当局通报该情况后,缔约国一方税务主管当局若不能在18个月之内适用其国内法解决此问题,缔约另一方(美国政府)应将该境外金融机构视为不合作的境外金融机构。④

最后,在境外金融机构居民国与美国参照FATCA-IGA范本2缔结了政府

---

① Section 1471(b)(3), IRC.
② Section 1474(c)(2), IRC.
③ Article 4(1)(c), Model 1 FATCA-IGA, Reciprocal, Preexisting TIEA or DTC(6-6-2014).
④ Article 5(2), Model 1 FATCA-IGA, Reciprocal, Preexisting TIEA or DTC(6-6-2014).

间合作协定的情况下,依据 FATCA-IGA,该金融机构须直接向 IRS 履行 FATCA 义务[但其义务范围比没有签订 FATCA-IGA 国家(或地区)的金融机构义务范围要窄]。它依然需要向 IRS 注册,并签订《境外金融机构合作协议》。① 但与没有签订 FATCA-IGA 国家(或地区)的金融机构不同的是,依据 FATCA-IGA 范本 2,只有当境外金融机构"实质不遵守协定义务"的情况下,IRS 才会将其认定为不合作的境外金融机构。FATCA-IGA 范本 2 规定的"实质不遵守协定义务"是指缔约方负有申报义务的金融机构违背《境外金融机构合作协议》或者 FATCA-IGA 的规定,经 IRS 向缔约方税务主管当局通报该情况后,缔约方税务主管当局若不能在 12 个月之内解决此问题,美国政府应将该境外金融机构视为不合作的境外金融机构。②

2.尽职调查程序

尽职调查程序是 FATCA 规则的核心程序。如果说注册程序对应的是实体规则中的"负有申报义务的境外金融机构",那么尽职调查规则对应的是实体规则中的"应申报账户"和"应申报信息"。注册程序是为使负有申报义务的境外金融机构取得 IRS 认可的合作的境外金融机构身份,那么尽职调查程序则是为这些位于世界各地的合作的境外金融机构提供统一的程序规则,使它们能够按照同一标准确定出各自的"应申报账户"和"应申报信息"。

负有申报义务的境外金融机构有义务确认和申报以下信息:(1)特定美国人持有的金融账户信息;(2)消极境外非金融实体持有的金融账户信息,且该实体的控制人至少有一个特定美国人;(3)不合作金融机构持有的金融账户信息。尽职调查程序就是为境外金融机构确认以上账户持有人和应申报信息的程序。

3.信息申报程序

负有申报义务的境外金融机构适用尽职调查程序后,确认出应申报的信息范围。若金融机构居民国与美国未签订 FATCA-IGA,依据《境外金融机构合作协议》,该金融机构须直接向 IRS 履行 FATCA 信息申报义务,具体通过填写 8966 表申报。若金融机构居民国与美国参照 FATCA-IGA 范本 1 签订,政府间合作协定则该金融机构依据其内国法向其税务主管当局履行 FATCA 相关信息申报义务,再由其税务主管当局与 IRS 依据 FATCA-IGA 进行相关信息交换。

**(二)尽职调查程序**

FATCA 尽职调查规则将应申报账户分为四类:先前个人账户,新建个人账户,先前实体账户和新建实体账户。这四类账户既有一些共同的尽职调查规则,

---

① Article 3(1),Model 2 FATCA-IGA,Preexisting TIEA or DTC(6-6-2014).
② Article 4(2),Model 2 FATCA-IGA,Preexisting TIEA or DTC(6-6-2014).

也有各自适用的特殊尽职调查规则。

负有申报义务的境外金融机构有义务确认和申报以下信息:(1)特定美国人持有的金融账户信息;(2)消极非金融实体持有的金融账户信息,且该实体的控制人至少有一个特定美国人;(3)不合作金融机构持有的金融账户信息。尽职调查程序就是为境外金融机构确认以上账户持有人和应申报信息的程序。为了提高管理效率,FATCA对金融账户作了分级管理,不同级别的金融账户适用的尽职调查程序,宽严尺度有所不同。总的特点是:相较于先前账户,新建账户适用的尽职调查程序更为严格;相较于低值账户,高值账户适用的尽职调查程序也更为严格。

1.如何区分先前账户和新建账户

以"确定日期"作为分界点,金融机构在该日及之前维持的账户是先前账户,在该日期之后新开设的账户是新建账户。

(1)确定日期

FATCA虽然于2010年3月28日由美国国会通过,但是其生效实施的日期一推再推。① 最终,美国财政部确认FATCA的实施为2014年7月1日,即FATCA预提义务人于2014年7月1日及之后支付款项适用FATCA预提税规则。② 这意味着,与美国未签署FATCA-IGA或未就FATCA-IGA达成实质合作共识的国家(或地区),其金融机构适用FATCA,"确定日期"(determination date)为2014年6月30日。但是,目前已经有113个国家(或地区)与美国签署了旨在实施FATCA的FATCA-IGA成就FATCA-IGA已达成实质合作共识。根据各国家(或地区)与美国签署FATCA-IGA的时间不同,其"确定日期"也略有差异。

FATCA-IGA的"确定日期"分为三种情形。③

①2014年6月30日。适用于2014年6月30日及之前与美国签署FATCA-IGA(比如泽西岛)或就FATCA-IGA实质内容达成合作共识(比如中国)的国家(或地区)。截至2019年7月,这样的国家(或地区)有101个。④

②2014年11月30日。适用于2014年7月1日及之后,但在2014年11月30日及之前与美国签署FATCA-IGA或就FATCA-IGA达成实质合作共识的

---

① TD.9610.
② TD.9657,TD.9658.
③ Article Ⅵ.B.6,Annex I to Model 1 & 2 FATCA-IGA (updated 11-30-2014).
④ https://www.treasury.gov/resource-center/tax-policy/treaties/Pages/FATCA.aspx, 2019-07-01.

国家(或地区)。截至 2019 年 7 月,这样的国家(或地区)有 11 个(比如安哥拉)。①

③FATCA-IGA 签署日。适用于 2014 年 12 月 1 日及之后与美国签署 FATCA-IGA 或就 FATCA-IGA 实质内容达成合作共识的国家(或地区)。截至 2019 年 7 月,这样的国家(或地区)只有 1 个(越南)。

(2)几种情形的认定

①先前账户持有人在同一金融机构新开账户

若某金融账户持有人在"确定日期"之后,在同一金融机构申请了新的金融账户,一般金融机构可依赖已经存档的客户资料开设新账户,没有必要对账户持有人信息重复存档,除非账户持有人信息有所更新或有错误。在适用 FATCA 尽职调查程序的意义上,这类账户一般应被视为先前账户。FATCA 尽职调查程序类似于反洗钱规则和 KYC。金融机构为反洗钱目的对首次开户的新客户适用 KYC,需要对客户信息尽职调查并更新。但一般并不适用于老客户开设新账户的情况,即客户不必每次开户都被重复审查。美国财政部吸取了这一建议,FATCA 规章现在规定将先前客户开设的新账户视为先前账户,从而与反洗钱规则和 KYC 一致(但这一点并没有被 CRS 采纳,CRS 在此问题上比 FATCA 的规定更为严格)。②

②"确定日期"前后关闭的金融账户

若某金融账户在"确定日期"之前关闭(即在"确定日期"当日金融机构不再维持该账户),则它不应适用尽职调查程序,因为它不是先前账户。但是,若某金融账户在"确定日期"之后关闭(即在"确定日期"当日及之前金融机构仍然维持该账户),则该账户是先前账户,依然需要适用尽职调查程序。

2.尽职调查程序的豁免账户

尽职调查程序的豁免账户(threshold exemption)与前述金融账户的豁免,两者的结果均是涉及的账户无须适用 FATCA 规则,即无须被审查、确认和申报。但是,两者有所差别。

第一,豁免理由不同。金融账户的豁免,是因为这些金融账户享受税收优惠待遇(如退休金账户)、没有现金价值(如某些定期人寿保险)、没有投资性(比如依法院判决托管的账户)等因素,所以它们不属于 FATCA 主要打击的易于逃避居民国税收的海外资产范围。金融账户的豁免的结果是这些金融账户被排除在

---

① https://www.treasury.gov/resource-center/tax-policy/treaties/Pages/FATCA.aspx, 2019-07-01.

② Koen Marsoul, FATCA and Beyond: Global Information Reporting and Withholding Tax Relief, *Derivatives and Financial Instruments*, Jan/Feb.2014, p.14.

"应申报账户"定义范围之外。尽职调查程序的豁免账户,是因为这些账户的余额很少或现金价值很小,为金融机构和税务当局的合规和执法效率考虑,对这些账户豁免适用尽职调查程序。

第二,豁免时间不同。金融账户的豁免,其结果是涉及账户永久排除在应申报账户之外。但是,尽职调查的豁免账户,所涉及的账户会随着账户的余额或现金价值的增加而丧失豁免身份。

第三,适用顺序不同。金融账户的豁免优先适用,即若某账户属于金融账户中豁免申报的账户(比如退休金账户),则无须审查其账户余额或价值(以确定是否符合尽职调查的豁免门槛)。只有金融账户属于应申报的账户范围,才进一步审查其账户余额或价值。

表2-4 尽职调查程序的豁免账户

| | 先前个人账户 | 新开个人账户 | 先前实体账户 | 新开实体账户 |
|---|---|---|---|---|
| 尽职调查豁免账户门槛 | 存款账户＜＝5万美元 | 在申报期限内,存款账户＜＝5万美元 | 2014年6月30日当日,账户余额或现金价值＜＝25万美元(直到未来某年12月31日超过100万美元) | 信用卡账户的信用额度＜＝5万美元 |
| | 2014年6月30日当日,账户余额或现金价值＜＝5万美元 | | | |
| | 2014年6月30日当日,现金保险合同或年金保险合同的余额或现金价值＜＝25万美元 | 在申报期限内,现金值保险合同的现金价值＜＝5万美元 | | |
| | 现金值保险合同或年金合同,但依据缔约双方法律或政策不允许美国居民购买 | | | |

表格信息来源:FATCA-IGA范本1,附件Ⅰ。

(1)尽职调查程序豁免账户的特点

①区分一般账户余额门槛和单独账户余额门槛

一般账户余额门槛,金融机构须将同一账户持有人的多个种类账户合并计算余额。而单独账户余额门槛,金融机构只需将同一账户持有人的该类账户合并计算余额。

举例:2016年,泽西岛银行A使用美国公民X先生的税务编码查找到其维持的两个先前账户。2014年6月30日,存款账户余额为2.4万美元,托管账户余额为3万美元;2015年12月31日,存款账户余额为2.5万美元,托管账户余额为3.2万美元。根据美国—泽西岛FATCA-IGA附件I有关先前个人账户尽职调查豁免额度的规定(见表2-4),存款账户豁免申报,托管账户是应申报账户。因为2014年6月30日,账户合并总余额(5.4万美元)超过了5万美元,而托管账户并没有存款账户的单独豁免门槛。

②先前账户的豁免范围要大于新开账户的豁免范围

这体现了FATCA对新开账户适用的尽职调查程序比先前账户更为严格的特点。例如,2016年金融机构对其维持的账户进行审查后,确认某个人持有的托管账户余额为4万美元,若该账户为先前个人账户,则豁免申报;若为新开个人账户,则属于应申报账户。再比如,2016年金融机构对其维持的账户进行审查后,确认某实体持有的存款账户余额在2015年12月31日为50万美元,若该账户为先前实体账户,则若该账户在2014年6月30日当日的余额未超过25万美元,则豁免申报;若该账户为新开实体账户,则属于应申报账户。

③负有申报义务的金融机构可以选择放弃尽职调查的豁免(election to forgo exception)

境外金融机构可以选择忽视FATCA下豁免申报美国账户的规定,即申报所有美国账户的信息。① 一般而言,金融机构会在认为按价值区分账户会带来额外的管理成本的情况下会选择放弃这种豁免,即不区分账户价值,申报其维持的所有美国账户信息。

(2)账户余额或价值的合计规则(aggregation)

一般意义上,金融账户的余额或价值是指由维持该账户的金融机构为申报账户持有人信息的目的计算的余额或价值。账户的余额或价值不应扣除账户持有人招致的与该账户或该账户内资产相关的债务或义务,也不应扣除任何费用、罚金或其他账户持有人(因终止、转让、解除、清算或兑现账户)可能负担的款项。共同持有的账户,每一持有人的账户余额或价值都应按照账户总金额或价值计算。② 举例:U和Q均是美国纳税人,在某境外金融机构共同持有一个存款账户。某纳税年度内该账户的余额为10万美元。该账户是FATCA下的美国账户,且U和Q均是该账户的持有人,每个持有人账户余额均视为10万美元。③

---

① Section 1.1471-5(a)(4)(ii),26 CFR(Treasure Regulations).
② Section 1.1471-5(b)(4)(i),26 CFR(Treasure Regulations).
③ Section 1.1471-5(a)(3)(v),26 CFR(Treasure Regulations).

当同一持有人在某个金融机构或金融机构集团的多个关联实体中持有两个及以上账户,在具备以下"合并计算的条件"时,金融机构需要合并计算这些账户的余额或价值,以合并后的总额作为该账户持有人在该金融机构(或金融机构集团)所持账户的余额或价值。账户余额或价值不仅决定着某账户是否具有尽职调查程序的豁免资格,也决定着该账户属于低值账户还是高值账户(高值账户适用的尽职调查程序更为严格)。

①合并计算的前提条件

a.该金融机构的计算机系统通过引用数据元素(比如客户号,雇主的税务身份号码或外国税号)能够链接到同一持有人的多个账户,且允许将这些账户的余额合并计算;①或者b.金融机构为账户或账户持有人委派了关系经理(relationship manager)(通常针对高值账户),关系经理知悉或有理由知悉多个金融账户由同一个人或实体直接或间接拥有、控制或设立(以受信任身份行事者除外),且关系经理已将这些账户通过关系代码、客户号码、税务编号或其他类似指标相关联,或者关系经理在金融机构的相关程序下将这些账户作通常关联。②

举例:U是美国居民个人,U在某境外商业银行CB的分支机构B1持有一个存款账户,该账户第一年年末的余额为3.5万美元。同时,U还在CB的另一个分支机构B2持有一个托管账户,第一年年末该账户的余额为4.5万美元。CB、B1、B2所在国(同一国)与美国签订了FATCA-IGA,这两个账户均为先前个人账户。

第一种情况:CB各分支机构的银行业务共享一套计算机信息系统,但是U在两个分支机构的账户在信息系统中并没有被关联。此外,CB也并未给U或U的账户指派关系经理。鉴于两个账户并未在CB的系统中或通过关系经理相关联,因此CB不需要将两个账户合并计算余额。这两个账户各自余额均不超过5万美元的门槛条件,因此均豁免申报。

第二种情况:两个账户均通过CB的内部身份代码(internal identification number)与U关联。虽然CB的计算机系统没有显示一个将两个账户合并的余额,但是系统能够显示两个账户,且可以电子合计它们的账户余额(electronically aggregated)。此时,为确定FATCA账户余额的目的,CB需要将两个账户的余额合并计算。U将被视为在CB持有余额为8万美元的金融账户,但由于存款账户低于5万美元的申报门槛,因此CB最终只需对U持有的托管账户审查并申报。

---

① Section 1.1471-5(b)(4)(iii)(A),26 CFR(Treasure Regulations).
② Section 1.1471-5(b)(4)(iii)(B),26 CFR(Treasure Regulations).

②关联实体的合计规则

关联实体的计算机系统将同一账户持有人的多个账户相关联,那么无论这个关联实体位于何地,作为任一关联实体的金融机构均需要将该账户持有人在关联实体持有的多个账户合并计算,以合并总额确定其是否享受尽职调查程序的豁免,是否为高值账户。但是,每个金融机构仅有义务申报其维持的账户。

举例:A银行和B银行均为泽西岛居民,且为关联企业。使用美国公民X先生的姓名和护照号,A银行的业务系统可以将X先生在A银行和B银行各自持有A'账户和B'账户相关联,假设A'、B'均系先前账户,A、B两银行也没有放弃尽职调查程序的豁免:

a.若A'为存款账户(余额3万美元),B'为存款账户(余额4万美元),为适用尽职调查豁免门槛的目的,两个银行均应将X先生存款账户的余额认定为7万美元,不符合先前个人存款账户小于等于5万美元的豁免条件。因此X先生在A、B银行持有的两个存款账户均需适用尽职调查程序,但应由A、B银行对各自维持的账户分别进行尽职调查和申报。

b.若A'为存款账户(余额3万美元),B'托管账户(余额4万美元),为适用尽职调查豁免门槛的目的,两个银行均应将X先生账户的总余额认定为7万美元,因此不符合先前个人账户余额小于等于5万美元的豁免条件。但由于存款账户A'符合先前个人存款账户小于等于5万美元的豁免条件,因此存款账户A'豁免申报,托管账户B'属于应申报账户。托管账户B'虽然低于账户余额5万美元的门槛条件,但是关联实体的合并计算规则使账户余额超过了5万美元。托管账户并没有存款账户的单独豁免规则。

3.先前个人账户的尽职调查程序

一般来说,境外金融机构所要履行的尽职调查和报告义务会随着账户价值的增高逐渐加重。对于小额账户,境外金融机构甚至可以免除调查和报告的义务。① 这样的分级管理虽然减轻了IRS对境外账户信息的管理成本,但是显著增加了境外金融机构的合规成本。境外金融机构更希望对其各类账户适用统一的规则以简化实施程序。②

金融机构在适用尽职调查程序豁免规则之后,对应申报账户正式启动尽职调查程序。按照账户余额或价值的高低,适用尽职调查程序的复杂程度和严格

---

① 小额账户一般包括:个人在同一个境外金融机构的存款账户总价值不超过5万美元;个人保险合同或养老金合同的现金价值不超过25万美元;某实体的账户价值不超过25万美元。Section 1.1471-4(c)(5)(iii)(A),26CFR(Treasure Regulations).

② Jean Francois de Clermont-Tonnerre, Stanley C. Ruchelman, A Layman's Guide to FATCA Due Diligence and Reporting Obligations, *Tax Management International Journal*, Vol.42,No.2,2013,p.80.

程度也有所差别。一般,高值账户比低值账户适用的尽职调查程序更为复杂和严格。

(1)低值账户尽职调查程序——电子记录查询

先前个人账户的低值账户是指,在 2014 年 6 月 30 日当日,账户余额或现金价值虽然超过 5 万美元(现金值保险合同或年金合同的现金价值超过 25 万美元),但是未超过 100 万美元的先前个人账户。①

负有申报义务的金融机构须对其维持的应申报低值账户使用下列七大"美国关联要素"(US indicia)进行电子记录查询(electronic record search):a.账户持有人身份是美国公民或居民的;b.账户持有人出生地在美国;c.账户持有人当前的联系地址是美国邮寄地址或居住地址;d.账户持有人当前的联系方式是美国电话号码;e.该账户具有向某一美国境内账户转移资金的长期指令(standing instruction);f.当前对账户行使有效律师权利或签字代表权利的人具有美国地址;g.该账户相关邮件的"代收地址"或"保管地址"是维持该账户的金融机构唯一记录的账户持有人联系地址,且该地址在美国境内(对高值账户,代收地址或保管地址不要求在美国境内)。②依据上述"应申报账户"的实体规则,当账户持有人是"特定美国人",或者是消极境外非金融实体,且该实体有至少一个"控制人""特定美国人",那么该账户是应申报账户。因此,若账户持有人是个人,应申报账户应是由美国公民或居民个人持有的账户。适用于先前个人账户的七项"美国关联要素"正是为在查找出账户持有人系"美国公民或居民个人"的账户而设定的程序规则,以初步确定账户持有人是否为"特定美国人"(公民或居民)。电子记录查询可能产生两种结果——存在或不存在美国关联要素。

①某金融账户没有出现以上任何一个美国关联要素

若经过电子记录查询程序,某金融账户没有出现七大美国关联要素中的任何一个要素,则金融机构可认定为该账户不属于应申报账户,停止对该账户继续适用尽职调查程序。若在之后的申报年度内,该账户的情况发生变化(如出现了美国关联要素或成为高值账户),再将其纳入应申报账户。③

应当注意的是,金融机构对电子记录查询结果没有进一步核实的义务,即使金融机构保留的文本资料与电子记录查询的结果存在矛盾,金融机构也不应被认为"有理由知道"账户持有人的身份信息存在错误。例如,金融机构对 X 先生持有的某低值账户进行电子记录查询,结果并未出现"美国关联要素",但金融机构保存的该账户开户资料中包含 X 先生的美国护照复印件。金融机构可以仅

---

① Article II(B), Annex I to Model 1 & 2 FATCA-IGA.
② Article II(B)(1), Annex I to Model 1 & Model 2 FATCA-IGA.
③ Article II(B)(2), Article II(C)(2), Annex I to Model 1 & Model 2 FATCA-IGA.

以电子记录查询结果认定该账户不属于应申报账户。可以说,先前个人账户的电子查询程序,对低值账户大大降低了金融机构的守法成本。

②某金融账户出现以上任何一个美国关联要素

如果经过电子记录查询程序,某金融账户出现七大美国关联要素中的任何一个要素,那么该账户原则上应被推定为应申报账户,除非金融机构或账户持有人提供有力的"本书证据"(documentary evidence),证明账户持有人不是美国公民或居民。值得注意的是:

第一,FATCA尽职调查程序的"文本证据"须是IRS认可或缔约双方在FATCA-IGA中列明的文本证据。它既可能是政府出具的官方文本(如护照、IRS W-8表),也可能是第三方出具的文本(如美国证券交易委员会报告、金融机构反洗钱报告)。

第二,金融机构对其保存或搜集的"文本证据"和账户持有人自证(self-certification)提供的"文本证据"须进一步核实。如果金融机构"知道"或"有理由知道"以上文本证据存在错误或不可信赖,那么金融机构不应依赖这些文本证据作出判断。①

第三,先前个人账户(存款账户除外)一旦经电子记录查询程序认定为应申报账户,其在今后的所有申报年度内都应被金融机构视为美国应申报账户,除非账户持有人丧失了美国公民或居民身份。② 存款账户有单独的尽职调查豁免门槛,因此其每个年度内"应申报账户"的身份会随着账户余额的变化而改变。

(2)高值账户尽职调查程序——电子记录查询、纸质记录查询、关系经理咨询

先前个人账户的高值账户是指,在2014年6月30日当日或2015年12月31日当日或之后的任何年度内,账户余额或现金价值超过100万美元的先前个人账户。③ FATCA及FATCA-IGA在低值账户适用的电子记录查询程序的基础上,加强了对高值账户的尽职调查程序。对高值账户的尽职调查程序包括三个步骤。

第一步,电子记录查询(同低值账户)。高值账户与低值账户适用的电子记录查询程序相同,但其结果不同。低值账户经电子记录查询后,若不存在美国关联要素,则可以将其从应申报账户中排除。对高值账户来说,经电子记录查询后即使不存在美国关联要素,但该账户的六大关联要素(出生地除外)不能全部确

---

① Article VI(A), Annex I to Model 1 & Model 2 FATCA-IGA.
② Article II(C)(3), Annex I to Model 1 & Model 2 FATCA-IGA.
③ Article II(D), Annex I to Model 1 & Model 2 FATCA-IGA.

认(无论其是否与美国有关联),该账户须继续适用纸质记录查询程序。①

举例:泽西岛某金融机构对其维持的某高值账户进行电子记录查询后确认了以下信息:账户持有人X先生是英国人,联系电话和邮寄地址均系英国地址。其他关联要素无法确定(即该账户是否向其他账户转移资金,是否存在代收地址或保管地址,是否有律师或签名代表无法确定)。那么依据美国—泽西岛FATCA-IGA,金融机构应对该账户继续适用纸质记录查询程序。但若该账户是低值账户,则可以将其排除在FATCA-IGA应申报账户之外。

第二步,纸质记录查询(paper record search)。当高值账户经电子记录查询后,不能全部确定六大关联要素的信息,金融机构必须进一步审查当前客户主文档(customer master file)以及金融机构在近五年内获取的有关该账户的资料(包括文本证据,开户合约或文件,反洗钱和KYC或其他行政程序报告,有效的律师或签字代表文件,有效的转移资金长期指令)。② 审查的目的依然是确认当前客户主文档和相关账户资料中是否存在"美国关联要素"。

第三步,客户关系经理咨询。高值账户除了适用电子查询和纸质查询程序之外,金融机构还须咨询该账户的客户关系经理的意见(是否认为该账户存在美国关联要素)。若客户关系经理实际知晓(has actual knowledge)该账户持有人系"特定美国人"(个人账户指美国公民或居民),则即使电子记录查询和纸质记录查询的结果均显示它不具有美国关联要素,金融机构也应将该账户视为应申报的美国账户。③

经上述三个步骤后,若先前个人高值账户(存款账户除外)被认定为应申报账户,其在今后的所有申报年度内都应被金融机构视为美国应申报账户,除非账户持有人丧失了美国公民或居民身份。④ 存款账户有单独的尽职调查豁免门槛,因此其每个年度内"应申报账户"的身份会随着账户余额的变化而改变。

4.其他三类账户与先前个人账户尽职调查程序的比较

在各类账户不符合尽职调查豁免条件时,金融机构须对他们实施尽职调查程序。

(1)新开个人账户

对新开个人账户,金融机构不再区分低值账户和高值账户,均须要求账户持有人提供自证文件(一般包含在开户资料中)。金融机构审查自证文件也不再适用"七大美国关联要素",只需适用一个美国关联要素——账户持有人是否为美

---

① Article II(D)(3), Annex I to to Model 1 & Model 2 FATCA-IGA.
② Article II(D)(2), Annex I to Model 1 & Model 2 FATCA-IGA.
③ Article II(D)(4), Annex I to Model 1 & Model 2 FATCA-IGA.
④ Article II(D)(5)(c), Annex I to Model 1 & Model 2 FATCA-IGA.

国公民或居民。金融机构对账户持有人的自证文件有进一步核实的义务。若自证文件显示该账户持有人是美国公民或居民（包括双重国籍或双重居民身份中有美国国籍或美国居民身份的情况），则金融机构须将该账户视为应申报账户，进一步向该账户持有人搜集美国税务编码信息；若自证文件显示账户持有人不是美国公民或居民，则该账户属于不应申报账户。

(2) 先前实体账户

金融机构在适用尽职调查程序豁免规则之后，进一步对先前实体账户适用尽职调查程序，以审查和申报三种金融账户：其一，账户持有人是"特定美国人"（例如美国居民实体）；其二，账户持有人是消极境外非金融实体，且该实体有至少一个"控制人"是美国公民或居民个人；其三，账户持有人是"不合作的境外金融机构"。① 应该注意的是：如果账户持有人是不合作金融机构，那么维持该账户的金融机构只需申报其支付给不合作的境外金融机构的款项，无须申报不合作的境外金融机构的账户信息。理由是，该项申报旨在实施 FATCA 惩罚性预提税，而非申报缔约方居民纳税人海外资产信息。

与先前个人账户的尽职调查程序相比，先前实体账户的程序有以下特点。

第一，不区分低值账户和高值账户，但区分账户持有人。为确定账户持有人的不同身份，先前实体账户的尽职调查程序分为以下三个步骤。

第一步：确定账户持有人是否为"特定美国人"。金融机构须审查其维持的相关信息（包括依据反洗钱/KYC 程序获取的信息），以确定账户持有人是否为"特定美国人"。与个人账户适用的七大美国联系要素相类似，实体账户建议的美国联系要素有三个，即该实体的注册地、成立地或地址在美国境内。② 其结果有两种：①若确定该账户持有人是"特定美国人"，则该账户原则上是应申报账户，除非账户持有人自证或金融机构能够提供合理证明（证明该账户持有人不是特定美国人）。②若确定该账户持有人不是"特定美国人"（非美国实体账户），则进入第二步程序。

第二步：确定非美国实体账户的账户持有人是否为金融机构。金融机构须审查其维持的相关信息（包括依据反洗钱/KYC 程序获取的信息或依据 IRS 公布的合作的境外金融机构名单），以确定账户持有人是否为金融机构。其结果有两种：①如果确定该账户持有人是"金融机构"，那么该账户不属于应申报账户。注意，即使金融机构属于不合作金融机构，该账户也不属于应申报的账户，应申报的信息仅是维持账户的金融机构支付给不合作金融机构的款项信息。②如果确定该账户持有人是"非金融机构"，那么进入第三步程序。

---

① Article IV(C), Annex I to Model 1 & Model 2 FATCA-IGA.
② Article IV(D)(1), Annex I to Model 1 & Model 2 FATCA-IGA.

第三步:确定非美国金融实体账户是否为应申报账户。金融机构须审查其维持的相关信息(包括依据反洗钱/KYC程序获取的信息),以确定账户持有人身份。首先,非美国金融实体账户的持有人是否为积极的境外非金融实体,须由账户持有人自证。否则将认定该账户为消极境外非金融实体须进一步审查其控制人是否有至少一个美国公民或居民。

第二,相较于个人账户,先前实体账户增加了尽职程序实施期限的要求。对于2014年6月30日当日,账户余额或现金价值超过25万美元的账户,要求金融机构在2016年6月30日前审查完毕。对于2014年6月30日当日,账户余额或现金价值虽未超过25万美元,但在2015年12月31日或之后的任何年度内超过100万美元的账户,要求金融机构超过100万美元的公历年度最后一日起的6个月内完成对该账户的审查。

第三,自证与个人账户的自证相似,均需提供有效的"文本证据",即须是IRS认可或缔约双方在FATCA-IGA中列明的文本证据。但FATCA-IGA明确了实体账户持有人提供的文本证据可以是IRS W-8/W-9表或类似协定认可的文件。① 值得强调的是,尽职调查程序的举证责任最终由账户持有人负担。这意味着,如果某个账户的持有人不能证明自己并非美国纳税人或者不能向境外金融机构提供必要的证明文件,甚至包括那些因不愿放弃当地法律所规定的保密权利而在合理期限内拒绝为境外金融机构提供免责授权的账户持有人,都将被认定为RAH。② FATCA规定,境外金融机构对支付给RAH的任何款项均要扣除30%的预提税;如果RAH依然拒绝合作,境外金融机构应当关闭该RAH的银行账户。③

(3)新开实体账户

对新开实体账户,金融机构依然需要按照先前实体账户的步骤确认账户持有人身份,即是否为特定美国人、是否为金融机构、是否为应申报账户。但重要的区别是,新开实体账户确认账户持有人身份主要依赖于账户持有人的自证。若账户持有人不能提供相应的自证,该账户一般应作为应申报账户。

# 第三节 FATCA在美国引发的法律争议

FATCA作为美国国内法,其适用范围已经超出了美国国境,并且其所规定

---

① Article IV(D), Annex I to Model 1 & Model 2 FATCA-IGA.
② Section 1471(d)(6), IRC.
③ Section 1471(b)(1)(D)(ii), IRC; Section 1471(b)(1)(F)(ii), IRC.

的信息报告义务明显是单向的,使得 FATCA 出台之后屡遭诟病。① FATCA 颁布之后,在美国国内和国际社会引起了激烈的讨论。就法律问题而言,在美国国内法层面上,争论的焦点是 FATCA 是否符合美国宪法和相关法律,以及是否应该废除美国的公民税收管辖权制度。本节将对这些美国国内法争论的问题进行梳理和分析。

在国际法层面上,在 FATCA-IGA 没有缔结之前,争论的焦点是 FATCA 是否侵犯他国主权。但在 FATCA-IGA 这一帮助 FATCA 域外适用的国际法工具出现之后,FATCA 引起的是否侵犯他国主权的争论在政府间合作层面上戛然而止。国际社会争论的焦点转向了在现有国际法框架下如何与美国合作实施 FATCA,例如如何实现互惠,如何保护信息安全和保护纳税人权利,如何将 FATCA 与各国国内法相衔接等。这些问题将在第三章探讨。

## 一、美国国内对 FATCA 的三点质疑

FATCA 颁布实施之后,首先在美国国内引发了争议。一部分观点认为,FATCA 是一部糟透了的法律,其实施对美国弊大于利。② 主要理由包括以下三点。

### (一)FATCA 不能实现其预期目标

1.FATCA 旨在打击美国公民或居民纳税人利用海外金融账户藏匿资产,逃避美国税收的行为。美国国会虽然通过了 FATCA,但是从未质询过实施 FATCA 会耗费多少成本,也未对 FATCA 的实施做过成本和收益分析。IRS 预计 FATCA 将在未来 10 年通过打击美国纳税人的海外逃避税为美国带来 87.14 亿美元的税收。③ 时任总统奥巴马估计 FATCA 在未来 10 年给美国增加

---

① 对 FATCA 的否定性评析可参见 Herman B. Bouma,11 Reasons Why FATCA Must Be Repealed,*Tax Management International Journal*,No.12,2012,pp.651-659.

② http://isaacbrocksociety.ca/2013/04/05/american-citizens-abroad-blasts-fatca-in-comment-to-house-working-groups/,2019-07-01.

③ Joint Committee on Taxation,Estimated Revenue Effects of the Revenue Provisions Contained in an Amendment to the Senate Amendment to the House Amendment to the Senate Amendment to H.R. 2847, the"Hiring Incentives to Restore Employment Act"Scheduled for Consideration by the House Committee on Rules on 4 March 2010 (4 March 2010). https://www.jct.gov/publications.html? func=startdown&id=3650,2019-07-01.

的税收收入是 2100 亿美元。① 然而,这些估计过于简单,且没有具有说服力的信息或数据支撑。② FATCA 究竟会给美国带来多少财政收入,又将给境外金融机构增加多少实施成本,包括给美国本土金融机构为实施美国对外签订的互惠 FATCA-IGA 增加多少实施成本,这些到目前为止均没有确定和相对可靠的依据。或者说,FATCA 的实施很可能其实施成本远远大于预期收益。例如,金融机构要承担过高的合规成本。③

2.FATCA 依赖境外金融机构实施,只要有不合作实施 FATCA 的国家(或地区)存在,那么美国公民或居民纳税人就可以通过将海外资产转移至这些国家(或地区)的金融机构,从而躲避 FATCA 的实施。虽然目前已经有 81 个国家(或地区)与美国签订了实施 FATCA 的 FATCA-IGA,但是也并不是全部国家(或地区)都会与美国签署 FATCA-IGA。例如,俄罗斯就明确表示不与美国实施 FATCA 方面的合作。

**(二)FATCA 将损害在海外的 700 万美国公民的权利**

1.FATCA 实施后,美国公民或居民成了美国境外金融机构的梦魇。很多境外金融机构不得不将美国客户拒之门外。

2.境外非金融实体也越来越不愿意接受美国合伙人,因为一旦美国公民或居民持有的该实体权益超过 10%,在实施 FATCA 的意义上,该境外实体的"控制人"就是特定美国人,该实体持有的金融账户就很可能进入应申报账户的范围。

因此,FATCA 将严重损害美国公民和居民在海外的商业机会,尤其是那些长期居住在美国境外的美国公民的利益。美国是目前国际上少数几个同时适用公民税收管辖权和居民税收管辖权的国家,这与大部分国家仅适用居民税收管辖权的趋势并不相符,也极易产生重复征税的问题。目前约有 700 万美国公民

---

Act Is Ca……
*Houston Law Review*,Vol.52,p.989.

② Victoria Ferauge, Lynne Swanson,FATCA Losing Its Way,Accounting Today(Sep. 11,2013),http://www.accountingtoday.com/news/FATCA-Losing-Way-68007-1.html,2019-07-01.

③ KPMG,FATCA and the Funds Industry:Defining the path,p.13(2011),https://www. kpmg. com/BB/en/IssuesAndInsights/ArticlesPublications/Documents/fatca-and-the-funds-industry-defining-the-path.pdf,2017-12-01.

长期居住在美国境外。[①] 他们在海外工作、生活,与其居住地建立了紧密的经济联系。而 FATCA 的实施使得当地金融机构或经济实体因为其美国公民身份将其拒之门外。这使得美国公民放弃美国国籍的人数上升。有数据显示,2012 年 932 个自然人放弃美国国籍;2013 年,2999 人放弃美国国籍(历史最高);2014 年较上一年度,放弃美国国籍的人数上升 30%。

**(三)FATCA 将阻碍美国经济的发展**

1.从 FATCA 预提税可以看出,FATCA 的实施主要依赖于境外实体(包括境外金融机构和境外非金融实体)来源于美国境内的所得。相应的,FATCA 也可能促使境外实体放弃在美国的投资。

2.美国大部分出口贸易依赖美国中小企业。若美国中小企业被美国境外金融机构拒之门外,无法开立境外账户,这将影响美国的出口贸易。

3.FATCA 给国际金融业制定了新的规则,这很可能被认为是金融帝国主义,或者是侵犯他国主权的行为。

## 二、美国公民税收管辖权的存废之争

FATCA 实施的基础是美国居民和公民税收管辖权。与 CRS 相比,FATCA 尽职调查程序中针对自然人的"联系要素"多了一项出生地,其原因也是配合美国公民税收管辖权(美国宪法规定出生在美国境内的人可以取得美国国籍)。世界各国(或地区)与美国合作实施 FATCA,除了要申报美国居民纳税人持有的金融账户,还须申报美国公民持有的金融账户。因此,研究美国公民税收管辖权存废之争有利于我们进一步理解美国 FATCA 制度的实施基础。

当今国际社会绝大部分国家的所得税法都是采用居民税收管辖权原则,即对本国税收居民来自全球的所得征税。鲜有国家依然保留公民税收管辖权,即对具有本国国籍的自然人(无论其是否为本国的纳税居民)来源于全球的所得征税。一些曾经采用公民税收管辖权的国家(如罗马尼亚、菲律宾、越南、缅甸、保加利亚)也废除了这一制度。目前除了美国和厄立特里亚依然保留公民税收管辖权之外,其他少数国家(如意大利、西班牙、芬兰、法国、匈牙利、墨西哥、土耳其)仅在特定条件下行使公民税收管辖权。比如意大利仅将长期居住在避税地的意大利公民视为其居民纳税人。西班牙公民迁往避税地的第一个五年将继续

---

① Taylor Denson, Goodbye, Uncle Sam? How the Foreign Account Tax Compliance Act Is Causing a Drastic Increase in the Number of Americans Renouncing their Citizenship, *Houston Law Review*, Vol.52, Issue 3, p.989.

被西班牙视为居民纳税人。① 适用了近一个世纪的公民税收管辖权,随着人类科技的发展,自然人移动的频繁而变得不合时宜。② 美国的公民税收管辖权是在1924年联邦最高法院"库克诉泰特案"的判决中确立的。③ 近一百年来,美国国内就公民税收管辖权的存废问题从未停止过争论。FATCA实施的基础是美国居民和公民税收管辖权。FATCA通过之后,美国学者再次思考,是否到了应该废除公民税收管辖权的时刻,转而仅适用居民税收管辖权和来源地税收管辖权。

### (一)美国公民税收管辖权的合法性依据

1.美国联邦所得税的合法历程(1861—1913年)

1787年《美国宪法》第1条第2款规定:"……众议员名额和直接税(direct taxes)应按照各州自由人口按比例(be apportioned)在各州之间分配……"当时美国还没有实行所得税制度,主要的财政收入来自关税,直接税在当时也主要指关税。南北战争期间(1861—1864年),为了增加财政收入(为了从进口中增加财政收入,以偿付公债),美国联邦政府(里根政府和共和党)开始引入了所得税制度,出台了《1861年联邦收入法案》(Revenue Act of 1861)。该法案同时规定了公民税收管辖权,即任何居住在美国境内的人,或居住在境外的美国公民,无论所得来源于何处,每年超过800美元的所得部分,均需按比例向联邦政府缴纳所得税。居住在境内的美国公民所得税比例为3%,居住在境外的美国公民所得税比例提高至5%。④ 理由是,居住在境外的美国公民拿着美国的财产创造财富,却不在美国消费。因此,他们应该比那些在美国消费的美国公民负担更多的所得税义务。⑤ 随后《1862年联邦收入法案》从程序上进一步完善了所得税制度,将免征额降至每年600美元,并将年所得超过1万美元的所得税比例提高至5%。⑥ 当时共和党内部更倾向于将所得税作为战争期间的临时政策,以解联邦政府的燃眉之急(联邦政府面临军队和财政危机)。当时美国的主流媒体还没有从去争论所得税是否符合美国宪法。

---

① https://en.wikipedia.org/wiki/International_taxation#Citizenship,下载日期:2016年7月1日。

② Bernard Schneider, The End of Taxation Without End: A New Tax Regime Tax Regime for U.S. Expatriates, *Virginia Tax Review*, Vol.32, No.1, 2012.

③ Cook v. Tait, 265 U.S.47, pp.55-56 (1924).

④ Act of Aug.5,1861,ch.45,§49,12 Stat.292,309 (1861).

⑤ CONG. GLOBE, 37th Cong., 1st Sess. 415 (1861) (statement of Rep. Thaddeus Stevens of Pa.).

⑥ Revenue Act of 1862,§90, 12 Stat. at 473.

南北战争结束后,美国国会的主流意见希望继续保留所得税制度,尽管它在财政收入中的贡献在当时还远不如关税和消费税。但个别州的代表表示反对,其中纽约州、宾夕法尼亚州和马萨诸塞州三个州的反对声音最为强烈,理由是战争期间这三个州的所得税负担超过了联邦所得税收入的61%。① 为缓和矛盾,美国国会于1871年正式撤销了南北战争期间开征的联邦所得税。直到42年之后(1913年),所得税制度才重回美国联邦税体系。② 1871之后,美国的几届政府都试图在一定范围内,重新征收所得税。《1984年关税法案》(Wilson-Gorman Tariff Act of 1894)规定在五年期间内,任何超过4000美元利润、资本利得和所得均应缴纳2%的所得税。1895年,美国联邦最高法院在"波洛克诉农民贷款及信托有限公司案"(Pollock v. Farmers' Loan & Trust Company)的判决中写道:《1894年所得税法案》规定的对利息、股息和租金所得征税因其未按比例在各州分配而违反美国宪法第2条之规定。③ 由于按照不断变化的人口比例分配所得税份额在实践中几乎是不可能的,该判决等于从司法上否定了联邦政府征收所得税的权力。直到1913年,美国宪法第十六修正案允许联邦国会在未按各州比例分配或考虑人口普查数据的情况下直接征收所得税,至此推翻了联邦最高法院在1895年的"波洛克诉农民贷款及信托有限公司案"中所作出的判决,正式赋予了联邦政府征收所得税的权力。《1913年联邦收入法案》(Revenue Act of 1913)也是美国宪法第十六修正案生效后通过的第一部涉及美国所得税的法案。

2.美国公民税收管辖权的合法历程(1861—1924年)

虽然首次规定所得税制度的《1861年联邦收入法案》就采纳了公民税收管辖权,但是由于1913年宪法第十六修正案才正式承认美国联邦政府有征收所得税的权力,因此美国联邦所得税方面的公民税收管辖权也应当在1913年之后才具备合法性依据。《1913年联邦收入法案》继续沿用了《1861年联邦收入法案》的公民税收管辖权制度,即居住在境外的美国公民也须对联邦政府缴纳所得税。然而,公民税收管辖权在当时更大程度上是在传达美国政府的"政治立场"(symbolic gesture),即旨在阻止美国的富人通过移居海外来逃避联邦所得税和

---

① U.S. DEP't of the Treasury, Annual Report of the Commissioner of Internal Revenue on the Operations of the Internal Revenue System for the Year 1872, H.R. Exec. Doc. No.42-4, at 115 (3d Sess. 1872).

② Sheldon D.Pllack, The First National Income Tax, 1861—1872, *Tax Lawyer*, Vol. 67, No.2, http://udel.edu/~pollack/Downloaded%20SDP%20articles,%20etc/academic%20articles/The%20First%20National%20Income%20Tax%2012-18-2013.pdf,2019-07-01.

③ Charles Pollock v. Farmers' Loan and Trust Company, 157 U.S. 429.

强制征兵法案。① 1924 年,"库克诉泰特案"将公民税收管辖权的合法性问题推到了联邦最高法院的管辖之下。库克作为一个长期生活在墨西哥城的美国公民,他向美国法院提出这样的质疑:美国国会是否有权力对来源于墨西哥的所得(位于墨西哥城的不动产所得)征税?② 联邦最高法院的判决认为,美国联邦政府的征税权不依据,也不应该依据美国公民的居住地和他的财产所在地进行判断,而应该依据某自然人与美国之间的关系——是否具有美国公民身份——来判断。无论美国公民及其财产位于何地,美国政府均有权力对其所得征税,因为美国政府本身就可以使他们获益。③ 可以说,1924 年联邦最高法院对"库克诉泰特案"的判决是确立美国联邦所得税公民税收管辖权制度的标志。

### (二)美国公民税收管辖权的合理性之争

自 1924 年联邦最高法院"库克诉泰特案"正式确认联邦政府的公民税收管辖权,近 100 年来,美国国内有关公民税收管辖权的合理性之争从未停止。起初,美国商人担心公民税收管辖权会影响美国公民在对外贸易中的竞争力。为了缓和矛盾,美国国会通过《1926 年联邦收入法案》(Revenue Act of 1926)允许美国公民对来源于美国境外的劳动所得(earned income)免缴联邦所得税,只要美国公民在纳税年度内有一半以上时间居住在境外。④ 这也表明,在当时比起担心美国富人因避税或个人选择移居海外,美国国会更为担心努力工作的美国商人移居海外。1981 年美国国会通过法律,将居住海外的美国公民来源于境外的劳动所得排除在联邦所得税之外。⑤ 这一制度一直延续至今。现行的 IRC 同样将居于境外的美国公民来自境外的劳动所得(一般指归因于个人提供服务的所得,例如薪金)排除在应税所得之外,同时允许扣除其个人的境外住房成本以及享受相应的税收抵免。⑥

虽然美国对居于境外的美国公民来自境外的所得提供了一定程度的税收优惠待遇,但是,这些长期居于境外的美国公民依然须就其全球所得向美国政府缴

---

① Reuven S. Avi-Yonah, The Case Against Taxing Citizens, *Tax Notes International*, Vol.58, pp.389,390-391(2010).文中认为 1913 年美国所得税采纳公民税收管辖权是因为美国处于危机当中,美国不仅需要公民缴纳税收,还需要他们为美国浴血奋战。而今天,美国不再处于危机之中,也不在实行强制征兵法案,数以万计的美国公民惯常居住在海外也不是因为税收原因。

② Cook v. Tait, 265 U.S. 47,54 (1924).

③ Cook v. Tait, 265 U.S. 56 (1924).

④ Michael S. Kirsch, Taxing Citizens in a Global Economy, *New York University Law Review*, Vol.82, pp.443,457-458(2007).

⑤ Economic Recovery Tax Act of 1981, Pub. L. No.97-34, §111(a),95 Stat.172.

⑥ Section 911, IRC.

纳联邦所得税。即使放弃美国国籍,美国公民也须向IRS缴纳一笔不菲的脱籍税(expatriation tax)。[①] 如果说1924年"库克诉泰特案"确认了美国联邦政府对居于境外的美国公民境外所得的征税权,那么FATCA则进一步将这种征税权扩展至信息交换领域。FATCA引起了新一轮的争论,美国学者和媒体在思考,在居民税收管辖权作为国际税收主流的今天,美国的公民税收管辖权还是否有存在的必要?

支持公民税收管辖权的观点认为,今天美国公民的身份依然可以带来许多利益,包括拥有选举权,随时入境美国的权利和危急时刻受美国外交保护的权利等等。因此,美国公民应该对这些利益向美国政府交税,以换取他们即使移居境外依然保有这些权利。[②] 公民税收管辖权是最有效率的实施机制,不会阻碍FATCA的实施。[③]

但反对公民税收管辖权的观点认为,对移居境外的美国公民来说,美国公民身份带来的利益微乎其微。[④] 移居境外的美国公民对美国财政收入的贡献也是微乎其微。[⑤] 世界上大部分国家的所得税均明示或默示地采纳了居民的定义,即以自然人的住所或惯常居所来认定其是否应当对该国承担无限纳税义务。公民税收管辖权将阻碍FATCA的实施。[⑥]

另有一些折中的观点认为,虽然居民税收管辖权与公民税收管辖权相比更具优势,但是彻底改革美国税收体制并不现实,在当前美国脆弱的经济形势下,取消公民税收管辖权弊大于利。[⑦] 是否废除公民税收管辖权不是问题的关键,

---

[①] 现行居住境外的美国公民如何缴纳联邦税可参见 Publication 54, Tax Guide for U.S. Citizens and Resident Aliens Abroad, https://www.irs.gov/uac/about-publication-54, 下载日期:2019年7月1日。

[②] Michael S. Kirsch, Taxing Citizens in a Global Economy, *New York University Law Review*, Vol.82, pp.469-471 (2007).

[③] Edward A. Zelinsky, Citizenship and Worldwide Taxation: Citizenship as an Administrable Proxy for Domicile, Vol.96, *Lowa Law Reviem*. pp.1325, 1350 (2011).

[④] Reuven S. Avi-Yonah, International Tax as International Law, *Tax Law Review*, Vol.57, pp.483-485 (2004).

[⑤] Reuven S. Avi-Yonah, International Tax as International Law, *Tax Law Review*, Vol.57, p.486 (2004).

[⑥] Patrick W. Martin, FATCA of the HIRE Act Crashes Head on into the "Twilight Zone", *International Tax Journal*, Vol.36, pp.39-40 (2010); Bernard Schneider, The End of Taxation Without End: A New Tax Regime Tax Regime for U.S. Expatriates, *Virginia Tax Review*, Vol.32, No.1, 2012, pp.37-38.

[⑦] Joanna Heiberg, Note, FATCA: Towards a Multilateral Automatic Information Reporting Regime, *Washington and Lee Law Review*, Vol.69, pp.1685, 1708-1712 (2012).

FATCA实施的关键是如何简化征管和合规的程序。①

## 三、克劳福特案对FATCA是否违背美国宪法的解读

除了学术界和媒体对FATCA发出质疑之声外,2015年7月俄亥俄州南部地区法院对克劳福特案的判决从司法上对FATCA的合法性(合宪性)给予确认。② 本案中,原告系马克·克劳福特先生等7名美国公民(且大部分原告主要居住地在美国境外),被告系美国财政部、联邦税务局和FinCEN。原告请求俄亥俄州南部地区法院发布禁令,禁止被告实施FATCA,主要理由是FATCA违背美国宪法。笔者借用本案原告和法院对FATCA是否违背美国宪法的解读,来梳理FATCA的合法性问题。

### (一)FATCA是否违背公民受"平等法律保护"的宪法权利

美国宪法第十四修正案是公民应受平等保护的宪法依据。其第1款规定:"……不经正当法律程序(without due process of law),不得剥夺任何人的生命、自由或财产;在州管辖范围内,也不得拒绝给予任何人以平等法律保护(equal protection of the laws)。"美国宪法第十四修正案是美国公民"平等法律保护"的宪法依据。

原告认为,美国境内金融账户只需就该账户收取的利息所得向IRS申报,但是FATCA要求境外金融账户除了利息所得,其他所得信息也须向IRS申报。这使得居住在境外的美国公民和居住在境内的美国公民产生了差别待遇。根据美国先前判例对第十四修正案的解读,若某法律有合理的立法目的,且非武断或非歧视,则该法律符合"正当法律程序"的条件。③ 相应的,"平等法律保护"要求某法律(规制犯罪嫌疑人之外的法律)须对不同人的区分存在合理的目的。④ 居于境外的美国公民并非犯罪嫌疑人,因此被告只需证明对居于境内和境外美国公民加以区分与FATCA立法目的之间存在合理关联。若政府法令

---

① J. Richard Harvey, Jr. Worldwide Taxation of U.S. Citizens Living Abroad: Impact of FATCA and Two Proposals (Villanova Pub. Law and Legal Theory, Working Paper No. 2013-3057, 2013), https://www.americansabroad.org/media/files/files/562f5bb3/harvey_2013.pdf, 2019-07-01.

② Crawford et al v. United States Department of the Treasury et al, Case Number: 3:2015cv00250, Ohio Southern District Court.

③ Nebbia v.New York, 291 U.S. 502, 537 54 S.Ct.505, 78 L.Ed. 940 (1934 U.S.).

④ Clements v. Fashing, 457 U.S. 957, 967, 102 S. Ct. 2836, 73 L. Ed. 2d 508 (1982) [Citing Willamson v. Lee Optical Co., 348 U.S. 483, 489, 75 S.Ct.461, 99 L.Ed 563 (1955)].

对不同人或不同群体的差别待遇与立法目的无关联,则法院将有权认定该政府法令不存在合理目的,进而推翻该法令。①

原告的这项理由并没有得到法院的支持,因为法院认为 FATCA 并不存在原告所称的差别待遇,也没有条款将居于境外的美国人孤立出来。相反,根据 FATCA 的规定,所有持有美国境外金融账户的美国公民均系应申报的范围,无论居住地在何处。原告诉称的"对居于境外美国公民的歧视待遇"事实上对所有美国公民适用。换言之,居住境内的美国公民持有的境外金融账户,其账户所得信息与境外美国公民持有的境外金融账户一样须向 IRS 申报;而境外美国公民持有的境内金融账户,与境内美国公民持有的境内金融账户一样,只需申报利息所得信息。

**(二)FATCA 预提税是否构成"过重的罚款"**

美国宪法第八修正案规定:"……不得处以过重的罚款(nor excessive fines imposed)……"美国先例已确认,宪法第八修正案所指的"罚款"不仅适用于刑事犯罪,也扩展至民事罚款。若罚款目的在于恐吓和威慑,则构成过重的罚款。② 联邦最高法院就确认罚款是否不成比例,是否构成"过重罚款"给出了三项一般原则:(1)被告行为应受遣责的程度;(2)被告人给被害人造成的损害与罚款之间的关系;(3)与其他类似不法行为遭受的制裁相比较。③

原告认为,FATCA 对全世界不合作的境外金融机构适用 30%的预提税,尽管这些境外金融机构并不在美国管辖之下。没有 FATCA 预提税,境外金融机构一般不会遵守 FATCA,原告的个人金融账户信息也不会被披露给美国政府。FATCA 预提税使境外金融机构别无选择,只能高成本遵守 FATCA。因此,FATCA 预提税属于旨在恐吓和威慑的罚款,构成过重的罚款。

原告的这项理由也没有得到法院的支持。其一,法院认为,7 名原告事实上并没有任何一个人被征收了 FATCA 预提税,他们也永远不可能被征收 FATCA 预提税。因为 FATCA 预提税只适用于境外金融机构或特定境外实体,不适用于自然人。其二,原告不能证明 FATCA 预提税与他们的不法行为(不法行为目前尚未确定)不成比例。④

---

① Vance v. Bradley. 440 U.S. 93,97.99 S.Ct.939,59 L.Ed. 2d 171(1979); FCC v. Beach Communications, Inc., 508 U.S. 307.313-314,113 S. Ct.2096,124 L.Ed.2d 211(1993).
② Austin v. United States, 509 U.S. 602,610 (1993).
③ Cooper Indus., Inc. v. Leatherman Tool Grp., Inc., 532 U.S. 424,434-35 (2001).
④ United States v. Bajakajian, 524 U.S. 321,334,118 S.Ct. 2028,141 L. Ed. 2d 314 (1998).

### (三)FATCA 是否构成"无理由的搜查和扣押"

美国宪法第四修正案规定:"公民的人身、住宅、文件和财产不受无理由的搜查和扣押(unreasonable search and seizures)的权利,不得侵犯。除依照合理根据,以宣誓或代誓宣言保证,并具体说明搜查地点和扣押的人或物,不得发出搜查和扣押状。"若政府通过未经审查的行政自由裁量权触碰个人的私权利,则构成对宪法第四修正案的侵犯。① 至少应经过司法程序确认的行政搜查令,才可能构成例外(即符合宪法第四修正案),因为滥用行政权力的潜在威胁更为严重。②

原告认为,FATCA 要求境外金融机构申报的美国纳税人账户信息范围广泛,且 FATCA 并没有规定(美国政府)对这些信息进行"搜查"的司法监督机制。因此 FATCA 违背宪法第四修正案,构成无理由的搜查。

法院同样驳回了原告的该项诉求。法院认为,联邦最高法院判例已经明确"存款人不应期待由银行保管的其个人信息享有隐私权,因为这些信息是存款人自愿交给银行的,并且它们也会在正常业务中披露给银行雇员"③。因此,个人对自愿交予给第三方的信息没有隐私权的合法期待。第三方申报信息制度是 IRS 用来促进美国税收合规的重要工具。知晓金融机构将披露其账户信息也有助于鼓励个人在其纳税申报表上准确披露其所得信息。④

# 本章小结

本章集中探讨了 FATCA 的立法框架、核心机制和在美国国内的法律影响三个方面的问题。围绕这三个方面的问题,本章的结论是:

第一,境外金融机构尽职调查和信息申报义务是 FATCA 的核心机制,也是本书研究的重点。但是,这一核心机制在 FATCA 这部美国国内法案中只是一个部分。注意到这一点才能理解笔者在第五章探讨的警惕 FATCA-IGA 扩围的判断。FATCA-IGA 并没有吸收 FATCA 的全部内容,仅仅吸收了 FATCA 的核心机制。那么未来由美国主导的 FATCA-IGA 谈判是否存在扩围风险,扩

---

① U.S. v. Miller, 425 U.S.435,444 n.6 (1976) [quoting California Bankers Assn. v. Shultz, 416 U.S. 21,at 78-79(1974)].

② California Bankers Assn. v. Shultz, 416 U.S. 21,at 79.

③ United States v. Miller, 425 U.S. 435,442,96 S.Ct.1619,48 L.Ed.2d 71(1976).

④ Leandra Lederman, Statutory Speed Bumps: The Roles Third Parties Play in Tax Compliance, 60 STAN. L. REV. 695,711(2007).

围的方向在哪里,这些问题的答案需要到 FATCA 的立法结构和总体布局内容里寻找(即本章第一节)。

第二,FATCA 核心机制的运行需要对复杂的技术术语进行解释,更需要具体的操作指南。FATCA 作为 FATCA-IGA 和 CRS 的制度基础,对 FATCA 核心机制技术规范的梳理有助于理解国际税收信息交换规则的新概念和新趋势。

第三,FATCA 旨在打击美国公民和居民纳税人利用境外金融账户逃避美国联邦所得税的行为。虽然 FATCA 的合法性问题在国际社会广受争议,但是其在美国国内法层面上是符合宪法的,其依赖的公民管辖权税收体系也是符合美国法律的。国际社会对 FATCA 合法性的争议焦点是 FATCA 作为一部美国国内法是否侵犯他国主权,是否与他国国内法(例如银行保密制度)相冲突。这些问题本书将在第三章探讨。

# 第三章

# FATCA-IGA：美国 FATCA 域外适用的法律途径

## 引言：从 FATCA 到 FATCA-IGA

　　FATCA 作为一部美国国内法，虽旨在打击美国公民和居民的海外逃避税行为，却剑指境外金融机构。FATCA 作为美国国内法，其适用范围已经明显超出了美国法域。因此，FATCA 一经发布，就引起了境外金融机构（尤其是境外银行业）的强烈反对。① 境外金融机构反对 FATCA 的理由主要有两个：其一，境外金融机构认为 FATCA 将给金融业带来不合理的合规成本。依照 IRC 的规定，美国公民和居民来源于美国境外的所得一般免缴美国联邦所得税②或能够获得联邦所得税抵免③。然而，境外金融机构若实施 FATCA 将要负担极高的合规成本。例如，客户账户信息搜集和管理成本的显著提高，客户流失风险的加大等。其二，FATCA 与境外金融机构所在地的国内法（或地区法律）相冲突。很多国家（或地区）都有银行保密法，这些国内法不会允许其管辖范围内的金融机构直接与 IRS 分享客户信息。然而，美国凭借其强大的资本市场向全球金融机构施压。境外金融机构面临着其国内法（或地区法律）惩罚或 FATCA 预提税惩罚的两难选择。④

---

　　① 对 FATCA 的否定性评析可参见 Herman B. Bouma, 11 Reasons Why FATCA Must Be Repealed, *Tax Management International Journal*, No.12, 2012, pp.651-659.
　　② Section 911(a), IRC.
　　③ Section 901(a), IRC.
　　④ Reuven S. Avi-Yonah, IGAs vs MAATM：Has Tax Bilateralism Outlived Its Usefulness? para.3, http://papers.ssrn.com/sol3/papers.cfm?abstract_id=2392702, 2019-07-01.

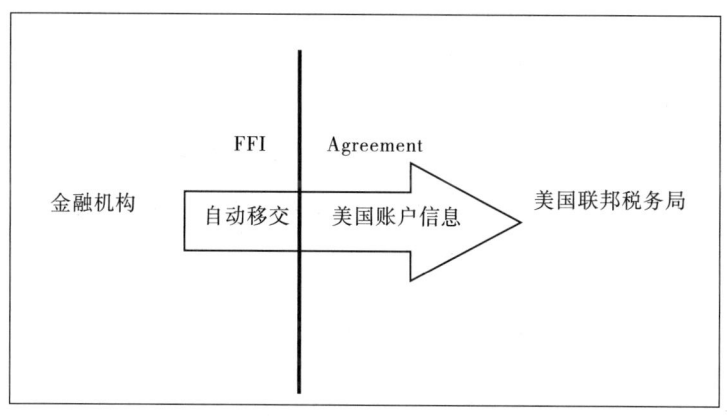

**图 3-1 未签订 FATCA-IGA 的合作模式**

有趣的是,虽然 FATCA 的域外适用带有明显的侵犯性,但是大多数国家(或地区)的政府[目前为 113 个国家(或地区)]均表示愿意同美国合作实施 FATCA。各国家(或地区)政府看中的并不是帮助 IRS 搜集美国公民和居民的海外资产信息,而是借助与美国合作实施 FATCA 的机会建立起金融账户自动信息交换的国际机制,以便掌握本国(或地区)居民纳税人在美国甚至在其他国家(或地区)的资产信息,从而进一步打击国际逃避税行为。很多国家(或地区)虽然愿意与美国合作实施 FATCA,但是也有两个方面的顾虑。其一,如何构建实施 FATCA 的国际法机制;其二,是否能够与美国达成互惠性合作机制。针对各国政府的顾虑,2012 年美国财政部在与一些国家(或地区)政府协商的基础上陆续发布了两种 FATCA-IGA 范本,作为美国与各国(或地区)谈签实施 FATCA 的政府间协定范本。[①] FATCA-IGA 范本包含互惠性版本(FATCA-IGA 范本 1A,以下简称 M1A),以供试图与美国政府达成互惠性合作的国家(或地区)选择。截至 2019 年 7 月 31 日,美国已经与 81 个国家(或地区)正式签署了实施 FATCA 的 FATCA-IGA,其中选择签署互惠性 FATCA-IGA 的国家(或地区)是 52 个;美国另与包括中国在内的 32 个国家(或地区)就实施 FATCA 的 FATCA-IGA 实质内容达成了合作共识,但尚未正式签署 FATCA-IGA。可以说,FATCA-IGA 为美国与各国家(或地区)之间实施 FATCA 提供了法律路径。

FATCA-IGA 范本包括两个基础版本:FATCA-IGA 范本 1 和 FATCA-IGA 范本 2(FATCA-IGA 范本分类见表 3-1)。各国家(或地区)在两个版本中

---

① FATCA-IGA 范本以及美国签订 FATCA-IGA 的详情可访问 https://www.treasury.gov/resource-center/tax-policy/treaties/Pages/FATCA.aspx,下载日期:2019 年 7 月 1 日。

选择适合的合作模式。两个版本虽然结构相似①,部分内容相似②,但是也存在较大的差异。研究 FATCA-IGA 范本的差异性和特点对中国未来与美国正式签署 FATCA-IGA,以及中国未来实施 FATCA-IGA 可能遇到的问题均有所助益。笔者着重从差异性方面分析 FATCA-IGA 范本的合作模式和特点。

表 3-1　FATCA-IGA 范本的分类

| 种类 | 范本名称 | 缔约方合作特点 |
| --- | --- | --- |
| FATCA-IGA 范本 1 | FATCA-IGA 范本 1A(以下简称 M1A) | 政府间自动信息交换,互惠 |
| | FATCA-IGA 范本 1B(以下简称 M1B) | 政府间自动信息交换,非互惠 |
| | FATCA-IGA 范本 1B 衍生模式(以下简称 M1B 衍生模式) | 政府间自动信息交换,非互惠 |
| FATCA-IGA 范本 2 | FATCA-IGA 范本 2(以下简称 M2) | 政府间应请求信息交换,非互惠 |
| | FATCA-IGA 范本 2 衍生模式(以下简称 M2 衍生模式) | 政府间应请求信息交换,非互惠 |

# 第一节　FATCA-IGA 范本的合作模式和特点

本节通过对 FATCA-IGA 范本合作模式和特点的详细比较与研究,着重探讨以下问题:其一,FATCA-IGA 与 FATCA 的关系;其二,FATCA-IGA 范本是否建立起了金融账户信息自动交换的国际合作机制;其三,FATCA-IGA 范本不

---

① FATCA-IGA 范本 1 和 FATCA-IGA 范本 2 的结构均包括:(1)前言;(2)定义;(3)信息搜集/申报与交换义务;(4)缔约方境内金融机构适用 FATCA 规则;(5)轻微失误和显著不合规条款;(6)相互承诺继续加强有效信息交换和透明度条款;(7)最惠国待遇条款;(8)咨询和修正条款;(9)协定期限条款。此外,两范本均各自包含两个附件。《附件Ⅰ》详细规定了涉及缔约方境内金融机构尽职审查与申报义务规则;《附件Ⅱ》详细列举了缔约方豁免申报的金融机构和金融账户。

② 例如 FATCA-IGA 范本 1 和 FATCA-IGA 范本 2 具有相同的解释规则。两范本第 1 条第 2 款均规定,除非本协定文本另有规定或缔约双方对某术语的通常含义达成一致,本协定未定义的术语应按照缔约方适用本协定时,其国内税法的相关定义解释之。

同版本的差别及其所适用国家(或地区)的特点。

## 一、FATCA-IGA 范本 1 的合作模式和特点

2012 年 2 月 7 日,美国财政部与欧盟五国(法国、德国、意大利、西班牙和英国)联合发表声明:欧盟五国对 FATCA 打击海外逃避税的目的非常支持,但鉴于 FATCA 对境外金融机构规定的尽职审查与账户信息申报义务、代扣 FATCA 预提税义务可能与境外金融机构所在地的法律相冲突,因此欧盟五国需要与美国缔结一个旨在执行 FATCA 的政府间协定。该协定不仅可以解决 FATCA 与缔约方境内法律冲突的问题,还可以简化缔约方实施 FATCA 的程序,降低缔约方境内金融机构的合规成本。美国也表示,FATCA 的主要目的是获取美国公民和居民纳税人的境外金融账户信息,而不是征收惩罚性预提税,因此美国愿意与各国采取政府间协定的方式实施 FATCA。[①] 于是,2012 年 7 月 26 日美国财政部在与欧盟五国政府协商的基础上发布了 FATCA-IGA 范本 1。截至 2019 年 7 月 1 日,在与美国签订 FATCA-IGA 的 81 个国家(或地区)中,有 73 个国家(或地区)选择采用 FATCA-IGA 范本 1 作为签署 FATCA-IGA 的工作范本;在与美国达成实质合作共识但尚未签署 FATCA-IGA 的 32 个国家(或地区)中,有 26 个国家(或地区)选择 FATCA-IGA 范本 1 作为与美国谈签 FATCA-IGA 的工作范本。由此可见,FATCA-IGA 范本 1 已成为各国家(或地区)与美国谈签 FATCA-IGA 最重要的工作范本。参照 FATCA-IGA 范本 1 缔结的 FATCA-IGA 既为美国政府和缔约方政府提供了实施 FATCA 的法律依据,也为双方政府构建了金融账户信息自动交换的合作机制。

### (一)FATCA-IGA 范本 1 的合作模式:构建实施 FATCA 的自动信息交换机制

FATCA-IGA 范本 1 主要采用的政府间合作模式是,缔约方政府承诺依据其国内法(或地区法律)向其境内金融机构搜集"美国账户"信息,并依据其与美

---

[①] US Treasury, Joint Statement from the United States, France, Germany, Italy, Spain and the United Kingdom Regarding an Intergovernmental Approach to Improving International Tax Compliance and Implementing FATCA(7 February 2012), para. A., https://www.treasury.gov/resource-center/tax-policy/treaties/Documents/FATCA-Joint-Statement-US-Fr-Ger-It-Sp-UK-02-07-2012.pdf,2019-07-01.

国先前已缔结的税收条约或信息交换协定①将所搜集的信息自动移交给IRS(参见图3-2)。依据FATCA-IGA范本1,境外金融机构无须直接向IRS申报其维持的美国账户信息,而是依据国内法(或地区法律)向其境内税务当局申报美国账户信息。如果境外金融机构所在地的国内法(或地区法律)缺乏金融机构向税务当局提供涉税信息的法律依据,那么该国家(或地区)政府需尽快完善相关法律。

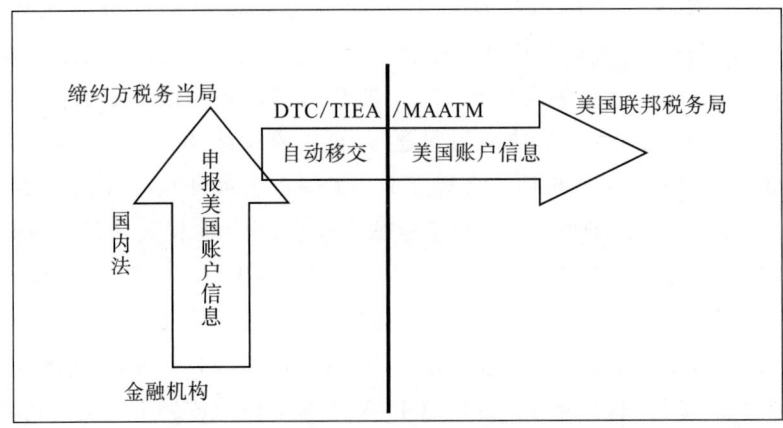

**图3-2　FATCA-IGA范本1合作模式**

FATCA-IGA范本1包含三种具体的合作模式:M1A(互惠模式)、M1B(非互惠模式)和M1B衍生模式（无条约基础模式）。

1.M1A(互惠模式)

根据M1A,除了缔约方税务当局有义务将其搜集的本国(或地区)境内金融机构所维持的美国账户信息自动移交给IRS之外,IRS也必须对缔约方税务当局履行相同的义务,即美国金融机构也必须将其维持的缔约方居民账户信息向IRS进行申报,并由IRS依据美国与缔约方已缔结的税收条约或信息交换协定将这些信息自动移交给缔约方税务当局。M1A旨在构建缔约双方互惠性金融账户信息自动交换合作机制。互惠性使得M1A成为各国(或地区)与美国谈签FATCA-IGA最主流的参照模板。截至2019年7月1日,已有52个国家(或地区)选择采用M1A与美国签署了FATCA-IGA。

---

① 与美国先前已缔结的税收条约或信息交换协定主要包括三种:(1)《避免重复征税和逃避税的双边税收协定》(*Double Taxation Conventions*,简称"税收协定");(2)《税务信息交换双边协定》(*Tax Information Exchange Agreements*,简称"信息交换协定");(3)MAATM。美国对外签订税收条约和协定情况可参见 https://www.treasury.gov/resource-center/tax-policy/treaties/Pages/default.aspx,下载日期:2019年7月1日。

### 2. M1B（非互惠模式）

根据 M1B,仅有缔约方税务当局有义务将其搜集的本辖区境内金融机构维持的美国账户信息自动移交给 IRS,但是 IRS 无须对缔约方税务当局履行相同的义务。M1B 旨在构建缔约双方单向金融账户信息自动交换合作机制。非互惠性使得 M1B 没有受到大多数国家(或地区)的欢迎。它比较适合那些所得税较低(甚至为零),且没有过于严格的隐私权限制法律的国家(或地区)。[①] 因为对这样的国家(或地区)而言,掌握本国(或地区)居民在美国金融机构的账户信息没有多少税收意义。截至 2019 年 7 月 1 日,仅有保加利亚和开曼群岛两个国家(或地区)选择采用 M1B 与美国缔结 FATCA-IGA。

### 3. M1B 衍生模式（无条约基础模式）

起初,FATCA-IGA 范本 1 只包含 M1A 和 M1B 两种合作范本。M1A 和 M1B 在前言中均规定:"缔约双方依据已缔结的税收条约或信息交换协定在各缔约方境内申报制度的基础上进行自动信息交换。"这样可将税收条约或信息交换协定中已确立的相关制度,尤其是救济和保障制度(比如相互协商程序和保密措施)直接适用于 FATCA-IGA,从而降低 FATCA-IGA 的谈判难度和实施阻力。但是,对于与美国尚未缔结任何税收条约或信息交换协定的国家(或地区),它们又该如何与美国合作实施 FATCA 呢？美国财政部对这一工作非常重视,因为这些与美国尚未缔结任何税收条约或信息交换协定的国家(或地区)大多是纳税人乐于藏匿资产的避税地。与这些国家(或地区)谈签税收条约或信息交换协定耗时较长,而美国 FATCA 必须在 2014 年 6 月 30 日正式实施。因此,美国财政部在 M1B 的基础上发布了 M1B 衍生模式,即不依赖任何税收条约或信息交换协定合作实施 FATCA 的政府间协定范本。截至 2019 年 7 月 1 日,已有 19 个国家(或地区)选择采用 M1B 衍生模式与美国签订了 FATCA-IGA。

值得注意的是:其一,鉴于美国与这些国家(或地区)尚未签订任何税收条约或信息交换协定,这意味着美国与这些国家(或地区)之间缺乏实施互惠性信息交换合作的国际法基础,因此美国将适用于这些国家(或地区)的 FATCA-IGA 范本限定在非互惠性合作。无论是 M1B 衍生模式还是下文将提到的 M2 衍生模式,均是以 M1B 和 M2 这两个非互惠性范本为基础的衍生模式,M1A 无衍生模式。其二,除了有无先前税收条约或协定的基础之外,M1B 和 M1B 衍生模式的主要差别还在于是否规定了相互协商和保密措施条款。由于依托先前与美国已缔结的税收条约或信息交换协定,M1B 无须特别规定相互协商和保密措施条款。税收条约或信息交换协定对相互协商和保密措施的规定虽较为原则,但无

---

① Zagaris B., Information Exchange between the U.S. and Latin America: The U.S. Perspective, *Tax Notes International*, 2014, p.1056.

论是美国还是缔约方,对这两款内容均有较为详细的国内法(或地区法律)解释或技术指南(例如《美国范本》及其技术指南)。这些国内法(或地区法律)解释往往充分吸收了信息交换国际标准的成果(例如 OECD 范本第 26 条信息交换及其注释),呈现趋同化特点。相反的,由于没有任何先前与美国缔结的税收条约或信息交换协定可以依托,M1B 衍生模式需要特别规定相互协商和保密措施条款。但是这些条款只是原则性规定。没有先前税收条约或信息交换协定的依托,这些原则性条款在实施中该如何解释,如何与缔约方国内法(或地区法律)衔接等都将成为棘手的法律问题。其三,虽然本书认为 FATCA-IGA 为 FATCA 的域外适用提供了法律途径,但是必须指出 FATCA-IGA 的法律地位在各国是存在争议的。在美国,FATCA-IGA 并没有通过国会的相关立法程序,它仅是美国财政部对外签署的政府间协定,并非国际条约。对于 FATCA-IGA 的缔约方来说,有些缔约方与美国一样,并未将 FATCA-IGA 送交国内立法机关审议(比如墨西哥和日本);而有些缔约方将 FATCA-IGA 视为国际条约,送交国内立法机关审议通过(比如西班牙、德国)。[①] 本书并未对 FATCA-IGA 的法律地位做深入探讨,而是在各国政府愿意与美国积极合作实施 FATCA 的大背景下探讨具体合作模式的法律问题。

**(二)FATCA-IGA 范本 1 的特点**

M1A 和 M1B 的区别在于是否为互惠性合作模式,M1B 和 M1B 衍生模式的区别在于有无先前已缔结的税收条约或信息交换协定基础。然而三种合作模式均呈现出 FATCA-IGA 范本 1 的以下特点。

1.FATCA-IGA 范本 1 建立起了政府间相互或单向金融账户信息自动交换机制

自动信息交换是指所得来源国系统、定期、大批量地向纳税人居民国提供纳税人的相关所得或资产信息(包括股息、利息、特许权使用费、薪金、养老金的信息等)。[②] 与应请求信息交换[③]相比,自动信息交换涉及信息广泛,合作效率显著提高。然而,自 20 世纪 90 年代开始,由 OECD 主导的国际税收信息交换国际

---

[①] Leopoldo Parada, International Agreements and the Implementation of FATCA in Europe, *World Tax Journal*, Vol.7(No.2), 2015, para.2.4. Published online 24 June 2015.

[②] OECD, Automatic Exchange of Information: What It Is, How It Works, Benefits, What Remains To Be Done, p.7, Published on 23 July, 2012, http://www.oecd.org/tax/exchange-of-tax-information/automaticexchangeofinformationreport.htm, 2019-07-01.

[③] 应请求信息交换,是指遇到特殊案情时,缔约一方首先依照其国内有关征税程序取得普通信息来源,然后根据其掌握的普通信息请求缔约另一方提供相关信息。OECD, OECD Model Tax Convention on Income and on Capital, 2010, Commentary on Article 26.para.9(a).

标准(OECD 标准)是应请求信息交换。虽然 OECD 范本第 26 条确立的信息交换制度包含了应请求信息交换、自动信息交换和主动信息交换三种信息交换方式,但只有应请求信息交换是强制性的(mandatory)。对自动信息交换等其他信息交换方式,OECD 暂时只能为愿意尝试的国家提供技术上帮助。① 因为自动信息交换需要缔约双方境内均具有较为完善的税务信息申报法律制度和程度相当的税务信息行政征管能力,以使缔约双方能够执行相同或相似的自动信息交换标准。否则自动信息交换将无法实质性地发挥作用。

然而 FATCA 的实施给自动信息交换多边化和升级为新的信息交换国际标准带来了契机。美国政府与缔约方政府若选择 FATCA-IGA 范本 1 签署 FATCA-IGA,缔约方境内金融机构则须依据其国内法(或地区法律)向缔约方税务当局履行尽职审查与申报义务,以申报其维持的美国账户信息。缔约方税务当局则须定期将搜集的美国账户信息自动移交给 IRS。FATCA-IGA 范本 1 不仅构建了美国与其他国家(或地区)金融账户信息自动交换的法律框架,还为其他国家(或地区)向其境内金融机构搜集美国账户信息提供了统一的国内法标准(FATCA 标准)。FATCA-IGA 范本 1 在有关缔约方向 IRS 提供美国账户信息的条款中,主要沿用了 FATCA 规则。如果缔约方国内法(或地区法律)缺乏金融机构向税务当局提供涉税信息的法律依据,或者缔约方国内法(或地区法律)与 FATCA-IGA 范本 1 要求缔约方税务当局承担的信息交换义务相冲突,那么为了顺利实施 FATCA-IGA,缔约方政府则不得不尽快完善或修改相关国内法(或地区法律)。可以说,参照 FATCA-IGA 范本 1 签署的 FATCA-IGA 使得美国国内法(FATCA)向各缔约方国内法(或地区法律)渗透。如果说 FATCA-IGA 达成了金融账户信息自动交换的双边法律框架,那么 FATCA 使得这一自动信息交换机制有了统一的实施标准。FATCA-IGA 范本 1 同时成为 2014 年 OECD《AEOI 标准》重要参照。② 该标准的出台使得税务信息交换国际标准从应请求信息交换升级为自动信息交换。FATCA 也因此被称为自动信息交换多边化的催化剂。③值得强调的是,在 FATCA-IGA 签署之前,美国与大部分国家

---

① OECD, Automatic Exchange of Information: What It Is, How It Works, Benefits, What Remains To Be Done, p.5, Published on 23 July, 2012, http://www.oecd.org/tax/exchange-of-tax-information/automaticexchangeofinformationreport.htm, 2019-07-01.

② OECD, Standard for Automatic Exchange of Financial Account Information, published on 13 Feb.2014, http://www.oecd.org/ctp/exchange-of-tax-information/automatic-exchange-financial-account-information-common-reporting-standard.pdf, 2019-07-01.

③ OECD, Automatic Exchange of Financial Account Information: Background Information Brief, p.3, published on May 2014(updated on Jan.2016), http://www.oecd.org/tax/exchange-of-tax-information/Automatic-Exchange-Financial-Account-Information-Brief. pdf, 2019-07-01.

或地区(70多个)签署的税收协定均采用了应请求信息交换。① 即使是与美国涉税信息合作最为紧密的加拿大,在2007年9月31日美国与加拿大间税收协定议定书签署之前也是采用了应请求信息交换。② FATCA-IGA 签署之后,与这些国家或地区之间的涉税信息交换机制将全面升级。

2.FATCA-IGA 范本1一般性地取消了 FATCA 预提税惩罚机制

在没有签署 FATCA-IGA 的情况下,依据 FATCA 的规定,美国境外金融机构需要与美国财政部签订《境外金融机构合作协议》,境外金融机构依照该协议向 IRS 履行信息申报义务。《境外金融机构合作协议》实际上是一份由美国财政部提供的详细阐述 FATCA 信息申报义务的格式合同。境外金融机构若不签署该协议或不履行该协议,都将被 IRS 认定为不合作的境外金融机构,其来源于美国的所得和收取的款项均可能面临30%的惩罚性预提税。此外,若没有签署 FATCA-IGA,FATCA 还要求境外金融机构对支付给 RAH 的任何款项均扣除30%的惩罚性预提税,如果 RAH 依然拒绝合作,境外金融机构应该关闭其账户。③

若缔约方与美国依照 FATCA-IGA 范本1签署了 FATCA-IGA,缔约方境内金融机构无须与美国财政部签署《境外金融机构合作协议》,缔约方境内金融机构仅依照其国内法(或地区法律)向缔约方税务当局履行信息申报义务。FATCA-IGA 签署之后,一般情况下美国将取消对缔约方境内金融机构实施惩罚性预提税。缔约方境内金融机构将被 IRS 视为"合作的境外金融机构",无须受到 FATCA 预提税的惩罚。④ 此外,美国既不能要求缔约方境内金融机构对支付给 RAH 的款项扣除30%的 FATCA 预提税,也不能要求缔约方境内金融机构关闭其维持的不合作账户。⑤ 除非缔约方境内金融机构显著违反(significant noncompliance)FATCA-IGA,且显著违反问题从 IRS 首次通知缔约方税务当局之日起超过18个月仍未得到解决,缔约方境内金融机构才会被 IRS 认定为不合作的境外金融机构。⑥

---

① Rev.Proc.2012-24(名单仍在不断更新中)。https://www.irs.gov/pub/irs-drop/rp-12-24.pdf,2019-07-01.

② United States v. Stuart, 489 U.S.353(1989), Case No.87-1064. https://supreme.justia.com/cases/federal/us/489/353/,2019-07-01.

③ Section 1471(b)(1)(D)(ii), IRC; Section 1471(b)(1)(F)(ii), IRC.

④ Article 4(1), Model 1 A/Model 1 B IGA, Preexisting TIEA or DTC; Article 4(1), Model 1 B IGA, No DTC or TIEA IGA.

⑤ Article 4(2), Model 1 A/Model 1 B IGA, Preexisting TIEA or DTC; Article 4(2), Model 1 B IGA, No DTC or TIEA IGA.

⑥ Article 5(2), Model 1 A/Model 1 B IGA, Preexisting TIEA or DTC; Article 5(3), Model 1 B IGA, No DTC or TIEA IGA.

## 二、FATCA-IGA 范本 2 的合作模式和特点

在欧盟五国与美国发表联合声明不久,2012 年 6 月 21 日,日本和瑞士也与美国发表了同意执行 FATCA 的联合声明,经协商美国财政部于 2012 年 11 月 14 日公布了另一个执行 FATCA 的政府间协定范本,即 FATCA-IGA 范本 2。与 FATCA-IGA 范本 1 不同的是,FATCA-IGA 范本 2 没有互惠版本,也没有建立政府间自动信息交换机制。FATCA-IGA 范本 2 比较适合那些有严格隐私保护和银行保密法的国家(或地区)与美国合作实施 FATCA 时选择。[①] 截至 2019 年 7 月 1 日,在与美国签订 FATCA-IGA 的 81 个国家(或地区)中,仅有 8 个国家(或地区)选择采用 FATCA-IGA 范本 2 作为与美国签署 FATCA-IGA 的工作范本;在与美国达成实质合作共识但尚未签署 FATCA-IGA 的 32 个国家(或地区)中,仅有 6 个国家(或地区)选择 FATCA-IGA 范本 2 作为与美国谈签 FATCA-IGA 的工作范本。

**(一) FATCA-IGA 范本 2 的合作模式:仍在应请求信息交换机制下实施 FATCA**

与 FATCA-IGA 范本 1 建立的政府间自动信息交换机制不同,FATCA-IGA 范本 2 并未建立政府间自动信息交换机制,美国政府依然需要通过税收条约或信息交换协定中已确立的应请求信息交换机制与缔约方政府合作实施 FATCA(参见图 3-3)。首先,缔约方境内金融机构依然需要与 IRS 签订《境外金融机构合作协议》。但与未签署 FATCA-IGA 相比,FATCA-IGA 范本 2 仅要求缔约方境内金融机构向 IRS 申报"不合作美国账户"[②]的总和账户信息。不必申报账户持有人的姓名和税务代码等身份信息。若未签署 FATCA-IGA,根据 FATCA,境外金融机构应向 IRS 申报每一个应申报账户及其账户持有人身份信息。其次,IRS 可以依据这些总和账户信息在已缔结的税收条约或信息交换协定框架内请求缔约方税务当局依据其国内法(或地区法律)搜集和移交相关

---

① Maryte Somare and Viktoria Wöhrer, Two Different FATCA Model Intergovernmental Agreements: Which is Preferable? *Bulletin for International Taxation*, August 2014, p.397.

② 不合作美国账户(non-consenting U.S. account)是指缔约方境内金融机构已依据本协定将某账户认定为美国账户,但缔约方法律不允许金融机构在无账户持有人同意的情况下申报信息,且金融机构没有获得该账户持有人的同意。这样的账户构成 FATCA-IGA 范本 2 项下的不合作美国账户。Article 1(1)(t), Model 2 IGA, Preexisting TIEA or DTC(6-6-2014).

信息。① 缔约方税务当局一般应在接到请求之日起 6 个月内向 IRS 提供相关请求信息。② 这种合作模式可以避免缔约方境内金融机构与 IRS 之间的合作违背缔约方国内法(或地区法律)。因此,FATCA-IGA 范本 2 往往适用于那些有着严格隐私权保护法律和银行保密法律的国家(或地区)。

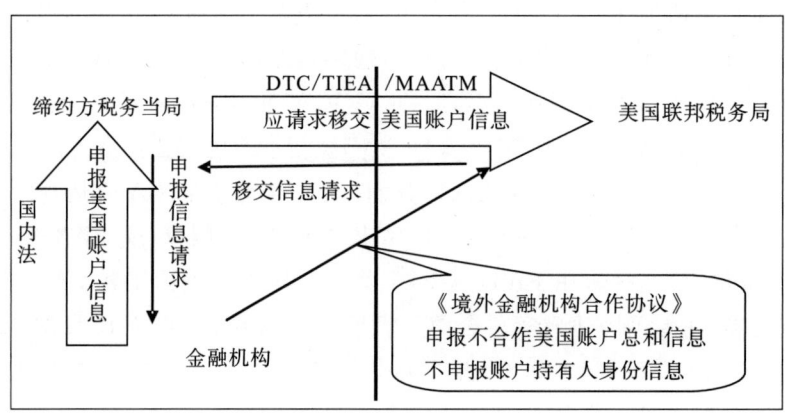

图 3-3 FATCA-IGA 范本 1 合作模式

与上述 M1B 衍生模式发布的理由相同,考虑到那些与美国尚未缔结任何税收条约或信息交换协定的国家(或地区)如何与美国合作实施 FATCA 的问题,美国财政部在 FATCA-IGA 范本 2 的基础上发布了 FATCA-IGA 范本 2 的衍生模式。两者的区别与上述 M1B 和 M1B 衍生模式的区别相同,即是否依托先前缔结的税收条约或信息交换协定,是否规定了相互协商和保密措施条款。

(二)FATCA-IGA 范本 2 与 FATCA-IGA 范本 1 的比较

虽然参照两个范本签订的 FATCA-IGA 均旨在为美国和其他国家(或地区)实施 FATCA 提供法律途径,并在一定程度上简化 FATCA 的实施程序,但是依照两范本签订的 FATCA-IGA 依然有明显的区别。

1.互惠合作模式的差异

FATCA-IGA 范本 1 包含互惠(M1A)和非互惠(M1B)两个版本,FATCA-IGA 范本 2 仅有非互惠合作模式。然而 M1B 和 FATCA-IGA 范本 2 的非互惠亦有所差别。FATCA-IGA 范本 2 第 7 条(互惠信息交换)规定,如果缔约方政府试图尝试与美国建立实施 FATCA 的另一种模式(即由缔约方境内金融机构向其税务主管当局申报信息,再由缔约方税务当局将信息移交给 IRS),那么美

---

① Article 2(2)(a), Model 2 IGA, Preexisting TIEA or DTC.
② Article 3(2)(a)(ii), Model 2 IGA, Preexisting TIEA or DTC.

国愿意继续与缔约方协商,在互惠的基础上建立该种合作模式。① 换言之,选择与美国依照 FATCA-IGA 范本 2(不含衍生模式)签订的 FATCA-IGA 虽然为非互惠合作模式,但是在未来有升级为互惠合作模式(即 M1A 模式)的可能。由于 M1B 没有"互惠信息交换"条款,因此若缔约方选择依照 M1B 与美国签署 FATCA-IGA,则意味着缔约方无法通过该 FATCA-IGA 与美国建立实施 FATCA 的互惠性合作。

2.FATCA-IGA 范本 1 更具自主性

FATCA-IGA 范本 2 规定缔约方境内金融机构依据与美国财政部签订的《境外金融机构合作协议》直接向 IRS 申报信息。除了申报信息的范围与 FATCA 有所区别外(前者是应申报账户总和信息,后者是任一应申报账户及账户持有人信息),FATCA-IGA 范本 2 几乎沿用了 FATCA 规则。但是依照 FATCA-IGA 范本 1,缔约方境内金融机构无须与美国财政部签订合作协议,而是依照缔约方国内法(或地区法律)向缔约方税务当局申报相关信息。虽然 FATCA-IGA 范本 1 同样大量沿用了 FATCA 规则,但是 FATCA-IGA 范本 1 也订立了一些明显不同于 FATCA 的规则。比如,实际控制人的认定标准。FATCA 规定如果美国公民或居民拥有某境外实体账户不少于 10% 的资产,那么境外金融机构则需要向 IRS 申报该账户信息,因为这一比例构成 FATCA 意义上的"实质拥有"。② 但是 FATCA-IGA 范本 1 规定,"实质拥有"须援引《金融行动特别工作组建议》的规定,即一般对某实体资产超过 25% 的拥有才认定为实质拥有。③ 再比如,FATCA-IGA 范本 1—附件 Ⅱ 规定了豁免履行本协定信息申报义务的境外金融机构和金融账户列表,而这个豁免范围通常比 FATCA 规定的豁免范围宽泛。这意味着 FATCA-IGA 范本 1 赋予缔约方更多的谈判空间。两范本相比,FATCA-IGA 范本 1 更为自主,FATCA-IGA 范本 2 则更为依赖 FATCA 规则。④

---

① Article 7(Reciprocal Information Exchange), Model 2 IGA, Preexisting TIEA or DTC.
② Section 1473(2)(A), IRC.
③ Article 1(1)(mm), Model 1A IGA, Preexisting TIEA or DTC; Article 1(1)(hh), Model 2 IGA, Preexisting TIEA or DTC & Model 2 IGA, No TIEA or DTC.(defining "Controlling Person").
④ Maryte Somare and Viktoria Wöhrer, Two Different FATCA Model Intergovernmental Agreements: Which is Preferable? *Bulletin for International Taxation*, August 2014, pp.397-398.

## 三、以瑞士为例看美国推行 FATCA-IGA 的国家实践

2013 年 9 月 9 日,瑞士国会正式批准了美国—瑞士 FATCA-IGA。美国-瑞士 FATCA-IGA 按照 FATCA-IGA 范本 2 签订,并于 2014 年 6 月 2 日正式生效。① 如前所述,与 FATCA-IGA 范本 1 不同的是,FATCA-IGA 范本 2 没有互惠版本,也没有建立政府间自动信息交换机制。正因为如此,选择与美国按照 FATCA-IGA 范本 2 签订 FATCA-IGA 的国家(或地区)并不多。瑞士长期以来是以能为客户提供绝对安全的信息保密服务而闻名于世的。但是从 2009 年 3 月起,在不到 5 年的时间内,瑞士金融业长期形成的对客户信息保密的传统被一次次地打破。是什么使得一向以重视金融业客户信息保密制度在全球闻名的瑞士最终接受美国 FATCA 的苛刻条件?

瑞士是一个拥有严格的私人信息保密制度的国家。尤其在银行业,瑞士长期以来更是以能为客户提供绝对安全的信息保密服务而闻名于世的。但国际税收信息交换恰恰需要各国在披露信息与保密信息之间寻找平衡点。正是由于瑞士密不透风的银行保密制度与国际税收信息交换之间的矛盾,因而瑞士虽然是 OECD 成员国,但是其在税收信息交换领域所采纳的标准长期游离于"OECD 标准"之外。一直以来,除了对税收欺诈行为可能提供信息交换外,瑞士在税收协定中几乎排除了任何可能违反其银行业客户信息保密制度的税收信息交换义务——无论是应请求还是自动信息交换。然而,瑞士在税收信息交换领域的保守传统却从 2009 年 3 月起被一次次打破。2009 年 3 月以来,瑞士在国际税收信息交换领域共有三次退让。

第一次退让,采纳"OECD 标准"。2008 年年底,席卷全球的金融危机使国际社会对瑞士银行业客户信息保密制度的容忍达到了极限。在美国和欧盟的压力下,2009 年 3 月 13 日,瑞士联邦委员会同意对 2010 年 10 月 1 日之后新签订或新修改的税收协定的信息交换条款采纳"OECD 标准",删除瑞士长期以来对 OECD 范本第 26 条所作的保留。这意味着瑞士在国际税收信息交换领域普遍性地接受应请求的信息交换方式。

第二次退让,签订"魔方协定"。② 面对美国与欧盟要求与瑞士实现自动信息交换的压力,瑞士不得不在接受"OECD 标准"之后,继续在银行业的客户信

---

① Agreement between the United States of America and Switzerland for Cooperation to Facilitate the Implementation of FATCA,https://www.treasury.gov/resource-center/tax-policy/treaties/Documents/FATCA-Agreement-Switzerland-2-14-2013.pdf,2019-07-01.

② 有关"魔方协定"的详情可参见朱晓丹:《"魔方协定":瑞士在国际税收信息交换领域的又一里程碑》,载《涉外税务》2013 年第 2 期。

息保密制度上作出让步。从 2011 年 9 月开始,瑞士陆续与几个欧洲国家(德国、英国、奥地利)分别签订了双边性的"魔方协定"。瑞士抓住这些国家迫切需要通过打击海外逃避税来增加财政收入以缓解金融危机带来的财政压力的普遍心理,在"魔方协定"中设计了隐名预提税制度,在移交信息与保密信息之间为客户提供了选择权。当客户选择保密账户信息时,瑞士虽然将代替缔约国税务当局对这些保密账户征收高额预提税,但无须向缔约国税务当局移交客户信息。而当客户选择公开信息时,瑞士与缔约国间将达到一种等同于自动信息交换的合作效果。

第三次退让,与美国签订 FATCA-IGA。自 2001 年"9·11"恐怖袭击事件之后,为反恐、反洗钱、反避税等目的,美国加强了对资本流动的监管力度。相较于"OECD 标准"和"魔方协定",美国更希望与瑞士以及更多国家实现自动信息交换,应请求信息交换和谋财的权宜之计显然无法达到美国的要求。2008 年的"瑞银集团案"为美国的这一计划提供了实验平台。2009 年 8 月 19 日,美国与瑞士就 IRS 请求瑞士提供瑞银集团相关客户信息达成了协议。[1] 根据该协议,IRS 首次冲破瑞士银行业客户信息保密制度的防线,瑞银集团最终向 IRS 移交了近 4450 名美国纳税人的账户信息。虽然此次信息移交仍是在 OECD 范本第 26 条框架之下进行的应请求信息交换,但是瑞士银行业密不透风的保密制度首次出现了松动。借着瑞银集团案的这股东风,IRS 在 2009 年出台了 OVDP,引导美国人主动向 IRS 披露其境外资产信息。IRS 对于积极参与该项目的美国纳税人可降低税收罚款,并免于刑事追诉。[2] 截至 2012 年 6 月,已经有超过 34500 名拥有海外未纳税账户的美国纳税人通过 OVDP 重新回到美国税收体制的监管之下。这些纳税人不仅为美国带来了税源,更为重要的是,IRS 通过这些纳税人申报的信息可以充分掌握和研究其逃避税行为,比如逃避税所涉及的银行和咨询机构名单、常用策略和技巧等。这些信息不但有利于美国完善 FATCA,同时也使美国对 FATCA 的域外适用,尤其是在瑞士的适用变得更有信心。2013 年 2 月 14 日,瑞士与美国按照 FATCA-IGA 范本 2 签订了 FATCA-IGA,成为第一个采纳 FATCA-IGA 范本 2 合作国家(或地区)。同年 9 月 9 日,瑞士国会批准通过了 FATCA-IGA,为 FATCA 在瑞士的实施搬开了最后一道法律屏障。

---

[1] Agreement between the Swiss Confederation and the United States of America on the Request for Information from the Internal Revenue Service of the United States of America Regarding UBS AG, a Corporation Established Under the Laws of the Swiss Confederation, 19 Aug. 2009, http://www.irs.gov/pub/irs-drop/us-swiss_government_agreement.pdf, 2019-07-01.

[2] 有关 OVDP 的详情可访问 http://www.irs.gov/uac/2012-Offshore-Voluntary-Disclosure-Program,下载日期:2019 年 7 月 1 日。

本节通过 FATCA-IGA 范本合作模式和特点的分析和比较得出以下结论。

第一,FATCA-IGA 为 FATCA 的域外适用提供了法律途径。虽然 FATCA-IGA 的法律地位遭受质疑,但是它主要以美国与各国家(或地区)先前已缔结的税收条约或信息交换协定为法律基础。FATCA-IGA 两范本虽大量沿用了 FATCA 规则,但若 FATCA-IGA 和 FATCA 的规定发生冲突,在美国与缔约方之间 FATCA-IGA 应优先于 FATCA 适用。[①] 依照两范本签署的 FATCA-IGA 均可以使缔约方境内金融机构成为 IRS 认可的"合作的境外金融机构"。缔约方境内金融机构只需履行 FATCA-IGA 所列义务,一般即可以避免被征收 FATCA 惩罚性预提税。

第二,FATCA-IGA 虽然能够避免 FATCA 与缔约方国内法(或地区法律)正面冲突,但是它依然要求缔约方尽快完善和修改其国内法(或地区法律),以能够实质性地履行 FATCA 申报标准。从美国 FATCA 到 OECD 主导的《AEOI 标准》,FATCA 正在迅速而深刻地影响着各国(或地区)国内法(或地区法律)有关金融账户信息申报规则的趋同化进程。[②]

第三,依照两范本签署的 FATCA-IGA 均在一定程度上简化了缔约方境内金融机构的 FATCA 合规程序。依照 FATCA-IGA 范本 1 签订的 FATCA-IGA,缔约方境内金融机构无须与美国财政部签署《境外金融机构合作协议》,而是依照国内法(或地区法律)向缔约方税务当局申报相关信息。依照 FATCA-IGA 范本 2 签订的 FATCA-IGA,缔约方境内金融机构虽然需要与美国财政部签署《境外金融机构合作协议》,但是只需向 IRS 移交应申报账户的总和信息即可,不涉及账户持有人的身份信息。此外,FATCA-IGA 范本 1 的相对自主性意味着它比 FATCA-IGA 范本 2 具有更多的简化程序空间。

第四,FATCA-IGA 范本各版本之间的差异使得 M1A(互惠模式)被大多数国家(或地区)接受,M1B 容易被所得税较低且没有严格隐私权限制法律的国家(或地区)接受,而 M2 则易成为具有严格隐私权限制法律或银行保密法律的国家(或地区)的首选。

第五,中国目前已与美国就 FATCA-IGA 范本 1 达成实质合作共识,中国将在 M1A 模式下选择与美国进行互惠性合作。一方面,我国国内法亟须建立金融机构与税务机关的信息申报与分享法律机制;另一方面,掌握其他国家(或地区)与美国签署 FATCA-IGA 的具体合作模式对中美两国政府间 FATCA-

---

① P. Carman,Final FATCA Regulations Provide Certainty, Flexibility, Derivatives & Financial Instrumments,(Vol.15)No.2,2013.

② 有关 OECD《AEOI 标准》及其对各国家(或地区)法律的趋同化影响,可参见朱晓丹:《"金融账户信息自动交换标准"对避税天堂的影响》,载《国际税收》2016 年第 4 期;朱晓丹:《OECD"金融账户信息自动交换标准"解析》,载《国际税收》2014 年第 8 期。

IGA 的谈判有所助益。

表 3-2 美国签署 **FATCA-IGA** 或达成实质合作协议的情况

| FATCA-IGA 状态 | 先前条约/协定基础 | FATCA-IGA 范本 1 | | | FATCA-IGA 范本 2 | |
| --- | --- | --- | --- | --- | --- | --- |
| | | M1A | M1B | M1B 衍生模式 | M2 | M2 衍生模式 |
| 签署 | 税收协定 | 荷兰、波兰 | 墨西哥 | 澳大利亚、巴巴多斯、加拿大、塞浦路斯、捷克、丹麦、爱沙尼亚、芬兰、法国、德国、匈牙利、冰岛、印度、爱尔兰、以色列、意大利、牙买加、拉脱维亚、立陶宛、卢森堡、马耳他、新西兰、挪威、菲律宾、葡萄牙、罗马尼亚、斯洛伐克、斯洛文尼亚、南非、韩国、西班牙、瑞典、土耳其、英国 | 保加利亚 | | 奥地利、智利、日本、瑞士 | |

续表

| FATCA-IGA 状态 | 先前条约/协定基础 | FATCA-IGA 范本 1 | | | FATCA-IGA 范本 2 | |
|---|---|---|---|---|---|---|
| | | M1A | M1B | M1B 衍生模式 | M2 | M2 衍生模式 |
| 签署 | MAATM | 荷兰、波兰、墨西哥 | 阿塞拜疆、比利时、克罗地亚、 | | | |
| | 信息交换协定 | | 巴西、哥伦比亚、哥斯达黎加、库拉索、直布罗陀、根西岛、洪都拉斯、马恩岛、泽西岛、列支敦士登、毛里求斯、圣卢西亚 | 开曼群岛 | | 百慕大、香港特区 | |
| | 无 | | | 阿尔及利亚、安哥拉、巴哈马、白俄罗斯、英属维京群岛、柬埔寨、格鲁吉亚、梵蒂冈、科索沃、科威特、蒙特塞拉特、卡塔尔、新加坡、圣基茨和尼维斯、圣维森和格林纳丁斯、特克斯克凯科斯群岛、阿联酋、乌兹别克斯坦、越南 | | 摩尔多瓦、圣马力诺 |
| 小计:81 | | 52 | 2 | 19 | 6 | 2 |

续表

| FATCA-IGA 状态 | 先前条约/协定基础 | FATCA-IGA 范本 1 | | | FATCA-IGA 范本 2 | |
| --- | --- | --- | --- | --- | --- | --- |
| | | M1A | M1B | M1B 衍生模式 | M2 | M2 衍生模式 |
| 未签署,实质内容已达成共识 | | 安圭拉、安提瓜和巴布达、巴林、佛得角、中国、多米尼克、多米尼加共和国、希腊、格陵兰、格林纳达、圭亚那、海地、印度尼西亚、哈萨克斯坦、马来西亚、黑山共和国、巴拿马、秘鲁、沙特阿拉伯、塞尔维亚、塞舌尔、泰国、特立尼达和多巴哥、突尼斯、土库曼斯坦、乌克兰 | | | 亚美尼亚、伊拉克、中国澳门、尼加拉瓜、巴拉圭、中国台湾地区 | |
| 小计:32 | | 26 | | | 6 | |
| 合计 | 113 | 99 | | | 14 | |

该表信息根据美国财政部网站公示的 FATCA-IGA 签订情况和税收协定签订情况整理,数据截至 2019 年 7 月 1 日,https://www.treasury.gov/resource-center/tax-policy/treaties/Pages/FATCA.aspx,下载日期:2019 年 7 月 1 日;https://www.treasury.gov/resource-center/tax-policy/treaties/Pages/treaties.aspx,下载日期:2019 年 7 月 1 日。

# 第二节 对 FATCA-IGA 互惠性的反思: 以中美合作为视角

美国 FATCA 的核心机制是确立境外金融账户涉税信息申报制度,即要求美国境外金融机构将其维持的由美国公民或居民持有的金融账户信息向 IRS 进行申报。境外金融机构若不履行该申报义务将受到 IRS 的预提税制裁,即境外金融机构来源于美国境内的所得(一般为消极所得和资本利得)将被征 30% 的惩罚性预提税。① FATCA 虽然是一部美国国内法,但是它拉开了国际税收自

---

① Section 1471(a), IRC.

动信息交换全球化时代的大幕。① FATCA 不仅为美国与世界各国(或地区)之间进行双边性国际税收自动信息交换提供了实施标准,也直接推动了 OECD《AEOI 标准》的出台。因此,《AEOI 标准》的核心内容——CRS 也被称为"全球版 FATCA"。② FATCA 亦成为自动信息交换多边化的催化剂。③

作为 2013 年第五轮中美战略与经济对话的成果之一,中美双方承诺就 FATCA 的实施达成政府间协议。④ 2014 年 6 月,中美两国政府已就实施 FATCA 的实质性内容达成共识,但尚未签署政府间双边协定。⑤ 可以看出,中美两国合作实施 FATCA 早已经成为两国政府的共识。值得强调的是,中国政府同意与美国合作实施 FATCA 绝不是直接和简单地承认美国法律在中国境内具有法律拘束力,而是与美国政府协商建立税收信息自动交换新的双边法律机制,从而参与国际税收治理机制的建设。⑥ 那么,构建这种新的双边法律机制的关键点和难点是什么呢?笔者认为关键点和难点均是这种双边法律机制互惠性的实施。中美两国合作实施 FATCA 选择的双边法律工具包含了互惠性条款,

---

① 根据《国际税收信息交换工作规程》(国税发〔2006〕70 号)第 7 条的规定,自动信息交换,是指缔约国双方主管当局之间根据约定,以批量形式自动提供有关纳税人取得专项收入的税收信息的行为。专项收入主要包括:利息、股息、特许权使用费收入;工资薪金,各类津贴、奖金,退休金收入;佣金、劳务报酬收入;财产收益和经营收入等。与国际税收信息交换传统的国际标准——专项信息交换(即应请求信息交换)相比,自动信息交换无须税务当局事前掌握纳税人不遵从税法的初步信息;信息交换不是基于缔约方偶然的请求,而是由缔约方定期提供(通常按年度);提供信息的范围也不仅限于相关所得或资产的支付款项,还包括诸如纳税人居民身份变更、不动产买卖或处分、增值税退税信息等。OECD, Automatic Exchange of Information: What It Is, How It Works, Benefits, What Remains To Be Done, p.19, published on 23July, 2012, http://www.oecd.org/tax/exchangeofinformation/automaticexchangeofinformationreport.htm,下载日期:2019 年 7 月 1 日。

② 《AEOI 标准》四个部分的内容全部旨在实施 CRS,CRS 的大部分规则参照甚至复制了美国 FATCA 规则。

③ OECD, Automatic Exchange of Financial Account Information: Background Information Brief, p.3, published on May 2014(updated on Jan.2016), http://www.oecd.org/tax/exchange-of-tax-information/Automatic-Exchange-Financial-Account-Information-Brief.pdf, 2019-07-01。

④ 《第五轮中美战略与经济对话发布联合成果情况说明》,http://www.gov.cn/jrzg/2013-07/13/content_2447005.htm,下载日期:2019 年 7 月 1 日。

⑤ 信息来源于美国财政部网站 https://www.treasury.gov/resource-center/tax-policy/treaties/Pages/FATCA.aspx,下载日期:2019 年 7 月 1 日。

⑥ 2013 年 9 月,习近平主席在 G20 首脑圣彼得堡会议上强调:"中国支持加强多边反避税合作,愿为健全国际税收治理机制尽一份力。"为践行这一承诺,中国正在通过与美国合作实施 FATCA,与 OECD 合作实施《AEOI 标准》积极推动金融账户信息自动交换的多边化进程。

两国为履行互惠性承诺也均在不同程度上作出了国内法方面的改善(本节第一部分)。但是,笔者认为无论在国际法工具层面上还是在国内法层面上,均存在严重制约美国实现互惠性承诺的因素(本节第二部分和第三部分)。这些制约因素应当在中国与美国谈签实施FATCA的双边协定以及未来履行协定的过程中被中国政府充分重视和考虑。

## 一、中美实施FATCA的互惠性承诺

FATCA出台不久,美国政府就面临如何实施FATCA的难题。FATCA作为美国国内法,其为境外金融机构创设的向IRS申报金融账户信息的义务显然已经超越美国法域,且很可能与境外金融机构所在地的法律相冲突。美国凭借其强大的资本市场向全球金融机构施压,这使得境外金融机构面临遵守其所在地法(但可能遭受FATCA预提税制裁)还是遵守FATCA(但可能遭受所在地法制裁)的两难选择。[①] 各国政府虽然对打击国际逃避税行为有着高度的共识,但是大多数国家基于"平等者之间无管辖权"的主权原则,一般不会承认外国法律在本国境内具有拘束力。FATCA这部美国国内法若想得到各国(或地区)政府的配合实施,必须借助对各国(或地区)具有法律拘束力的国际法工具。

### (一)M1A:中美实施FATCA的国际法工具

为了解决FATCA域外适用的法律障碍,2012年美国财政部发布了两种FATCA-IGA范本,作为美国与各国(或地区)谈签实施FATCA的政府间双边协定所参照的工作范本。为了吸引更多国家(或地区)与美国合作实施FATCA,美国财政部在FATCA-IGA范本1项下提供了互惠模式范本M1A,[②]以供试图与美国政府达成互惠性合作的国家(或地区)政府选择。在实践中,这种M1A已成为包括中国在内同意与美国合作实施FATCA的国家(或地区)的

---

[①] Avi-Yonah, Reuven S. and Savir, Gil, IGAs vs. MAATM: Has Tax Bilateralism Outlived Its Usefulness? (February 8, 2014). U of Michigan Public Law Research Paper No. 384; U of Michigan Law & Econ Research Paper No.14-002. https://ssrn.com/abstract=2392702. or http://dx.doi.org/10.2139/ssrn.2392702,2019-07-01.

[②] Reciprocal Model 1A Agreement, Preexisting TIEA or DTC, https://www.treasury.gov/resource-center/tax-policy/treaties/Documents/FATCA-Reciprocal-Model-1A-Agreement-Preexisting-TIEA-or-DTC-6-6-14.pdf,2019-07-01.

主流选择。①

根据 M1A 前言(第八段)的规定,合作双方缔结本协定的目的是依据双方已经缔结的公约或税收协定,在国内申报制度(domestic reporting)和互惠性自动交换(reciprocal automatic exchange)的基础上合作实施 FATCA,从而促进国际税收合规。M1A 最显著的特征是建立起政府间金融账户信息双向自动交换合作机制。② 这里互惠性的含义是指双向合作,即不仅缔约方税务主管当局有义务向 IRS 自动移交本国(或地区)金融机构申报的美国账户信息,IRS 也有义务向缔约方税务主管当局自动移交美国境内金融机构申报的缔约方账户信息。③ M1A 的具体合作模式参见图 3-4。

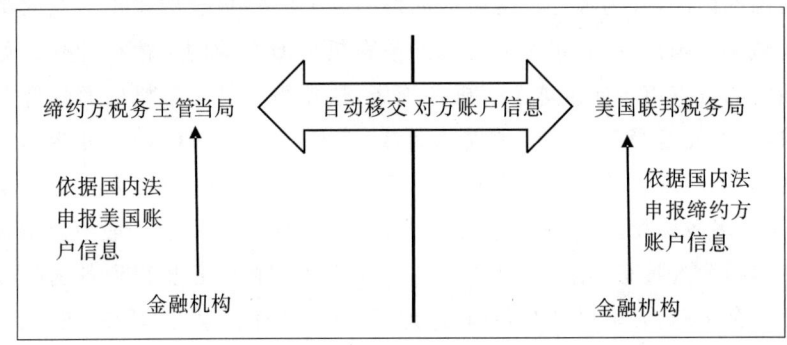

图 3-4 M1A 的合作模式

M1A 为中美合作实施 FATCA 提供了国际法工具。首先,中美两国政府已于 1984 年缔结了旨在避免双重征税和国际逃避税的双边税收协定(以下简称《中美税收协定》),并于 1987 年 1 月 1 日起施行。④《中美税收协定》第 25 条(信

---

① 截至 2019 年 7 月 1 日,美国已经与 81 个国家(或地区)签署了实施 FATCA 的政府间双边协定,其中 52 个国家(或地区)选择参照 M1A 缔结协定,占比达 64%;美国还与包括中国在内的 32 个国家(或地区)就实施 FATCA 的实质性内容达成共识,但尚未签署双边协定。中国同样选择参照 M1A 与美国谈签政府间协定。数据来源于美国财政部网站 https://www.treasury.gov/resource-center/tax-policy/treaties/Pages/FATCA.aspx,下载日期:2019 年 7 月 1 日。

② 有关 FATCA-IGA 各范本的合作模式、特征比较以及其所适用国家(或地区)的特点,可参见朱晓丹:《IGA:美国 FATCA 域外适用的法律途径》,载《国际经济法学刊》第 23 卷第 3 期(2016),法律出版社 2017 年版,第 127~144 页。

③ M1A 第 2 条第 1 款规定:"任一缔约方应当依据本协定第 3 条收集本条第 2 款规定的全部应申报账户信息,并依据公约或税收协定按年度与另一缔约方进行自动信息交换。"

④ 《中华人民共和国政府和美利坚合众国政府关于对所得避免双重征税和防止偷漏税的协定》,签订日期、实施日期及协定原文可访问中国国家税务总局官方网站,http://www.chinatax.gov.cn/n810341/n810770/index.html,下载日期:2019 年 7 月 1 日。

息交换)为中美两国进一步谈签实施 FATCA 的政府间双边协定提供了国际法基础。① 其次,中国政府选择参照 M1A 与美国政府合作实施 FATCA,这意味着互惠性承诺能否履行将成为中美双方能否顺利合作的关键。最后,未来中美两国参照 M1A 缔结的双边政府间协定,虽然能够避免 FATCA 与中国国内法[例如《中华人民共和国商业银行法》(以下简称《商业银行法》)]的正面冲突,但是它依然要求缔约双方尽快完善或修改各自国内法,以便建立或改善国内申报制度,使之符合 FATCA 申报标准。为了履行互惠性承诺,中美两国均通过国内法对金融账户信息国内申报制度作出了改善。

### (二)中国为履行互惠性承诺作出的国内法努力

在与美国就实施 FATCA 达成双边互惠性合作共识之后,中国政府于 2015 年 12 月正式签署了 OECD 主持下的 CRS-MCAA,②并承诺在 2018 年 9 月前实施 CRS-MCAA 框架下的首次金融账户自动信息交换。截至 2019 年 6 月 25 日,已经有包括中国在内的 106 个国家和地区签署了 CRS-MCAA。③ 鉴于 OECD 主导制定的 CRS 大部分参照和吸收了美国 FATCA 规则,因此笔者认为 FATCA-IGA 旨在将美国 FATCA 申报标准纳入双边法律框架,而 CRS-MCAA 旨在将 CRS 这一全球版 FATCA 纳入多边法律框架。在 FATCA-IGA 的框架下,中国政府仅能与美国一国实施 FATCA 的政府间双边合作。但是,在 CRS-MCAA 的框架下,中国政府可以与更多国家或地区建立实施 CRS(全球版 FATCA)的多边合作框架。

为了履行 CRS-MCAA 规定的国际义务,2017 年 5 月 9 日,中国国家税务总局等六部委联合发布了《尽职调查办法》。④ 《尽职调查办法》旨在履行金融账户

---

① 《中美税收协定》第 25 条(信息交换)第 1 款规定,缔约国双方主管当局应交换为实施本协定的规定所必需的信息,或缔约国双方关于本协定所涉及的税种的国内法律所必需的信息(以根据这些法律征税与本协定不相抵触为限),特别是防止税收欺诈、偷漏税的信息。信息交换不受第 1 条的限制。

② CRS-MCAA 协定原文可访问 OECD 官方网站,http://www.oecd.org/tax/automatic-exchange/international-framework-for-the-crs/multilateral-competent-authority-agreement.pdf,下载日期:2019 年 7 月 1 日。

③ 数据来源于 OECD 官方网站,http://www.oecd.org/tax/automatic-exchange/international-framework-for-the-crs/crs-mcaa-signatories.pdf,下载日期:2019 年 7 月 1 日。

④ 《非居民金融账户涉税信息尽职调查管理办法》(2017 第 14 号文)由国家税务总局、财政部、中国人民银行、中国银行业监督管理委员会、中国证券监督管理委员会和中国保险监督管理委员会联合发布。该《办法》第 1 条规定,为了履行 MAATM 和 CRS-MCAA 规定的义务,规范金融机构对非居民金融账户涉税信息的尽职调查行为,根据《税收征管法》《反洗钱法》等法律、法规的规定,制定本办法。

涉税信息自动交换国际义务,规范金融机构对非居民金融账户涉税信息的尽职调查行为,并于2017年7月1日起实施。①《尽职调查办法》是中国政府将CRS转化成国内法的关键步骤。

笔者认为,《尽职调查办法》既是中国政府履行CRS-MCAA国际义务的重要国内法举措,同时也将成为中国政府履行FATCA-IGA互惠性承诺的重要国内法准备。

第一,在《尽职调查办法》实施之前,我国境内金融机构并没有主动开展客户涉税信息尽职调查的法定义务。首先,《中华人民共和国反洗钱法》(以下简称《反洗钱法》)规定的我国境内金融机构报告制度仅针对大额交易和涉及洗钱、恐怖融资等犯罪行为的可疑交易进行报告,且申报的部门是由中国人民银行总行直属的反洗钱信息中心。② 因此,我国金融机构依照《反洗钱法》对客户信息开展的尽职调查和申报并不是涉税信息的调查和申报,主要目的也不是打击国际逃避税行为。其次,《税收征管法》仅规定了纳税人和扣缴义务人的主动纳税申报义务,没有规定第三方(包括境内金融机构)对涉税信息的主动调查和申报义务。虽然税务机关可以依法查询纳税人、扣缴义务人在金融机构的存款账户信息,但是金融机构仅有协助税务机关查询的法定义务,没有主动对客户涉税信息进行调查的法定义务。③

第二,《尽职调查办法》为我国境内金融机构对非居民金融账户开展尽职调查程序提供了法律依据和操作指引。虽然互惠性FATCA-IGA和CRS-MCAA的缔约方不同,但是两者的核心机制都是确立和规范(缔约一方境内)金融机构对其维持的非居民(缔约另一方居民)金融账户信息进行尽职调查和向税务主管机关报送的义务,以打击纳税人利用境外金融账户藏匿资产,以逃避其居民国纳税义务的行为。《尽职调查办法》确立了我国境内金融机构对非居民金融账户涉税信息的尽职调查程序规则,非居民金融账户涉税信息的报送规则将另行规定。④《尽职调查办法》第2条规定,依法在中华人民共和国境内设立的金融机构开展非居民金融账户涉税信息尽职调查工作,适用本办法。这里非居民金

---

① 《尽职调查办法》前言。
② 依据《反洗钱法》第20条的规定,金融机构应当按照规定执行大额交易和可疑交易报告制度。金融机构办理的单笔交易或者在规定期限内的累计交易超过规定金额或者发现可疑交易的,应当及时向反洗钱信息中心报告。依据《金融机构大额交易和可疑交易报告管理办法》(中国人民银行令2016第3号)第5条第1款和第11条的规定,对自然人而言,大额交易一般指当日单笔或累计交易人民币5万元以上(含5万元)的现金收支;可疑交易一般是指存在与洗钱、恐怖融资等犯罪活动相关的交易,不论所涉资金金额或资产价值大小。
③ 《税收征管法》第54条第6款和《税收征收管理法实施细则》第87条。
④ 《尽职调查办法》第42条。

账户的范围既包含CRS-MCAA缔约方的居民在中国境内金融机构持有的金融账户,也包含FATCA-IGA缔约方的居民(即美国居民)在中国境内金融机构持有的金融账户。① 非居民所在国家(或地区)的具体名单应当根据与中国政府签署金融账户涉税信息交换政府间协定(且协定已生效)的国家(或地区)名单确定。

鉴于中美两国政府尚未签订FATCA-IGA,美国也没有加入CRS-MCAA,因此《尽职调查办法》暂时对美国居民账户不适用。但是,若中美FATCA-IGA签署并生效,《尽职调查办法》将成为中国境内金融机构对美国居民持有的金融账户进行尽职调查的法律依据和程序规范。

### (三)美国为履行互惠承诺作出的国内法努力

虽然美国FATCA直接推动了CRS的出台,但是美国坚持在FATCA-IGA的框架下与各国(或地区)开展金融账户涉税信息的政府间合作。美国没有加入CRS-MCAA,也对这一大体上复制FATCA机制的多边框架不感兴趣。与CRS-MCAA依托"全球论坛"监督实施相比,FATCA-IGA仍然为美国保留了FATCA预提税作为最后的惩罚和监督机制。这对美国来说无疑更有效率。截至2019年7月1日,美国已经与52个国家(或地区)选择参照M1A签署了双边协定。为了履行FATCA-IGA的互惠性承诺,2012年4月19日美国财政部发布的《申报支付给非居民外国人的利息指南》(以下简称《利息申报指南》)生效实施。② 《利息申报指南》的通过历经十一年两次遭受否决,最终在FATCA-IGA对美国互惠性承诺的要求下通过实施。

1.《利息申报指南》的艰难通过历程和司法争议

《利息申报指南》历经十一年两次提案被否决的艰难立法历程。美国财政部和IRS在2001年和2002年提出议案均未获得通过,2011年第三次议案也是历经波折艰难才获得通过的。

---

① 依据《尽职调查办法》第10条的规定,本办法所称非居民是指中国税收居民以外的个人和企业(包括其他组织),但不包括政府机构、国际组织、中央银行、金融机构或者在证券市场上市交易的公司及其关联机构。前述证券市场是指被所在地政府认可和监管的证券市场。中国税收居民是指中国税法规定的居民企业或者居民个人。本办法所称非居民金融账户是指在我国境内的金融机构开立或者保有的、由非居民或者有非居民控制人的消极非金融机构持有的金融账户。金融机构应当在识别出非居民金融账户之日起将其归入非居民金融账户进行管理。账户持有人同时构成中国税收居民和其他国家(或地区)税收居民的,金融机构应当按照本办法规定收集并报送其账户信息。

② T.D.9584 (Guidance on Reporting Interest Paid to Nonresident Aliens),77 Fed. Reg. 23391(4/19/2012).

(1)《利息申报指南》的艰难通过历程

2001年1月17日,美国财政部和IRS依据IRC(Section 6049,IRC)发布了"2001提案"(2001 Proposed Regulation)。① "2001提案"旨在要求美国所有银行向IRS申报它们支付给非美国居民(个人和实体)的利息的信息,而不是仅申报当时法律下允许的支付给加拿大居民个人的利息信息。"2001提案"引发了一场银行业维权风暴。美国长期的税收政策是对支付给非居民的储蓄利息免税,以吸引外国资本在美国的投资。"2001提案"显然将打击美国银行业。尤其是佛罗里达、加利福尼亚、纽约、得克萨斯州,这些地区的银行业担心客户关闭美国账户,进而影响就业和经济发展。佛罗里达银行业担心失去拉丁美洲客户的存款。在银行业的反对下,"2001提案"未获通过。

美国财政部和IRS最终撤回了"2001提案",并于2002年8月2日发布了"2002提案"(2002 Proposed Regulation)。② "2002提案"要求美国银行仅申报支付给非居民个人的利息信息,且这些非居民个人限定在15个国家的居民个人(澳大利亚、丹麦、芬兰、法国、德国、希腊、荷兰、爱尔兰、意大利、挪威、葡萄牙、西班牙、瑞典、英国、新西兰)。除了澳大利亚和挪威,其他国家均是欧盟成员国。奥地利、比利时和卢森堡作为欧盟成员国中反对信息交换的国家也没有被列入名单。美国财政部和IRS认为第二个提案既未给美国银行增加过重的负担,又能够提高美国的税收合规率,允许美国与他国进行适量的信息交换,因此对该提案的通过充满信心。"2002提案"依然遭到围攻,最终未获通过。

"2002提案"未通过的主要原因有两个。第一,提案的时机再坏不过。1984年美国取消了对投资性利息(portfolio interest)征收的30%预提税,以促进对美国不断增长的财政赤字和支付逆差的融资,同时也为了弥补美国与荷兰安地列斯间税收协定的漏洞,这个漏洞显著提高了美国公司借款的成本。较大的政府财政赤字和美元弱势(weak dollar)伴随着大规模减税和2001年伊拉克战争而在美国重现。此时启动对支付给外国人的利息信息申报程序可能引发资本外逃,这将导致更高的利息率,赤字融资增加更多的成本,加大美元的压力。第二,美国已经有获取美国居民和公民在境外金融机构取得利息相关信息的途径——QI项目。在2000年IRS启动的QI项目下,取得适格中间机构身份的美国境外金融机构,可以将其客户取得的来源于美国的利息信息向IRS申报。在当时,QI项目大大降低了美国与欧盟合作的积极性。③

---

① REG-126100-00,66 Fed.Reg.3925(1/17/2001).
② REG-133254-02,67 Fed.Reg.50386(8/2/2002).
③ Charles E.McLure, Will the OECD Initiative on Harmful Tax Competition Help Developing and Transition Countries?, *Bulletin for International Taxation*, IBFD, March 2015, pp.96-97.

2011年1月7日，美国财政部和IRS借助实施FATCA的这股东风根据IRC(Section 6049,IRC)发布了"2011提案"(2011 Proposed Regulation)。① "2011提案"再次将信息申报范围从"2002提案"建议的特定美国金融机构支付给15个国家居民个人的存款利息信息扩展至特定美国金融机构支付给所有国家非居民个人的存款利息信息。扩大非居民个人范围的理由如下。第一，自"2002提案"发布以来，国际社会已经逐渐就涉税信息交换合作的重要性达成全球共识，一些税务信息交换国际标准的重要协定已经缔结。例如一个新的国际标准或共识是，不能仅因银行保密或国内税收利益的缺失而不履行税收协定的信息交换义务。第二，要求特定金融机构向IRS常规申报支付给所有非居民个人的存款利息信息将进一步加强美国参与国际信息交换，也符合信息交换条款的互惠、实用和保密性要求。第三，鉴于支付给加拿大居民以外的外国人的存款利息无须向IRS申报信息，因此有些美国纳税人故意申报错误的外国身份，以逃避联邦所得税。将非居民信息申报范围从加拿大居民个人扩展至全部非居民个人，可以加大美国纳税人躲避美国信息申报系统的难度，从而改善美国纳税人对税法的自愿合规。②

针对"2011提案"，美国财政部和IRS充分听取了公众的书面意见和听证会意见，最终将"全部非居民个人"限定在"美国已缔结信息交换协定的缔约方居民"[目前约79个国家(或地区)，且名单在持续更新中]。③ "2011提案"向社会征求意见的过程中，以下两个方面的质疑最为突出，美国财政部和IRS分别作出了回应。

第一是来自美国金融机构的质疑。美国金融机构(尤其是美国银行业)提出，"2011提案"将给美国金融机构增加新的管理成本。但美国财政部和IRS认为鉴于以下三个理由，"2011提案"不会给美国金融机构显著增加管理成本。其一，按照美国现行法律，美国金融机构需要将美国公民、美国居民个人和加拿大居民个人的存款利息所得向IRS申报预提税，因此虽然范围不包括其他非居民个人，但是美国金融机构已经开发和正在使用这种关于存款利息预提和申报管理系统。其二，虽然美国金融机构无须向IRS申报非居民个人(加拿大居民个人除外)的存款账户信息，但是按照美国现行的法律，所有在美国金融机构持有账户的非居民个人均须完成W-8BEN表的填报，用以声明其非美国居民的身份

---

① REG-146097-09,76 Fed.Reg.1105(1/7/11).

② Internal Revenue Bulletin：2011-8，https://www.irs.gov/irb/2011-08_IRB/ar13.html,2019-07-01.

③ Rev.Proc.2014-64,Rev.Proc. 2015-50。为了减少美国金融机构审查非居民个人居民身份的成本，金融机构既可以向IRS仅申报列于名单的国家(或地区)居民个人的储蓄账户信息，也可以选择向IRS申报所有非居民个人的储蓄账户信息[26 CRR.1.6049-8(a)]。

和其居民国信息。美国金融机构可以使用这一现有信息完成 1042-S 表的信息申报工作。其三,几乎所有美国银行和其他金融机构都有利息所得申报纳税表格的自动生成系统(美国居民个人 1099-INT 表和加拿大居民个人 1042-S 表),对非居民个人利息所得的信息申报要求与金融机构正在使用的这些自动生成系统十分相似。鉴于以上三个理由,美国财政部和 IRS 认为《利息申报指南》不会显著增加美国特定金融机构的管理成本。①

第二是社会公众对信息保密性的质疑。"2011 提案"旨在履行美国在 FATCA-IGA 中的互惠性承诺。若美国特定金融机构申报给 IRS 的存款利息信息被移交给一个没有信息保密法律的国家或者该国为非税收目的使用信息,这将严重影响美国非居民投资者将资产放置在美国的意愿。美国财政部和 IRS 认为,现有法律和行政保障措施完全可以解决这种有关信息保密性的担忧。首先,IRC 规定了对纳税申报和信息申报严格的保密义务,且美国政府只会与那些与美国缔结了信息交换协定的缔约方交换信息。② 美国不会与没有严格信息保密法律的外国政府签订税收信息交换协定。其次,目前美国对外缔结的信息交换协定均要求缔约方政府对交换信息遵守保密义务,并限制缔约方政府不能将信息用于非税收目的。这为涉税信息交换提供了国际法保障。再次,美国特定金融机构申报给 IRS 的非居民存款利息信息并不一定会移交给非居民个人的居民国,即使该国与美国缔结了信息交换协定。如果 IRS 认为缔约方没有履行信息交换协定的保密义务,IRS 同样可以拒绝向该缔约方政府移交上述信息。最后,IRS 可以选择信息交换的合适方式。例如,IRS 一般仅在与美国缔结信息交换协定的缔约方提出特定请求的条件下才会启动信息交换程序。IRS 会对请求方现行有关信息保密的法律与实践进行评估,还可以要求请求方政府具体说明将如何使用请求交换的信息,以及证明其使用信息的合理性。③

美国财政部和 IRS 的回应与答复并没有平息美国银行业的质疑。《利息申报指南》对 2013 年 1 月 1 日起支付给外国居民个人的存款利息适用,这意味着美国特定金融机构须在 2014 年 3 月 15 日将上一年度非居民个人的存款利息信息向 IRS 申报(邮寄 1042 S 表)。若无正当理由延迟申报或未申报信息,特定金融机构将可能遭受民事或刑事处罚。虽然《利息申报指南》在立法上获得通过,银行业仍然希望通过司法手段否决《利息申报指南》的效力。

---

① Internal Revenue Bulletin:2012-20,https://www.irs.gov/irb/2012-20_IRB/ar11.html,2019-07-01.

② Section 6103(k)(4),IRC.

③ Internal Revenue Bulletin:2012-20,https://www.irs.gov/irb/2012-20_IRB/ar11.html,2019-07-01.

(2)对《利息申报指南》的司法诉讼之路——佛罗里达银行联盟案

2013年11月22日,原告佛罗里达银行联盟和得克萨斯银行联盟(以下简称"银行联盟")将被告美国财政部和IRS诉至美国哥伦比亚联邦地区法院,请求法院认定《利息申报指南》违背《行政程序法案》(Administrative Procedure Act)和《规章适应性法案》(Regulatory Flexibility Act),从而停止《利息申报指南》的实施。2014年1月13日,哥伦比亚联邦地区法院审理后认为《利息申报指南》没有违反《行政程序法案》和《规章适应性法案》,因此驳回了原告的请求。① 原告不服,上诉至哥伦比亚特区联邦巡回上诉法院。2015年8月14日,上诉法院作出的判决虽然被认为有些避重就轻,但是结论仍然支持被告。上诉法院没有正面回应《利息申报指南》的合法性问题,而是以原告未履行《利息申报指南》所产生的"罚金"属于《反禁令法》规定的"税收"为由,驳回了原告的请求。② 根据1867年出台的美国《反禁令法》的规定,在人们向政府纳税前,法院不能受理任何人提出的关于限制政府征税查税的行为。本案争议的《利息申报指南》规定了银行未遵守相关信息申报规则的罚金。根据美国联邦最高法院的判例,该罚金属于《反禁令法》中的"税收"。③ 而本案的结果将直接影响原告是否应当缴纳《利息申报指南》规定的罚金。因此在原告缴纳该罚金前,法院只能驳回其请求。这样的判决并不影响原告在缴纳罚金后再次申请法院对《利息申报指南》的合法性作出司法判断。

"佛罗里达银行联盟案"主要的争议焦点是《利息申报指南》的合法性问题。原告(佛罗里达银行联盟和得克萨斯银行联盟)代表了佛罗里达州和得克萨斯州超过800个银行,其中至少300个银行是小型企业。原告认为,《利息申报指南》将导致至少260亿美元的资本从美国撤离。原告向上诉法院陈述,美国银行联盟曾向美国财政部发出预警,由于部分外国投资者(包括来自埃及、墨西哥、巴基斯坦、俄罗斯、委内瑞拉等国的投资者)认为《利息申报指南》将可能使他们在居民国遭受不公平的征税,面临安全风险,因此《利息申报指南》的实施将预计减少非居民个人在美国银行4000亿美元的存款。《利息申报指南》覆盖的所得并不负担美国联邦所得税,原告的目的不是阻止美国政府征税,原告质疑的是《利息

---

① Florida Bankers Association, et al., v. United States Department of Treasury, et al., Case No.1:13-cv-00529-JEB (United States District Court for the District of Columbia).

② Florida Bankers Association, et al., v. United States Department of Treasury, et al., Case No.14-5036 (United State Court of Appeals for the District of Circuit).

③ National Federation of Independent Business v. Sebelius, Secretary of Health and Human Service, Case No.11-393. Decided on June 28, 2012 (Supreme Court of the United States). 该案判决指出,IRC规定的"可征收罚金"(Chapter 68, Subchapter B, IRC)属于税收。

申报指南》的合法性。理由是:第一,原告认为《利息申报指南》违反《行政程序法案》和《规章适应性法案》;第二,原告认为 IRS 的修正案存在经济性错误,修正案对美国本土银行新设的义务将对美国银行业造成远超过预期的损害。最终法庭认为 IRS 合理地说明了《利息申报指南》将改善美国的税收合规状况,威慑海内外逃避税行为,对银行业增加最少的报告负担;除了逃避税者,不会引起合法纳税人从美国抽离资金。因此法庭最终支持《利息申报指南》合法。

2.《利息申报指南》通过的意义

《利息申报指南》主要规定了特定美国金融机构必须向 IRS 申报其在 2013 年 1 月 1 日之后支付给非居民个人的存款利息信息。对这一申报义务的理解需要注意五个方面。第一,特定美国金融机构包括:商业银行、存款机构、信用联盟、证券经纪机构和保险公司。第二,非居民个人限定在那些与美国政府签订了涉税信息交换协定(且协定已生效)的国家(或地区)的居民个人。① 第三,《利息申报指南》不适用于非居民实体。第四,利息限定在 2013 年 1 月 1 日及之后支付的数额不低于 10 美元的利息。第五,《利息申报指南》规定的申报义务仅包括对非居民个人(不包括公司)利息所得的信息申报。②美国境内第三方(除了税务局和纳税人之外的独立主体)向联邦税务局进行的涉税申报一般包括作为扣缴义务人的预提税申报和作为第三方的信息申报。《利息申报指南》实施之前,美国特定金融机构对支付给非居民个人的存款利息一般既不作扣缴义务人的预提税申报,也不作信息申报(加拿大居民个人除外)。《利息申报指南》实施之后,美国特定金融机构对 2013 年 1 月 1 日之后支付给非居民个人的存款利息必须作信息申报,但不作扣缴义务人的预提税申报。M1A 互惠性范本第 6 条第 1 款(互惠性)规定:"美国政府认识到与缔约方之间的互惠性自动信息交换有必要达到同等水平。为此,美国政府承诺将通过实施税务行政规章(regulation),提议和支持相关立法工作(legislation)进一步改善透明度,加强与缔约方的信息交换合作。"《利息申报指南》作为美国财政部通过的行政规章,是美国履行 FATCA-IGA 上述互惠性承诺所做的国内法努力。

有学者认为,1986 年美国国会通过民主立法程序(《利息、股息免税法案》)已经选择对支付给外国人的利息免税,而《利息申报指南》的目的不是为美国政府增加税收,而是为了向 IRS 申报非居民个人的存款利息相关信息。这样的信

---

① 为了减少美国境内特定金融机构识别非居民个人居民身份的成本,金融机构可以选择向 IRS 仅申报列于名单的国家(或地区)居民个人的存款账户信息,也可以选择向联邦税务局申报其维持的所有非居民个人的存款账户信息。

② 美国境内特定金融机构通过填写 1042-S 表向 IRS 进行信息申报。具体申报程序参见 IRS Publication 515(Withholding of Tax on Nonresident Aliens and Foreign Entities)(2017),p.43。

息对美国税收毫无意义,只是有利于非居民个人的居民国通过与美国的信息交换掌握该信息,从而对其来源于美国的利息所得征税。IRS正在用《利息申报指南》僭越民主立法程序的成果——《利息、股息免税法案》。① 《利息申报指南》并不能增加美国的税收,它只能有利于他国政府对其居民个人来源于美国的利息所得征税。虽然《利息申报指南》历经艰难,但是它表达了美国实施互惠性FATCA-IGA的诚意。但是,笔者认为《利息申报指南》的作用也不能被高估。《利息申报指南》虽然将申报非居民个人存款利息信息的范围从加拿大居民个人拓展至名单列明的国家(或地区)的居民个人,但是并不涉及非居民法律实体(比如非居民公司)。《利息申报指南》仅适用于特定金融机构的存款利息所得,不适用于股票所有权、私募债券基金、房地产等其他形式的利息所得。据美国联邦储备理事会2011年的统计,非居民外国人在美国的银行和经纪账户的投资总额约4万亿美元,其中3/4是由国际组织、外国央行或政府、外国银行等法律实体持有。仅余下的不到1万亿美元才由非居民个人持有。② 换言之,非居民外国人在美国银行和经纪账户的投资中,仅1/4是《利息申报指南》调整的对象。正是由于《利息申报指南》对美国经济和美国金融机构不会造成显著的负面影响,它才可能得以通过。美国财政部和IRS也强调,《利息申报指南》不会显著增加美国特定金融机构的管理成本。③

M1A已经成为包括中国在内的大多数国家(或地区)与美国合作实施FATCA的国际法工具。中美两国政府出台的行政规章对互惠性承诺的实现在一定程度上提供了制度准备和保障。但是,笔者认为由美国政府设计的M1A以及美国个别州的法律存在严重制约美国履行互惠性承诺的因素。在中美已就实施FATCA的实质性内容达成共识的大背景下,这些制约因素更应该在未来政府间协定的签署和实施的过程中被中国政府充分考虑和重视。

## 二、从国际法工具反思制约美国履行互惠性承诺的因素

M1A第6条第1款虽然规定了缔约双方的互惠义务,但是笔者认为由美国政府设计的M1A本身就存在制约美国实现互惠承诺的因素。美国有学者指出,M1A的多个条款(第2条、第4条和附件I)在形式上就存在与合作方政府义

---

① Citizens for Tax Justice, The Tax Cheaters'Lobby is Wrong about IRS Proposed Regulations, p.2, http://www.ctj.org/pdf/tcl.pdf, 2019-07-01.

② http://www.federalreserve.gov/econresdata/releases/statbanksus/liabfor20110131.htm#fn11r, 2019-07-01.

③ Internal Revenue Bulletin:2012-20, https://www.irs.gov/irb/2012-20_IRB/ar11.html, 2019-07-01.

务不对等的情况,且这种不对等全部有利于美国政府;FATCA合作方依照M1A应当履行的一些义务,M1A并没有对美国政府作对等的义务规定。① 本书仅以M1A第2条为例,分析制约美国履行互惠性承诺的因素。

### (一)M1A第2条的不对等义务

M1A第2条规定了缔约双方政府收集和交换应申报账户信息的义务,并对缔约双方政府各自应当在本国(或地区)内收集和向另一方政府移交应申报账户信息的范围作了明确的规定。但是,第2条作为缔约双方政府涉税信息申报合作的核心条款对缔约双方政府设定的义务内容并不一致。第2条规定缔约双方政府收集和交换应申报账户信息的义务,一般仅涉及一方政府对境内金融机构维持的由另一方居民持有的账户信息,对并非由另一方居民持有的账户信息一般不向另一方政府移交。但是,第2条第a款第a项为合作方政府(即非美国的缔约另一方政府)增加了在一定条件下收集和向美国政府移交由非美国居民持有的账户信息的义务。M1A第2条第a款第a项第1目规定,如果账户持有人是非美国实体,根据附件Ⅰ尽职调查程序认定该实体的控制人至少一个是特定美国人,那么该实体和每一个具有特定美国人身份的控制人信息均需要被收集和移交给美国政府。根据M1A关于控制人、美国人和特定美国人的定义,②该款非美国实体的控制人至少一个是美国公民或美国居民个人。但是,第2条第2款第b项对美国政府设定的义务并没有相应增加收集和向合作方政府移交由非合作方居民持有的账户信息的义务。

举例1,假设美国居民迈克先生拥有开曼群岛B公司100%的股权,B公司在开曼群岛并没有积极的营业活动,主要从事对中国内地的间接投资,B公司在中国境内C银行持有金融账户D。那么,若中美两国政府依照M1A签订双边协定,依照协定第2条第2款第a项第1目对合作方中国政府的义务规定,中国政府有义务收集和向美国政府移交信息的范围包括D账户信息,D账户持有人B公司的名称和地址,B公司控制人美国居民迈克的姓名、住址和美国税务编码。理由是,虽然D账户持有人并非美国居民,但是该实体账户受美国居民实际控制。

举例2,相应的,假设中国居民王先生拥有开曼群岛B1公司100%的股权,B1公司同样在开曼群岛没有积极的营业活动,主要从事对美国的间接投资。B1

---

① Allison Christians, What You Give and What You Get: Reciprocity Under a Model 1 Intergovernmental Agreement on FATCA. *Cayman Fin. Rev.* April 2013, http://ssrn.com/abstract=2292645,2019-07-01.

② Article 1(1)(ee),1(1)(ff), Model 1 A IGA, Preexisting TIEA or DTC.

公司在美国境内 C1 银行持有金融账户 D1。那么,若中美两国政府依照 M1A 签订双边协定,依照协定第 2 条第 2 款第 b 项对美国政府的义务规定,美国政府没有义务向中国政府移交任何有关 D1 账户及其持有人和控制人的信息。理由是,美国政府仅有义务收集和向中国政府移交由中国居民持有的账户信息。对由中国居民(王先生)控制的非中国居民实体(B1 公司)所持有的金融账户,协定第 2 条第 2 款第 b 项没有规定美国政府具有同样的尽职调查和申报移交的义务。

实践中,设置在低税地的这类空壳公司(如 B 公司或 B1 公司)经常成为跨国纳税人用以逃避居民国税收管辖的工具。正是为了追索躲藏在空壳公司背后的控制人信息,FATCA 规定了实质所有人账户信息申报规则,即由特定美国人实质拥有的境外实体所持有的金融账户,维持该账户的境外金融机构应当向 IRS 申报该账户信息。① M1A 第 2 条第 2 款第 a 项第 1 目是将 FATCA 的上述实际所有人账户信息申报规则以控制人账户信息申报的形式纳入国际义务,以寻求合作方政府的配合实施。② 但是,这项重要的控制人信息申报规则在 M1A 第 2 条中是单向义务。除了控制人信息申报义务之外,M1A 还有一些义务的设置是单向的,且全部是由合作方政府向美国政府履行的单向义务,本书并不做一一列举。③

### (二)最惠国待遇条款适用范围的局限

最惠国待遇是指一国给予另一国的国民或法人的待遇,不低于现时或将来给予任何第三国国民或法人的待遇。④ M1A 第 7 条规定了最惠国待遇条款,以保障美国对各个 FATCA 合作方适用 FATCA 标准的一致性。那么最惠国待遇

---

① Section 1471(d)(1),IRC.

② 需要阐明的是,实质所有人(substantial owner)是美国国内法的概念,控制人(controlling persons)是 FATCA-IGA 范本使用的概念。虽然后者来源于前者,但是两者的界定标准有着很大的不同。美国国内法上的实质所有人是指:(1)对于公司,美国人直接或间接拥有该公司大于 10%的股权;(2)对于合伙,美国人直接或间接拥有该合伙大于 10%的利润权益或资本利益;(3)对于信托,①美国人被视为信托任何部分的所有人;以及②美国人直接或间接持有大于 10%的信托受益权益。[参见 Section 1473.(2)(A),IRC.] 但是 FATCA-IGA 范本的控制人一语要求结合国际标准,即《金融行动特别工作组建议》对控制人的认定标准进行解释,例如,《金融行动特别工作组建议》规定直接或者间接拥有超过 25%的公司股权或者表决权的个人构成公司的控制人。参见 OECD, Standard for Automatic Exchange of Financial Account Information in Tax Matters: Implementation Handbook, p.47.

③ M1A 具体单向义务的列举可参见 Allison Christians, What You Give and What You Get: Reciprocity Under a Model 1 Intergovernmental Agreement on FATCA, *Cayman Fin. Rev.* April 2013, http://ssrn.com/abstract=2292645,2019-07-01.

④ 曾令良主编:《国际公法学》,高等教育出版社 2016 年版,第 233 页。

条款能否在一定程度上解决 M1A 的上述义务不对等问题呢？笔者认为答案是否定的。

首先，M1A 第 7 条规定的最惠国待遇适用主体并非只有国家，还包括一些具有独立税收管辖权的地区。因为 M1A 规定的合作方不仅包括主权国家（比如中国），也包括税收管辖权独立的地区（比如英属维京群岛、英属开曼群岛）。①M1A 规定的最惠国待遇应该理解为"最惠方待遇"，其主体是指 FATCA-IGA 的缔约方，范围并不限于国家，还包括具有独立税收管辖权的地区。

其次，M1A 第 7 条最惠国条款的适用范围极其有限，至少并不能解决上述第 2 条涉及的义务不对等问题。第 7 条第 1 款规定，若其他合作国家（或地区）（another partner jurisdiction）在与美国签订的双边协定中承诺履行与本协定第 2 条和第 3 条相同的义务，且符合本协定第 5 条至第 9 条的相关条件，那么美国依照双边协定给予其他合作国家（或地区）有关本协定第 4 条（对合作方金融机构如何适用 FATCA）和附件 I（金融机构尽职调查程序）项下更为优惠的利益，则应同样授予本协定缔约方。可以看出，第 7 条第 1 款规定的最惠国待遇适用范围仅包括范本第 4 条和附件 I 所列的义务。对其他条款（比如第 2 条）所列义务，即使美国与其他合作国家（或地区）签订的双边协定更为优惠，缔约方政府也无法援引 M1A 第 7 条第 1 款要求享受最惠国待遇。

## 三、从美国个别州法反思制约美国履行互惠性承诺的因素

M1A 第 6 条第 1 款虽然规定了美国政府的互惠义务（reciprocity），但是从措辞中可以看出，美国政府承诺的互惠必须借助美国国内法的不断完善来实现。美国政府将通过实施税务行政规章，提议和支持相关立法工作进一步改善透明度，加强与缔约方的信息交换合作。② 如前所述，《利息申报指南》作为美国财政部通过的行政规章，是美国政府履行 M1A 第 6 条第 1 款所列互惠义务的重要国内法举措。但是，笔者认为作为美国财政部行政规章的《利息申报指南》，其适用范围极其有限。它仅适用于非美国居民个人持有的银行存款账户收取的利息所得，不适用于由非美国居民实体持有的存款账户，也不适用于除存款账户利息所得之外的其他类型账户或其他类型所得。此外，美国存在已久的在岸避税地将成为制约美国履行 FATCA-IGA 互惠性承诺的重要国内法因素。

---

① 中国香港特区、中国澳门特区和中国台湾地区也属于具有独立税收管辖权的地区，但三者均已参照范本二与美国签署了实施 FATCA 的非互惠性双边协定，没有参照 M1A 签署协定。信息来源于美国财政部网站，https://www.treasury.gov/resource-center/tax-policy/treaties/Pages/FATCA.aspx，下载日期：2019 年 7 月 1 日。

② Article 6(1)，Model 1 A IGA，Preexisting TIEA or DTC.

## (一)美国的在岸避税地是国际税收合作监管的盲区

"避税地"(tax haven)这一术语是20世纪50年代开始被广泛使用的,但是到目前为止这一术语尚没有一个被普遍接受的定义。① 国际社会按照不同的标准确定的避税地名单也大相径庭。② OECD 从1996年开始关注有害国际税收竞争问题,并于1998年发布了第一份研究报告——《有害税收竞争:一个正在显现的全球问题》(以下简称《1998年有害税收报告》)。该报告指出,避税地作为一种有害的税收实践,将影响金融业及其他服务业的布局,侵蚀他国税基,扭曲贸易和投资结构,破坏税收体制普遍认可的公平和中性原则。③

1.美国的在岸避税地从未被列入 OECD 公布的避税地名单

《1998年有害税收报告》考虑到对避税地下一个严格客观且被普遍接受的定义相当困难,因此对避税地没有采取定义式的界定,而是提出了四个认定标准:(1)没有或仅有名义上的税收;(2)与其他国家(或地区)的政府之间缺少有效的信息交换;(3)在立法、司法和行政上缺乏透明度;(4)不要求经济实体在当地具有实质性经营活动,这意味着投资和交易纯粹受税收驱动。④ 根据这四个认定标准,2000年 OECD 公布了35个避税地名单。⑤ 首先,从 OECD 公布的避税地名单可以看出,进入国际社会监管范围的避税地仅包括主权国家或一些主权国家的海外属地,它们统称为离岸避税地。美国的一些州(例如特拉华州)虽然也符合《1998年有害税收报告》对避税地的认定标准,但是作为美国在岸避税地,其从未被列入 OECD 公布的避税地名单。其次,从国际社会监管各国(或地

---

① Ronen Palan, Richard Murphy, Christian Chavagneux, *Tax Havens: How Globalization Really Works*, Cornell University Press, 2010. p.17.

② 国际社会按照不同标准确定的避税地名单可参见 Prof. Dr Rainer Zielke, The Changing Role of Tax Havens —An Empirical Analysis of the Tax Havens Worldwide, *Bulletin for International Taxation*, Jan.2011.pp.48-50.

③ OECD, Harmful Tax Competition-An Emerging Global Issue(Paris:1998), para.4. http://www.oecd.org/tax/transparency/44430243.pdf,2019-07-01.

④ OECD, Harmful Tax Competition-An Emerging Global Issue (Paris:1998), para.52. http://www.oecd.org/tax/transparency/44430243.pdf,2019-07-01.

⑤ 35个避税地包括:安道尔,安圭拉(英属),安提瓜与巴布达,阿鲁巴岛(荷属),巴哈马国,巴林,巴巴多斯,伯利兹,维京群岛(英属),库克群岛(新西兰),多米尼加共和国,直布罗陀(英属),格拉纳达,根西岛(英属),马恩岛(英属),泽西岛(英属),利比里亚,列支敦士登公国,马尔代夫共和国,马绍尔群岛共和国,摩纳哥公国,蒙特塞拉特岛(英属),瑙鲁共和国,安地列斯(荷属),纽埃(新西兰),巴拿马,萨摩亚,塞舌尔共和国,圣卢西亚,圣基茨和尼维斯联邦,圣文森特和格林纳达,汤加,特克斯和凯科斯群岛(英属),维京群岛(美属),瓦努阿图共和国。参见 OECD, Toward Global Tax Co-operation: Progress in Identifying and Eliminating Harmful Tax Practice, Paris:2000, p.17.

区)执行税收信息交换与透明度国际标准的情况来看,作为承担这一工作的"全球论坛",其监管的对象包括其全部成员方。但"全球论坛"的成员方也不包含美国的在岸避税地。①

笔者认为,这是由美国参与国际税收合作的地域范围决定的。美国本土的在岸避税地并不构成独立对外签署税收协定的地区。依据美国对外缔结税收协定所参照的《美国范本》第3条第1款的规定:在本协定中,除上下文另有约定外,"美利坚合众国"一语用于地理概念时,是指美国依据国际法享有主权的领土,但不包括波多黎各、维京群岛、关岛或其他美国的海外属地。② 这意味着,除了美国部分海外属地之外,美国领土内的个别州并不能成为具有缔约能力的国际税收合作主体。

2.在岸避税地的州税所涉信息不属于美国开展国际税收信息交换合作的范围

MIA作为美国与各国(或地区)合作实施FATCA的国际法工具,它的国际法基础是美国对外签订的税收协定或公约。③ 如前文所述,1984年缔结的《中美税收协定》第25条(信息交换)将成为中美两国进一步谈签FATCA-IGA的国际法基础。那么,《中美税收协定》第25条规定的信息交换范围是否包含美国州税所涉及的信息呢?考察这一问题的理由是,美国的在岸避税地往往因为该州法律提供了比其他州更优惠的州税制度,从而为该州吸引了更多的境内外投资。比如,美国特拉华州法律规定,由特拉华州的控制公司或特拉华州的消极投资公司持有的无形资产取得的所得免除特拉华州公司所得税。④ 这一规定被称为

---

① 截至2019年6月底,"全球论坛"已有154个成员方。成员方名单可访问OECD官方网站,http://www.oecd.org/tax/transparency/about-the-global-forum/members/,下载日期:2019年7月1日。
② 2006年和2016年由美国财政部发布的《美国范本》第3条第1款第i项。
③ MIA前言第2段和第8段,第2条第1款,第3条第6款和第7款。
④ Section 1902(b)(8), Title 30 Delaware Code(State Taxes), http://delcode.delaware.gov/title30/c019/index.shtml#TopOfPage,2019-07-01。

"特拉华漏洞"(Delaware loophole)。① 因此,如果美国在岸避税地的州税所涉信息不属于《中美税收协定》第 25 条的适用范围,那么美国在岸避税地的州税所涉信息将被排除在中美实施 FATCA 的合作范围之外。

《中美税收协定》第 25 条(信息交换)第 1 款规定,缔约国双方主管当局应交换本协定所涉及的税种的国内法律所必需的信息。根据《中美税收协定》第 2 条的规定,本协定所涉及的税种在美国是指根据美国国内收入法征收的联邦所得税。因此,《中美税收协定》第 25 条适用于美国联邦所得税涉及的信息,不适用于根据美国各州法律征收的州税所涉及的信息。

### (二)美国的在岸避税地法律对 FATCA-IGA 互惠性承诺的影响——以特拉华州为例

如前文所述,M1A 第 2 条的不对等义务从国际法工具层面上制约了美国政府互惠性承诺的实现。中美两国政府目前尚未签署 FATCA-IGA。假设中美两国政府能够通过协商使得中美未来签署的 FATCA-IGA 达到形式上的对等,是否意味着中美合作实施 FATCA 能够实现互惠呢?笔者认为,即使上述假设成立,美国在岸避税地的隐名公司制度也将制约中美两国政府合作实施 FATCA 实质性互惠的实现。本书仅以美国特拉华州法律为例予以说明。

特拉华州人口少(2014 年 93.5 万居民)、面积小(在美国 50 个州中排名第 46 位),但据《2014 年特拉华州公司分布年报》公布的数据显示,2014 年特拉华州注册的法律实体数量(存量)超过 111.4 万,这一数字甚至超过了特拉华州的居民数量。在全球财富 500 强名单中,有 65.6% 的企业将母公司的注册地选择在特拉华州(2000 年这一比例是 58%)。② 另有数据显示,2014 年,在全球财富 500 强企业中,85% 的企业至少在特拉华州拥有一个子公司。全球财富 500 强

---

① 特拉华州不是典型的公司所得税免税州。相反,特拉华州实行较高的州公司所得税的法定税率(8.7%)。但是,"特拉华漏洞"意味着联属企业可以在特拉华州设立一个主要持有该企业商标、专利等无形资产的公司,那么该公司因许可无形资产使用而取得的特许权使用费所得在特拉华州免除州所得税,且在支付方(通常位于公司税较高的州)可以作为经营费用从其州公司所得税的应税所得中扣除。值得强调的是,"特拉华漏洞"只是降低了企业特许权使用费所得的州所得税,而不影响联邦所得税。因此,虽然一些州(如宾夕法尼亚州)主张"特拉华漏洞"侵蚀了其他州的公司所得税税基,但是美国联邦政府没有积极性干涉"特拉华漏洞"。据 2012 年的一份研究报告显示,"特拉华漏洞"可以使公司的州所得税税负降低 15% 至 24%。应对"特拉华漏洞"的有效方法是,其他州可以通过要求企业在该州合并申报(combined reporting)或采取经济中性原则调整企业在该州应缴付的州所得税。参见 Scott D. Dyreng, Exploring the Role Delaware Plays as a Domestic Tax Haven, *Journal of Financial Economics*, Vol.108, 2013, pp.751-772.

② Delaware Division of Corporations, 2014 Annual Report, http://delaware.contentdm.oclc.org/cdm/ref/collection/p16397coll14/id/123, 2019-07-01.

企业在美国拥有的子公司中,58%在特拉华州注册成立(数量超过1.9万个)。而全球财富500强企业在为美国国内生产总值贡献最多的两个州——加利福尼亚州和得克萨斯州——拥有的子公司数量共计仅2700个。① 为什么大量的跨国公司选择在特拉华州注册呢?除了"特拉华漏洞"这个对公司具有吸引力的免税规定之外,特拉华州允许成立隐名且无实质经营活动的公司制度成为另一个吸引大量公司注册的法律因素。②

依据特拉华州法律,成立经济实体(包括股份公司、合伙、有限责任公司等)的条件简单灵活。③ 特拉华州经济实体的设立无须提供实质所有人的信息,也无须在特拉华州拥有经营场所或任何实质经营活动,只需要一个注册代理人和一个特拉华州的地址即可以完成。④ 注册代理人通常是为经济实体成立和运营提供服务的第三方,它既可以为经济实体的成立提供所需的特拉华州地址,也可以为其提供行政主管、雇员、会计、财务报告等服务。特拉华州的注册代理人行业成熟发达,深受经济实体的青睐。2012年据纽约时报报道,特拉华州最大的注册代理人公司——CT公司,在其地址(1209 North Orange Street,Wilmington,Delaware)下注册的经济实体的数量超过28.5万个,其中包括美国航空、苹果、美国银行、可口可乐、福特、谷歌、沃尔玛等全球知名企业的子公司。而实际上在这个地址上仅有一栋陈旧的二层办公小楼。⑤ 特拉华州州政府对新设经济实体的一站式优质服务也使经济实体的成立更加简单、快速。在特拉华州不到一个小时既可以注册完成一个公司,这甚至比申请一张特拉华州图书馆会员卡所用的时间还要短,需要提交的资料还要简单。这样的制度一方面繁荣了特拉华州的公司注册与服务市场,特拉华州近1/4的财政收入来源于公司特许税

---

① Institution on Taxation and Economic Policy,Delaware:An Onshore Tax Haven,Dec.2015,http://www.itep.org/pdf/delawarereport1210.pdf,2019-07-01.

② 值得说明的是,公司注册地的选择是一项重要的投资决定,避税是影响投资决定的重要因素,但不是唯一的因素。正如特拉华州能够成功吸引大量公司注册,其避税地的作用是重要因素,但不是唯一的因素。除了避税因素之外,特拉华州法律对公司设立的低门槛要求、州政府为公司设立和运行提供的优质公共服务、特拉华州权威的公司法庭(Chancery Court)、特拉华州成熟的公司注册代理人服务行业等因素均是特拉华州成功吸引境内外企业注册法律实体的因素。

③ Delaware Corporation And Business Entity Laws,https://corp.delaware.gov/DElaw.shtml,2019-07-01.

④ Institution on Taxation and Economic Policy,Delaware:An Onshore Tax Haven,Dec.2015.p.5. http://www.itep.org/pdf/delawarereport1210.pdf,2019-07-01.

⑤ Leslie Wayne,How Delaware Thrives as a Corporate Tax Haven,*New York Times*,June 30,2012.

(franchise tax)①和相关费用②,另一方面大量空壳公司也为违法或犯罪行为提供了保护伞。FinCEN 的一位官员(John Cassara)坦言,金融犯罪的调查常常因指向特拉华州的一个隐名公司而被迫中止,因为特拉华州政府和注册代理人也并不掌握公司实质所有人的信息。③ 虽然特拉华州为改善公司实质所有人透明度问题做过一系列的努力,但是对解决透明度问题的效果并不理想。④ 如果美国不在联邦法律层面上统一协调解决公司所有人透明度问题,美国的在岸避税地没有法律义务和积极性彻底解决州法层面上的公司所有人透明度问题。即使根据国际标准(金融行动特别工作组标准),号召全世界各国在某公司被依法调查时,确保主管当局有能力获得有关公司真实所有人充分、准确和及时的信息,但同时金融行动特别工作组报告也指出各国(或地区)应结合各自历史和宪法环境来解决公司所有人透明度问题。⑤

鉴于美国联邦法律目前尚不能解决个别州法律遗留的公司实质所有人透明度问题,因此笔者认为美国在岸避税地的公司实质所有人透明度问题将严重制约美国履行 FATCA-IGA 互惠承诺的实质效果。举例1:假定中国居民王先生在美国特拉华州注册一个空壳公司 A,美国居民 A 公司在美国境内金融机构持有金融账户 A1;美国公民汤姆在中国内地申请成立了外资企业 B,B 公司在中国境内金融机构持有金融账户 B1。从表面上看,由于 A1 账户和 B1 账户分别对于美国和中国而言均为居民账户,因此均不属于 FATCA-IGA 尽职调查程序的范围。但是,若两者均利用第三方进行纳税筹划,信息交换的结果将大相径庭。

---

① 如果公司仅在特拉华州注册并有一个法定地址,但不在该州从事经营活动,那么免缴州公司所得税。[Section 1902(b)(6), Title 30 Delaware Code-State Taxes]但该公司仍然需要缴纳特许税。特许税根据公司类型的不同有所差异。2014 年 7 月 1 日起,特拉华州有限责任公司(LLC)和有限合伙(LP)统一征收每年 300 美元的特许税;股份有限公司根据规模大小不同,每年缴纳的特许税数额在 175 美元至 18 万美元之间浮动。有关特拉华州特许税的详细信息请参见 https://www.delawareinc.com/delaware-franchise-tax/,下载日期:2019 年 7 月 1 日。

② Dyreng, Scott D., Lindsey, Bradley P., and Thornock, Jacob R. Exploring the Role Delaware Plays as a Domestic Tax Haven, *Journal of Financial Economics*, Vol.108, Issue 3, June 2013, p.753.

③ John A Cassara, Delaware, Den of Thieves ?, *New York Times*, Nov.1, 2013.

④ Global Financial Integrity, Delaware Bills "Mere Window-Dressing", Will Do Nothing to Curb Abuse of Anonymous Companies, June 10, 2014. http://www.gfintegrity.org/press-release/delaware-bills-mere-window-dressing-will-nothing-curb-abuse-anonymous-companies/, 2019-07-01.

⑤ Financial Action Task Force, FATF Guidance: Transparency and Beneficial Ownership, Oct.2014. pp.21,42.

举例2:假定中国居民王先生在美国特拉华州注册一个空壳公司A,美国居民A公司在中国香港境内金融机构持有金融账户A2;美国公民汤姆在中国内地申请成立了外资企业B,B公司在中国香港境内金融机构持有金融账户B2。香港特区既是美国FATCA的合作方,也是OECD主导下CRS-MCAA的合作方,因此香港特区金融机构有义务对非居民金融账户开展尽职调查。A2和B2账户将被香港特区金融机构识别为非居民实体账户。如果两个账户进一步被香港特区金融机构识别为消极非金融实体持有的账户,那么根据FATCA和CRS规则,香港特区金融机构必须进一步确认A2和B2账户持有人的控制人,以最终确认该账户的非居民身份。A2账户持有人A公司的控制人实际上是中国居民王先生,但是由于美国特拉华州的隐名公司制度,A公司控制人的真实信息香港特区金融机构难以获得,A2账户只能作为美国账户由香港特区金融机构通过FATCA-IGA合作框架移交给IRS。相应的,B2账户持有人B公司的实际控制人是美国公民汤姆。由于中国对外资企业的设立规定了相对完善的审查批准和工商登记程序,不允许外国投资者在中国设立隐名的外资企业①,因此香港特区金融机构将通过尽职调查程序进一步确认B公司控制人美国公民汤姆的信息,B2账户也将进一步被识别为美国账户,通过FATCA-IGA合作框架移交给IRS。可见,B2作为一个由美国公民实质所有的中国消极非金融实体账户,由于能够获取实质所有人信息,将被认定为美国账户;但是A2作为一个由中国居民实质所有的美国消极非金融实体账户,由于缺少实质所有人的信息而只能从形式上被认定为是美国居民A公司持有的账户,无法向中国税务机关移交相关账户信息。

因此,笔者认为在全球合作实施FATCA和CRS的背景下,美国州法层面规定的隐名公司制度将使美国互惠性承诺的实施效果大打折扣。除了特拉华州之外,美国在岸避税地还有内华达州、怀俄明州、新泽西州等。FATCA旨在打击美国的离岸避税地。但是,在美国在岸避税地建立一个隐名公司,甚至比在大部分著名离岸避税地(比如开曼群岛、英属维京群岛和瑞士)更容易。② 美国国会议员和税制改革工作小组的专家中,一部分人持有这样的观点:我们需要通过税制改革使美国成为一个资本运行的天堂。美国可以成为其他国家资本的避税地,而不是让其他国家成为美国资本的避税地。这将最终增加美国的财政收入,

---

① 《中华人民共和国外资企业法实施细则》第14条规定,设立外资企业的申请书应当包括下列内容:"(一)外国投资者的姓名或者名称、住所、注册地和法定代表人的姓名、国籍、职务……"

② Michael G. Findley, Daniel L. Nielson, J.C.Sharman, *Global Shell Games: Experiments in Transnational Relations, Crime, and Terrorism*, Cambridge University Press, March 2014.

并促进美国的经济增长。①

# 本章小结

美国在 FATCA-IGA 框架下进行金融账户信息交换合作,一方面可以避开 CRS-MCAA 框架下的互惠模式,另一方面可以避开 OECD"全球论坛"的监管机制。美国凭借其强大的资本市场将 FATCA 这一单边标准推向全球化,美国自己却特立独行,游离于 OECD 主导的 CRS-MCAA 多边框架之外。就中美合作实施 FATCA,本章的结论是:

第一,FATCA-IGA 为 FATCA 的域外适用提供了法律途径。FATCA-IGA 虽然能够避免 FATCA 与缔约方国内法(或地区法律)正面冲突,但是它依然要求缔约方尽快完善和修改其国内法(或地区法律),以能够实质性地履行 FATCA 申报标准。

第二,依照两范本签署的 FATCA-IGA 均在一定程度上简化了缔约方境内金融机构的 FATCA 合规程序。FATCA-IGA 范本各版本之间的差异使得 M1A(互惠模式)被大多数国家(或地区)接受,M1B 容易被所得税较低且没有严格隐私权限制法律的国家(或地区)接受,而 M2 则易成为具有严格隐私权限制法律或银行保密法律的国家(或地区)的首选。

第三,中美参照 M1A 合作实施 FATCA 符合两国共同利益。从美国主导下的 FATCA-IGA 双边协定到 OECD 主导下的 CRS-MCAA 多边协定,FATCA 标准从美国国内法走向了国际标准,并借由国际标准的实施逐渐渗透至各国(或地区)的国内法(例如中国的《尽职调查办法》)。这是国际税收合作领域的一个新坐标,即各国(或地区)在实施 FATCA 或 CRS 标准方面开启了国内法的趋同化进程。

第四,虽然中美两国政府为合作实施 FATCA 均作出了国内法(主要是行政规章)方面的努力,但是从国际法工具 M1A 和美国国内法(个别州法律)层面均存在严重制约美国履行互惠性承诺的法律因素。

第五,M1A 由美国政府设计和发布,美国个别州法律及州法规定下的州税是国际税收合作监管的盲区。对这些严重制约美国履行互惠性承诺的因素,美国政府在发布 M1A 范本时就已经明知,甚至有意加以利用。

---

① Paul Ryan(2012 年副总统候选人)的观点,参见 http://www.americanbusinessmag.com/2011/08/inside-the-budget-battle-with-congressman-paul-ryan/,下载日期:2019 年 7 月 1 日。

第六，考虑这些严重制约美国履行互惠性承诺的法律因素，才能客观评估美国在 M1A 中所表达的合作诚意和合作程度。本书认为，美国与各国（或地区）合作实施 FATCA 的目的在于打击美国的离岸避税地，并非美国的在岸避税地。在 FATCA 和 CRS 对离岸避税地的双重压力下，美国的在岸避税地将可能成为世界各国资本躲避其税收居民国监管的最安全避税地。这是除打击海外逃避税行为之外，美国力推自动信息交换全球化的另一利益动机。

# 第四章

# FATCA 域外适用对中国法律的影响

一方面,与美国合作实施 FATCA 的政府间协议谈判与签署工作方兴未艾;另一方面,2015 年 12 月,经国务院批准,中国国家税务总局签署了 CRS-MCAA,CRS-MCAA 被认为是全球版的 FATCA。为了实施 FATCA 和 CRS-MCAA,中国国家税务总局等六部委联合发布了《尽职调查办法》,该办法从 2017 年 7 月 1 日起实施,被认为是中国版的 CRS 或中国版的 FATCA。

从美国国内法 FATCA 到 OECD 主持下的多边政府间协议 CRS-MCAA,再到中国国内法《尽职调查办法》,FATCA 的域外适用对国际税收信息交换规则和中国国内法均产生了深刻的影响。在国际法层面上,既然 OECD 主持下的 CRS-MCAA 为各国(或地区)提供了一个更广阔的多边化合作机制,它是否可以取代 FATCA-IGA 的双边合作机制呢?在国内法层面上,国际社会包括中国在内的大部分主权国家(或地区)均出台了旨在实施 CRS 和 FATCA 的国内法规则。那么这些国内法规则与 CRS 和 FATCA 存在何种关系?本章第一节笔者将系统地分析 FATCA 域外适用对国际税收规则的影响;第二节笔者将系统地分析 FATCA 域外适用对中国国内法的趋同化影响;第三节笔者将以中国香港特区为例,分析 FATCA 和 CRS 对避税地法律的影响,以强化国内法趋同化影响的论据。

# 第一节 从 FATCA 到 CRS:自动信息交换走向多边化

2014年7月21日,OECD 发布了题为《AEOI 标准》。① 2017年3月27日,OECD 发布了第二版《AEOI 标准》。② 《AEOI 标准》旨在将税收信息透明度的国际标准从应请求信息交换升级为自动信息交换。③ OECD 在 2012 年的一份报告中曾明确指出:只有应请求信息交换是强制性的,对于自动信息交换等其他信息交换方式,OECD 目前只为愿意尝试的国家提供技术上的帮助,这并不意味着对现行税收信息交换国际标准(即应请求信息交换)的改变。④ 仅一年之后 OECD 就宣布自动信息交换将取代应请求信息交换成为新的国际标准,OECD 将为此作出努力。⑤ 《AEOI 标准》的出台显然成了 OECD 为此努力的第一步。

《AEOI 标准》包含四个部分的内容:(1)明确各国家(或地区)内金融机构所应遵守的尽职审查与报告义务共同标准(CRS);(2)为各国家(或地区)间执行 CRS 提供法律框架的(双边)税务当局协定范本(model competent authority agreement)及附件Ⅰ的多边税务当局协定范本;(3)有关前两部分内容的注释(commentaries);(4)执行 CRS 的用户信息技术指南(CRS XML Schema)。可以看出,《AEOI 标准》实质上是为各主权国家(或地区)在其境内实施金融机构尽职审查与报告义务提供共同标准(CRS),从而逐步实现金融账户信息自动交换的多边化。因此,CRS 是《AEOI 标准》的核心内容。

与先前自动信息交换全球化议题屡遭冷落的情况不同,CRS 一经发布竟成

---

① http://www.oecd.org/tax/automatic-exchange/common-reporting-standard/standard-for-automatic-exchange-of-financial-account-information-for-tax-matters-9789264216525-en.htm,下载日期:2019年7月1日。

② 2017年《AEOI 标准》(第 2 版)与 2014 年《AEOI 标准》(第 1 版)相比,仅对第四部分"执行 CRS 的用户信息技术指南"的内容有所扩展和修订,其余三个部分均未作修改。OECD, Standard for Automatic Exchange of Financial Account Information in Tax Matters, Second Edition, p.3, OECD Publishing, Paris, http://dx.doi.org/10.1787/9789264267992-en,下载日期:2019年7月1日。

③ 朱晓丹:《OECD〈金融账户信息自动交换标准〉解析》,载《国际税收》2014年第 8 期。

④ OECD, Automatic Exchange of Information: What It Is, How It Works, Benefits, What Remains To Be Done, p.5, published on 23 July, 2012, http://www.oecd.org/tax/exchangeofinformation/automaticexchangeofinformationreport.htm,2019-07-01。

⑤ OECD, OECD Secretary-General Report to the G20 Leaders, 5-6 Sep. 2013, p.13, available at http://www.oecd.org/ctp/SG-report-G20-Leaders-StPetersburg.pdf,2019-07-01。

了国际社会竞相追逐的宠儿。2014年10月29日,51个国家(或地区)参照《AEOI标准》第二部分签订了世界上第一个旨在执行CRS的自动信息交换多边协定——CRS-MCAA,截至2019年6月25日,已经有包括中国在内的106个国家(或地区)签署了CRS-MCAA。① 从内容上看,CRS与FATCA具体规则高度相似(近90%规则一致);从出台时间看,CRS紧跟FATCA其后发布;从参与范围来看,与美国签署双边FATCA-IGA的国家(或地区)和签署OECD多边CRS-MCAA的国家(或地区)也是高度重合。那么,由OECD发布的CRS与美国FATCA是什么关系呢?它们未来又将给国际税收体制带来什么呢?本节将从CRS的出台背景、CRS与FATCA的比较两个方面深入分析CRS与FATCA的关系。

## 一、CRS的出台背景

从20世纪90年代开始,国际社会已逐渐意识到国际税收信息交换的重要性。从共同打击有害税收竞争到促进有效的信息交换,在OECD的主导下,国际社会初步建立起了国际税收信息交换合作的法律框架。② 在税收信息交换领域,2005年OECD范本第26条所确立的信息交换标准被称为"OECD标准"。虽然OECD范本第26条框架下包含了应请求信息交换、自动信息交换和主动

---

① http://www.oecd.org/tax/automatic-exchange/international-framework-for-the-crs/crs-mcaa-signatories.pdf,下载日期:2019年7月1日。

② OECD关注税收信息交换最早是从1996年5月开始的,OECD理事会决定提请OECD"分析和研究应对有害税收竞争对投资和融资决策的扭曲作用的办法"。两个月后,即1996年7月,G7里昂峰会的《经济公报》(*Economic Communique*)指出:各国间的有害税收竞争将产生扭曲贸易和投资的风险,也将导致一国的税基被侵蚀,因此支持OECD在有害税收竞争方面开展工作。1998年,OECD出版了第一份有害税收竞争报告(《1998年有害税收报告》),建议采用四个标准确认避税地:(1)零税负或仅有名义税收;(2)缺少有效的信息交换;(3)缺少透明度;(4)没有实质性经营。但是在随后2001年的报告中(*OECD's Project on Harmful Tax Practices: The 2001 Progress Report*,简称《2001年有害税收实践》)第(1)项和第(4)项标准被剔除——因为国际社会普遍认为任何一个国家(或地区)都有权决定自己的税率(基于主权),且当地行为是否具有充分的实质性经营难以判断。因此,从2001年起衡量各国家(或地区)是否构成避税地主要适用两个标准——透明度和信息交换。"全球论坛"因此成立,用以监督世界各国家(或地区)遵从税收透明度与信息交换的国际标准(即OECD标准)。OECD的信息交换工作一直受到G20和G7的支持。2015年4月,G20财长和央行行长华盛顿会议明确指出,G20国家一直致力于实现有关信息交换的承诺。2015年6月在G7领导人德国峰会上,七国领导人更是承诺将促进自动信息交换,并联合其他国家(或地区)执行国际标准。参见Satoru Araki, Regional Cooperation and Tax Information Exchange among Asia-Pacific Tax Authorities, *Asia-Pacific Tax Bulletin*, 2015 (Vol.21), No.4.

信息交换三种信息交换方式,但是在2013年之前OECD的立场是"只有应请求交换是强制性的,对自动交换等其他信息交换方式,OECD只能为愿意尝试的国家提供技术上帮助"①。因此,在全球范围内自动信息交换仍仅局限于个别国家之间的税收合作。在欧盟,《对存款所得采用支付利息形式的税收指令》(Council Directive 2003/48/EC of 3 June 2003 on Taxation of Savings Income in the Form of Interest Payments,简称《利息税指令》)作为欧盟打击海外逃避税最重要的法律文件,其所规定的自动信息交换也仅适用于欧盟成员国之间,并未扩展至全球范围。

自动信息交换无须税务当局事前掌握纳税人不遵从税法的初步信息;信息交换不是基于缔约方偶然的请求,而是由缔约方定期提供(通常按年度);提供信息的范围也不仅限于相关所得或资产的支付款项,还包括诸如纳税人居民身份变更、不动产买卖或处分、增值税退税信息等。② 自动信息交换与应请求信息交换相比虽然优势明显,但是长期以来难以在国际税收征管合作中广泛适用。2012年,OECD在提交给G20的一份报告中总结了自动信息交换有效实施所需要的三个关键要素:第一,有关信息申报、尽职审查和信息交换的国际共同标准;第二,自动信息交换的法律基础和操作指南;第三,共同或兼容性的技术方案。③而这三个要素在《AEOI标准》发布之前均属于空白。既然自动信息交换有效实施面临如此多的困难,那么OECD为什么能在看似极短的时间内(2013年—2014年)克服困难,推动自动信息交换标准的多边化和全球化呢?

### (一)国际法基础

从双边条约上看,世界各国(或地区)主要参照OECD范本或UN范本缔结税收协定第26条为自动信息交换提供了国际法依据。目前国际社会参照两范本缔结的避免双重征税协定数量已超过3000个。以中国为例,截至2018年12月12日,我国已对外正式签署107个避免双重征税协定,其中100个协定已经

---

① OECD, Automatic Exchange of Information: What It Is, How It Works, Benefits, What Remains To Be Done, p.5, published on 23 July, 2012, http://www.oecd.org/tax/exchangeofinformation/automaticexchangeofinformationreport.htm, 2019-07-01.

② OECD, Automatic Exchange of Information: What It Is, How It Works, Benefits, What Remains To Be Done, p.7, published on 23 July, 2012, http://www.oecd.org/tax/exchangeofinformation/automaticexchangeofinformationreport.htm, 2019-07-01.

③ OECD, Standard for Automatic Exchange of Financial Account Information in Tax Matters, Second Edition, p.11, OECD Publishing, Paris, http://dx.doi.org/10.1787/9789264267992-en, 2019-07-01.

生效。① 这些协定均参照两范本缔结,均含有两范本第 26 条信息交换条款。从多边条约上看,MAATM 第 6 条为自动信息交换提供了国际法依据。2011 年 5 月底,原仅在 OECD 成员国和 EU 范围内适用的 MAATM 开始对非 OECD 成员方和非 EU 国家开放签署。截至 2019 年 6 月 13 日,已有包括中国在内的 129 个国家(或地区)签署了 MAATM。② 2016 年 2 月 1 日,MAATM 对中国正式生效。可以看出,自动信息交换多边化的国际法基础早已存在。

从目前国际社会实施 CRS 的国际法依据来看,MAATM 第 6 条成了 CRS-MCAA 签订的法律基础。《AEOI 标准》第二部分是为各国家(或地区)间执行 CRS 提供法律框架的(双边)税务当局协定范本(Model Competent Authority Agreement,简称 Model CAA)及附件 I 的多边税务当局协定范本。Model CAA 旨在为各国执行 CRS 提供双边协定模版,但它亦可借助各国现有的税收信息自动交换国际法框架(比如税收协定、信息交换协定)来实施。③ 换言之,对于大多数已经至少缔结一种信息交换条约(税收协定、信息交换协定,或 MAATM)的国家(或地区)来说,实际上没有重新缔结"双边 CAA"的必要。各国需要的并不是执行自动信息交换的国际法依据,而是一个承诺共同执行 CRS 的多边框架和磋商平台。2014 年鉴于已经有超过 90 个国家(或地区)公开承诺将在彼此间执行 CRS,OECD 认为这是建立一个多边框架以固定 CRS 推行成果的绝好时机,CRS-MCAA 由此问世。CRS-MCAA 是基于 MAATM 第 6 条缔结的。

那么 CRS-MCAA 的多边化程度究竟如何呢？虽然 MAATM 第 6 条规定两个或多个缔约方之间可以相互进行自动信息交换(即可以双边或多边执行),但是 CRS-MCAA 明确指出只能在两个缔约方的税务当局之间进行自动信息交换(即双边执行)。④ 根据 CRS-MCAA 第 7 条的规定,某国家(或地区)在签署 CRS-MCAA 时应向本协议合作机构秘书处提交一份合作国家(或地区)名单,列明该国家(或地区)计划与之实施本协议的国家(或地区)税务主管当局名称。本协议在两个国家(或地区)税务主管当局之间生效的时间按照以下两个时间的

---

① http://www.chinatax.gov.cn/n810341/n810770/index.html,下载日期:2019 年 7 月 1 日。

② http://www.oecd.org/ctp/exchange-of-tax-information/Status_of_convention.pdf,下载日期:2019 年 7 月 1 日。

③ OECD,Standard for Automatic Exchange of Financial Account Information in Tax Matters,Second Edition,p.9,OECD Publishing,Paris.

④ CRS-MCAA (Multilateral Competent Authority Agreement),Preamble para.8,http://www.oecd.org/tax/automatic-exchange/international-framework-for-the-crs/multilateral-competent-authority-agreement.pdf,下载日期:2019 年 7 月 1 日。

后者计算:(1)一方税务主管当局向秘书处提交的合作国家(或地区)名单均包含另一方税务主管当局之日;(2)两个国家(或地区)均加入 MAATM,且 MAATM 对双方均已生效之日。① 据 OECD 的统计,截至 2019 年 5 月,有超过 100 个国家(或地区)参与的 4000 个旨在实施 CRS 的双边合作协议被激活。② 因此,笔者认为 CRS-MCAA 虽为多边政府间协议,但仍然需要依靠双边机制来具体实施。

**(二)欧盟与美国自动信息交换立法的深刻影响**

在欧盟法律中,2003 年 6 月通过的《利息税指令》和 2011 年 2 月通过的《行政合作指令》(Council Directive 2011/16/EU of 15 February 2011 on Administrative Cooperation)是自动信息交换的两大基石。《利息税指令》规定的自动信息交换范围仅停留在利息所得,一些国家(比如奥地利、比利时、卢森堡)由于国内银行保密法的限制,用征收预提税来代替自动信息交换。③ 2008 年金融危机爆发之后,为加强打击国际逃避税,欧盟迫切需要在税收透明度和信息交换领域加深合作。《利息税指令》在自动信息交换领域的合作程度显然不能满足欧盟的这一需求。随着欧盟内部要求实现更广泛自动信息交换合作的呼声越来越高,2011 年 2 月 15 日,欧盟正式通过了《行政合作指令》。《行政合作指令》第 8 条使自动信息交换成为欧盟成员国必须遵守的强制性义务,其规定的自动信息交换范围也从《利息税指令》的利息所得相关信息扩大到雇佣所得、董事费、寿险产品、养老金、不动产所有权以及不动产所得这五类所得或资产的相关信息。欧盟有关自动信息交换的两大指令方兴未艾,美国 FATCA 的出台却迫使欧盟在自动信息交换的合作程度继续加深。

2010 年美国国会通过的 FATCA 旨在利用惩罚性预提税迫使境外机构向 IRS 单向自动移交美国公民和居民所持有的账户信息。与上述两个欧盟指令相比,FATCA 规定的自动信息交换范围在一定程度上有所扩展,其包括股息、利息、养老金、储蓄、托管、保险、股权和债权交易等所得或资产的账户信息。④

---

① CRS-MCAA (Multilateral Competent Authority Agreement), Section 7, http://www.oecd.org/tax/automatic-exchange/international-framework-for-the-crs/multilateral-competent-authority-agreement.pdf,下载日期:2019 年 7 月 1 日。

② http://www.oecd.org/tax/automatic-exchange/international-framework-for-the-crs/exchange-relationships/#d.en.345426,下载日期:2019 年 7 月 1 日。

③ Annet Wanyana Oguttu, A Critique on the Effectiveness of "Exchange of Information on Tax Matters" in Preventing Tax Avoidance and Evasion: A South African Perspective, Bulletin for International Taxation,2014(1), p.15.

④ 朱晓丹:《自动信息交换的全球化时代到来了吗——评析美国—瑞士签署执行 FATCA 协定》,载《国际税收》2013 年第 5 期。

FATCA作为美国国内法,其适用范围已经超出了美国国境,并且其所规定的信息报告义务明显是单向的,这使得FATCA出台之后屡遭诟病。① 为了保证FATCA的顺利实施,美国财政部陆续发布了互惠模式与非互惠模式两种《促进税收合规和执行FATCA的政府间协定范本》,作为他国与美国协商执行FATCA的基础性文件。2012年2月7日,美国与欧洲五国(法国、德国、意大利、西班牙和英国)发表了按照互惠模式的范本1执行FATCA的双边合作声明。② 随后,一些欧盟成员国开始陆续与美国签订执行FATCA的政府间协定(FATCA-IGA)。欧盟国家与美国缔结的FATCA-IGA给刚出台不久的《行政合作指令》带来了压力。

《行政合作指令》第19条规定:当某一欧盟成员国与另一非欧盟国之间达成比本指令范围更广的税务合作协议时,该欧盟成员国不得拒绝向有意愿的其他欧盟成员国提供这种范围更广的税务合作。根据该条规定,鉴于FATCA在自动信息交换领域更为广泛的合作机制,某些欧盟国家与美国缔结的FATCA-IGA显然将成为欧盟各国争相追逐的欧盟自动信息交换新标准。为了保护欧盟在自动信息交换领域的立法成果,2013年12月6日,欧盟在布鲁塞尔对《行政合作指令》第8条提出了具体的修订计划,扩大成员国税务当局之间自动信息交换的范围,拟将红利、资本收益和其他形式的金融收入和账户余额等内容增加至自动信息交换范围,修订之后的第8条将覆盖美国FATCA的信息交换范围,被欧盟称为"欧洲版FATCA"③。2014年10月9日,欧盟理事会通过了对《行政合作指令》第8条的修订计划(*Council Directive* 2014/107/*EU of 9 December* 2014),并于2016年1月1日起实施。

FATCA对自动信息交换的影响不仅仅在欧盟范围之内。截至2017年7月底,包括中国在内的113个国家(或地区)同意与美国合作实施FATCA,并就合作事宜签署了FATCA-IGA或已就FATCA-IGA实质性内容达成一致。④ FATCA成了自动信息交换多边化的催化剂。⑤ FATCA-IGA不仅成为美国对

---

① 对FATCA的否定性评析可参见Herman B. Bouma, 11 Reasons Why FATCA Must Be Repealed, *Tax Management International Journal*, No.12, 2012, pp.651-659.

② http://www.treasury.gov/resource-center/tax-policy/treaties/Documents/FATCA-Joint-Statement-US-Fr-Ger-It-Sp-UK-02-07-2012.pdf,下载日期:2019年7月1日。

③ 黄云、凌冰尧、高阳:《欧洲版FATCA初现端倪:〈行政合作指令〉修订计划》,载《国际税收》2014年第7期。

④ https://www.treasury.gov/resource-center/tax-policy/treaties/Pages/FATCA.aspx,下载日期:2019年7月1日。

⑤ OECD, Automatic Exchange of Financial Account Information-Background Information Brief, updated on Jan.2016, p.3. http://www.oecd.org/ctp/exchange-of-tax-information/Automatic-Exchange-Financial-Account-Information-Brief.pdf, 2019-07-01.

外推行 FATCA 的国际法途径,也成了 CRS 的参照模板。①

**(三)国际政治力量的推动**

2013 年,国际社会在税收信息交换领域的议题似乎全部集中在了如何实现自动信息交换的全球单一标准。2013 年 4 月 9 日,欧洲五国(法国、德国、意大利、西班牙和英国)财长宣布,除了与美国签订 FATCA-IGA 之外,五国之间也将建立 FATCA 模式的自动信息交换合作机制。这一举措迅速吸引了其他一些欧盟国家和非欧盟国家的参与。在欧盟法律和 FATCA-IGA 均将自动信息交换规定为缔约国强制义务的背景下,国际社会开始尝试将自动信息交换升级为税收信息交换的国际标准。

2013 年 4 月 19 日,G20 财长与央行行长会议决定将自动信息交换作为理想的信息交换新标准,并委托 OECD 与 G20 合作,研究出自动信息交换新的多边化标准。2013 年 5 月 22 日,欧盟理事会一致同意优先采取措施扩大自动信息交换在欧盟和全球范围内的适用,并希望八国集团(Group 8,简称 G8)、G20 和 OECD 能够继续努力促成自动信息交换全球单一标准的出台。2013 年 6 月 19 日,OECD 向 G8 首脑峰会提交了一份题为《税收透明度变革的一步》(*A Step Change in Tax Transparency*)的报告,提出了发布自动信息交换全球单一标准需要完成的具体工作建议。G8 同意接受该报告的建议,并决定将自动信息交换确定为税收信息交换新的国际标准。2013 年 7 月 20 日,G20 财长与央行行长会议进一步同意将自动信息交换作为新的国际标准。2013 年 9 月 6 日,G20 圣彼得堡首脑峰会再次重申将自动信息交换作为新的国际标准,并委托 OECD 与 G20 合作,在 2014 年 2 月举行的 G20 财长与央行行长会议上提交自动信息交换全球单一标准报告。②

概言之,自动信息交换并不缺乏多边化的国际法基础。与应请求信息交换的多边化进程相比,自动信息交换多边化进程的困境在于国内法的阻碍和 AEOI 执行标准的多样化。欧盟法律与 FATCA 为国际社会寻求自动信息交换多边化的单一标准提供了具有广泛国家实践基础的样本。G8、G20 和 OECD 的推动大大加速了《AEOI 标准》的出台。但《AEOI 标准》并不是法律,它需要各国将其转化为国内法才具有强制力;它也不意味着自动信息交换全球化的最终

---

① OECD, Automatic Exchange of Financial Account Information-Background Information Brief, updated on Jan.2016, p.6. http://www.oecd.org/ctp/exchange-of-tax-information/Automatic-Exchange-Financial-Account-Information-Brief.pdf,2019-07-01.

② OECD, Automatic Exchange of Financial Account Information-Background Information Brief, updated on Jan.2016, pp.2-3. http://www.oecd.org/ctp/exchange-of-tax-information/Automatic-Exchange-Financial-Account-Information-Brief.pdf,2019-07-01.

实现,而仅是自动信息交换全球化进程的良好开端。

## 二、CRS 和 FATCA 的比较

在 G20 的大力支持下,OECD 和 G20 国家紧密合作发布了《AEOI 标准》,通过 CRS 将自动信息交换的模板统一化。CRS 以 FATCA 为基础,一边追求多边合作框架,一边旨在提供更加高效率低成本的合作机制。① 虽然 CRS 以 FATCA 为基础,但是与 FATCA 不同的是,CRS 追求多边性,且必须剔除一些专门适用于美国的规则。例如基于美国公民税收管辖权的规则和重要且复杂的 FATCA 预提税规则。尽管如此,FATCA 与 CRS 规则大部分一致,且互相兼容。② 笔者将通过比较 FATCA 与 CRS 的差异性,反证两者的一致性与兼容性。

### (一)合作模式和影响范围的差异性分析

第一,从合作模式上来看,CRS 是基于完全互惠模式的自动信息交换,这主要体现在《AEOI 标准》的第二部分(Model CAA),实施 FATCA 的 FATCA-IGA 却包括互惠与非互惠两种合作范本。FATCA-IGA 范本 1 采用的是政府间的合作模式,由缔约国政府承诺向其金融机构搜集信息并自动移交给 IRS,其金融机构则不再履行与美国财政部长签订合作协议的义务,美国也将不再对支付给缔约国金融机构的可预提款项征收 30% 的预提税。FATCA-IGA 范本 2 要求缔约国的金融机构直接向 IRS 报告美国纳税人的账户信息。缔约国应当保证其金融机构与美国财政部长签订合作协议,不合作的境外金融机构所收取的可预提款项仍将面临 30% 的预提税制裁。另外,FATCA-IGA 范本 2 没有在缔约国政府之间建立自动信息交换平台,它依然维持了政府间信息交换的原有模式(一般是应请求信息交换)。由于不涉及政府之间的报告义务,因此 FATCA-IGA 范本 2 也无法包含互惠模式。

第二,从影响范围来看,CRS 的影响范围要广于 FATCA。CRS 由 OECD 主导,各主权国家(美国除外)通过加入 CRS-MCAA 这一多边政府间协议来实施 CRS。而 FATCA 由美国主导,各国家(或地区)通过与美国签署 FATCA-

---

① OECD, Standard for Automatic Exchange of Financial Account Information in Tax Matters: Implementation Handbook, p. 6. http://www.oecd.org/tax/exchange-of-tax-information/implementation-handbook-standard-for-automatic-exchange-of-financial-information-in-tax-matters.pdf, 2019-07-01.

② OECD, Standard for Automatic Exchange of Financial Account Information in Tax Matters, Second Edition, p. 10, OECD Publishing, Paris. http://dx.doi.org/10.1787/9789264267992-en, 2019-07-01.

IGA这一双边政府间协议来实施FATCA。截至2019年6月底,加入CRS-MCAA(106个)和签署FATCA-IGA的国家(或地区)(113个)高度重合。但若这些国家(或地区)彼此间(而非与美国政府间)进行金融账户信息自动交换,只能依靠CRS-MCAA来实现。FATCA-IGA只能为各国家(或地区)与美国之间进行金融账户信息自动交换提供依据。因此,CRS-MCAA的影响范围要远远广于FATCA-IGA。(见图4-1、图4-2)

图4-1 FATCA的影响范围

图4-2 CRS的影响范围

1989年6月29日,美国签署了MAATM,1995年4月1日MAATM正式对美国生效。尽管如此,若美国不签署CRS-MCAA,其对美国并不能自动适用。美国在FATCA-IGA的框架下实施金融账户信息自动交换,既可以适用互惠与非互惠多套FATCA-IGA范本合作机制,又可以避开CRS-MCAA框架下的"全球论坛"评审监督机制。

## (二)监督机制的差异性分析

FATCA 采用 30% 惩罚性预提税的监督机制,实质上是利用美国资本市场对全球金融机构的影响力"迫使"境外金融机构遵从 FATCA。《FATCA-IGA 范本》发布之后,30% 的 FATCA 预提税成为最后监督措施。FATCA-IGA 签署之后,一般情况下美国将取消对缔约方境内金融机构实施 30% 的惩罚性预提税。缔约方境内金融机构将被 IRS 视为"合作的境外金融机构",以避开 FATCA 预提税的惩罚。①

CRS 没有采纳 FATCA 的惩罚性预提税来保证实施,G20 委托 OECD"全球论坛"监督和评审 CRS 的执行情况。2001 年,OECD 成立了"全球论坛"。截至 2019 年 6 月底,"全球论坛"已有 154 个成员方(包括中国内地、中国香港和中国澳门)。② 目前"全球论坛"已成为监督实施 OECD 主导下的税收透明度与信息交换国际标准最重要的多边平台。"全球论坛"最初通过公布避税地黑名单的方式监督国家(或地区)税收透明度和信息交换国际标准的实施情况。2009 年 OECD 改组"全球论坛",设立了同行评审程序(poeer review process),用来全面深入地监督"全球论坛"成员方承诺和实施税收透明度与信息交换国际标准。同行评审程序的评级结论分为四个级别:"合规""大部分合规""部分合规""不合规"。CRS 出台之前,同行评审程序主要用来监督各国家(或地区)对应请求信息交换这一国际标准的实施情况。2010 年至 2017 年,"全球论坛"就成员方实施应请求信息交换这一国际标准的情况发布了超过 250 份同行评审程序报告。③ CRS 出台之后,2016 年 7 月 OECD 联合 G20 发布了程序同行评审的新标准,即受评审的国家(或地区)须满足以下三个条件:其一,在应请求信息交换评审中至少达到"大部分合规";其二,承诺实施 CRS,并从 2018 年开始(对 2017 年的金融账户涉税信息)进行首次交换;其三,加入 MAATM 或签订足够数量的信息交换协定,以确保应请求信息交换和自动信息交换合作顺利开展。④ 如果一个国家(或地区)达到三个标准中的至少两项,在一般情况下,可以视为符合国

---

① Article 4(1), Model 1 A/Model 1 B IGA, Preexisting TIEA or DTC; Article 4(1), Model 1 B IGA, No DTC or TIEA IGA.

② http://www.oecd.org/tax/transparency/about-the-global-forum/members/,下载日期:2019 年 7 月 1 日。

③ OECD, Brief on the State of Play on the International Tax Transparency Standards, p.5, June 2017, http://www.oecd.org/tax/transparency/brief-and-FAQ-on-progress-on-tax-transparency.pdf,下载日期:2019 年 7 月 1 日。

④ OECD, OECD Secretary-General Report to G20 Finance Ministers, 23-24 July 2016, p.11. https://www.oecd.org/tax/oecd-secretary-general-tax-report-g20-finance-ministers-july-2016.pdf,下载日期:2019 年 7 月 1 日。

际税收透明度标准的合规国家(或地区)。① 这三个条件显然旨在以应请求信息交换为基础,扩大监督CRS在全球的实施情况。同行评审程序的新标准将于2018年开始实施。

**(三)具体规则差异性分析**

若无特别说明,以下FATCA-IGA均指参照M1A签署。

1.合作方金融机构的认定标准略有差异

FATCA-IGA规定的合作国家(或地区)的金融机构是指,任何构成合作国家(或地区)居民或依据合作国家(或地区)法律成立的金融机构,但不包括具有合作国家(或地区)居民身份的金融机构设在该国家(或地区)境外的分支机构,也不包括不具有合作国家(或地区)居民身份的金融机构设在该国家(或地区)境内的分支机构。② 金融机构是否构成合作国家(或地区)的居民或是否依据合作国家(或地区)法律成立通常按照合作国家(或地区)的税法判断,若其税法没有相关规定,则通常采用法人成立标准确定。③

CRS对"合作国家(或地区)的金融机构"的定义是,任何构成合作国家(或地区)居民(resident)的金融机构,但不包括具有合作国家(或地区)居民身份的金融机构设在该国家(或地区)境外的分支机构,也不包括不具有合作国家(或地区)居民身份的金融机构设在该国家(或地区)境内的分支机构。④

可以看出,合作方的居民身份是FATCA-IGA和CRS对合作方金融机构认定的共同标准,且均依赖于合作方法律认定。所不同的是,FATCA-IGA除居民标准外,还规定了法人成立标准。然而,笔者认为CRS在注释中实质上弥补了这一差异。CRS在注释中规定,如果金融机构(除信托外)因为某些原因不具有合作国家(或地区)的税收居民身份,比如它被合作国家(或地区)的法律认定为税收虚体(fiscal transparency)或者它所在的国家(或地区)不征收所得税,那

---

① 例外的情况是,如果一个国家(或地区)经全球税务论坛的同行评审程序认定为"不合规",或者未通过第一阶段评审,或之前在通过第一阶段评议时受阻,并且未取得第二阶段评审的等级评估,则即使一个国家(或地区)符合上述三项条件中的两项,也会被视为"不合作的国家(或地区)"。OECD, OECD Secretary-General Report to G20 Finance Ministers, pp.23-24 July 2016, p. 11. http://www. oecd. org/tax/oecd-secretary-general-tax-report-g20-finance-ministers-july-2016.pdf,下载日期:2019年7月1日。

② Article 1.1.l)-m), Reciprocal Model 1A Agreement, Preexisting TIEA or DTC.

③ Footnote 5 for Article 1.1.l), Reciprocal Model 1A Agreement, Preexisting TIEA or DTC.

④ OECD, Standard for Automatic Exchange of Financial Account Information in Tax Matters, Second Edition, p. 44, OECD Publishing, Paris. http://dx. doi. org/10. 1787/9789264267992-en,2019-07-01。

么若符合以下两个条件,该金融机构依然构成合作国家(或地区)的居民:第一,该金融机构依照合作国家(或地区)的法律注册成立;第二,该金融机构在合作国家(或地区)境内拥有管理机构(包括实际管理机构),或者该金融机构受该国家(或地区)的金融监管。① 此外,FATCA-IGA 和 CRS-MCAA 均明确规定对本协议没有定义的术语,应采用合作国家(或地区)适用本协议时其国内法相关术语的含义进行解释(且该术语在其国内税法中具有的含义应优先于在其他国内法中具有的相关含义适用),除非依照本协议上下文有不同规定或税收主管当局双方一致同意采用其他通用含义(由国内法所允许)。②

2."不申报金融机构"分类略有差异

FATCA-IGA 在附件Ⅱ中列明"不申报金融机构",它包括两类:其一,豁免申报的金融机构;其二,视同遵从 FATCA 申报义务的金融机构。③ FATCA-IGA 对不申报金融机构的两种分类参照了美国 FATCA 规则,从而使 FATCA-IGA 与美国 FATCA 规则相关定义一致。但是,CRS 对"不申报金融机构"没有采纳上述两种分类。CRS 只需要确定某实体构成"申报金融机构"或"不申报金融机构",因此没有必要对不申报金融机构再进行分类。

虽然在对"不申报金融机构"的分类上 FATCA-IGA 和 CRS 有所差异,但是两者对"不申报金融机构"规定的范围大部分是一致的,④只是对个别的概念的解释略有差异。例如:

第一,FATCA"不申报金融机构"包括只维持低价值账户的金融机构(一般指维持的单一账户价值不超过 5 万美元,总资产不超过 5000 万美元的非投资实体)。⑤ 但是 CRS"不申报金融机构"不包含这样的低价值豁免门槛。

第二,FATCA"不申报金融机构"包括由全部由豁免受益所有人拥有的投资实体。⑥ CRS"不申报金融机构"虽然没有列明这样的投资实体,但是全部由豁免受益所有人拥有的投资实体在 CRS 项下也不承担尽职审查与申报义务。

---

① OECD, Standard for Automatic Exchange of Financial Account Information in Tax Matters, Second Edition, pp.158-159, OECD Publishing, Paris. http://dx.doi.org/10.1787/9789264267992-en,下载日期:2019 年 7 月 1 日。

② Section 1.2, of CRS-MCAA; Article 1.2, Reciprocal Model 1A Agreement, Preexisting TIEA or DTC.

③ Art.II-IV, Annex II, Model 1 IGA.

④ OECD, Standard for Automatic Exchange of Financial Account Information in Tax Matters: Implementation Handbook, p.88. http://www.oecd.org/tax/exchange-of-tax-information/implementation-handbook-standard-for-automatic-exchange-of-financial-information-in-tax-matters.pdf,2019-07-01.

⑤ Art.III(C), Annex II, Model 1 IGA.

⑥ Art.II(E), Annex II, Model 1 IGA.

第三,FATCA"不申报金融机构"包括"受资助的投资实体"和"受资助的受控外国公司"。① 其理由是,出资人(sponsor)将代替这些实体履行尽职审查与报告义务,因此这些实体被视为FATCA项下的合规的金融机构。CRS"不申报金融机构"虽然没有列明上述实体,但出资人同样可以履行CRS项下的尽职审查与报告义务。②

第四,FATCA"不申报金融机构"包括"投资顾问"和"投资经理"。③ 其含义是若FATCA合作国家(或地区)的某个投资实体仅为提供投资咨询服务而设立,或者仅为替客户管理投资而设立,那么这种投资实体视为FATCA项下合规的金融机构。理由是,这种投资实体没有维持任何金融账户。④ CRS"不申报金融机构"虽然没有列明上述实体,但是上述实体由于没有维持任何金融账户,同样可以不必履行CRS项下的尽职审查与报告义务。

### 3.消极非金融实体的概念差异

无论是在FATCA还是CRS项下,消极非金融实体的概念对实体账户尽职调查十分重要。一般情况下,若金融机构将其维持的实体账户持有人识别为消极非金融实体,那么该消极非金融实体必须进一步披露其控制人,其控制人是该实体账户的账户持有人。反之,若金融机构将其维持的实体账户持有人识别为积极非金融实体,则该积极非金融实体为该实体账户的账户持有人,其不必披露控制人信息。理由是,消极非金融实体相较于积极非金融实体具有更高的逃避税风险,因此需要适用更复杂的尽职调查规则以确定其控制人。

但是FATCA和CRS项下消极非金融实体的概念略有差异。依据FATCA-IGA,消极非金融实体是指并非以下两类实体的任何非金融实体:(1)积极非金融实体;(2)美国税法规定的境外预提合伙或境外预提信托。⑤ CRS规定的消极非金融实体是指:(1)除积极非金融实体之外的任何非金融实

---

① Art.IV(B)(C), Annex II, Model 1 IGA.

② OECD, Standard for Automatic Exchange of Financial Account Information in Tax Matters: Implementation Handbook, p.89. http://www.oecd.org/tax/exchange-of-tax-information/implementation-handbook-standard-for-automatic-exchange-of-financial-information-in-tax-matters.pdf,2019-07-01.

③ Art.IV(D), Annex II, Model 1 IGA.

④ OECD, Standard for Automatic Exchange of Financial Account Information in Tax Matters: Implementation Handbook, p.89. http://www.oecd.org/tax/exchange-of-tax-information/implementation-handbook-standard-for-automatic-exchange-of-financial-information-in-tax-matters.pdf,2019-07-01.

⑤ Art.VI,B,2,Annex I, Model 1 IGA.

体;(2)并非合作国家(或地区)居民的特定投资实体。① 两者概念的差异在于:第一,CRS 剔除了美国税法的特殊规则,即将境外预提合伙和境外预提信托排除在 FATCA 消极非金融实体概念之外;第二,CRS 的消极非金融实体概念包含了并非合作国家(或地区)居民的特定投资实体②[Section VIII A(6)(b),CRS],无论该投资实体从事的活动是积极的还是消极的。

举例:A 国家(或地区)与 B 国家(或地区)签订了实施 CRS 的双边协议,但 A 与 C 国家(或地区)尚未签订实施 CRS 的双边协议。W 是 A 的税收居民且为应申报金融机构,由 W 维持的两个金融账户持有人 X、Y 均系 CRS 项下[Section VIII A(6)(b)项]所指的投资实体。X 是 B 的居民,Y 是 C 的居民。对金融机构 W 来说,X 是合作国家(或地区)的居民,Y 不是合作国家(或地区)的居民。因此 W 必须将 Y 识别为 CRS 意义上的消极非金融实体。③

**4.关联实体概念差异**

FATCA-IGA 对关联实体的定义是,一个实体控制另一个实体,或者两个实体收到共同控制,则该两个实体互为关联实体。关联实体意义上的所谓"控制"是指直接或者间接拥有某实体 50% 以上的股权或表决权。虽有上述规定,如果两个实体不属于 IRC 意义上的同一个联署集团[expanded affiliated group,Section 1471(e)(2),IRC]的成员,那么 FATCA 合作国家(或地区)可以将其认定为非关联实体。④

CRS 对关联实体的定义与 FATCA-IGA 有两处不同。第一,CRS 关联实体意义上的控制是指直接或间接拥有某实体 50% 以上的股权和表决权。同时要求股权和表决权达到 50% 以上比例,CRS 相较于 FATCA 的条件更为严格。第二,CRS 剔除了非隶属于同一联署集团的例外规定,因为这是一项带有美国国内法特征的规则。

---

① OECD,Standard for Automatic Exchange of Financial Account Information in Tax Matters, Second Edition, p. 58, OECD Publishing, Paris. http://dx.doi.org/10.1787/9789264267992-en,下载日期:2019 年 7 月 1 日。

② 特定投资实体是指 CRS 第 8 部分第 A(6)(b)项所规定的投资实体,即近三年总收入的(含)50% 以上来源于投资、再投资或者买卖金融资产,且由存款机构、托管机构、特定的保险机构或者第(a)项所述投资机构进行管理并作出投资决策的机构,机构成立不满三年的,按机构存续期间计算。OECD,Standard for Automatic Exchange of Financial Account Information in Tax Matters, Second Edition, p.58, OECD Publishing, Paris. http://dx.doi.org/10.1787/9789264267992-en,下载日期:2019 年 7 月 1 日。

③ OECD,Standard for Automatic Exchange of Financial Account Information in Tax Matters, Second Edition, p. 195, OECD Publishing, Paris. http://dx.doi.org/10.1787/9789264267992-en,下载日期:2019 年 7 月 1 日。

④ Art.1(jj), Model 1 IGA.

### 5.休眠账户申报义务的差异

CRS 对"当前休眠账户"(current dormant account)的认定标准是,某一账户(除年金合同外)(1)在过去三年,账户持有人没有通过该账户或其在同一金融机构持有的其他账户进行任何交易;(2)在过去六年,账户持有人没有就账户相关事宜与维持其账户的金融机构取得任何联系。休眠账户及停止休眠的认定标准也可以依照金融机构所在国家(或地区)适用的法律认定。① CRS 项下的休眠账户可能被认定为不申报账户,从而豁免申报义务。② 但是,FATCA-IGA 项下,休眠账户没有特殊待遇,与其他金融账户一样需要被尽职审查和申报信息。当然,合作国家(或地区)可以参照 CRS 和 FATCA-IGA 具体协商对休眠账户的待遇问题。

虽然 CRS 与 FATCA 存在差异,但是两者的大部分规则是相同的。CRS 在制度设计上完全采纳了 FATCA 的运行机制,不同点主要考虑以下因素:第一,CRS 需要寻求更广泛的多边合作,为了吸引更多的国家(或地区)参与,CRS 必须更加注重降低合规成本;第二,CRS 必须剔除 FATCA 规则中与美国国内法紧密联系的特殊规则,以促进 CRS 尽快被各国纳入国内法。

## 第二节 FATCA 和 CRS 对中国国内法的趋同化影响

从 FATCA 到 CRS,金融账户自动信息交换从美国的单边行动走向了 OECD 和 G20 主导下的多边合作。但是 FATCA 和 CRS 在各国国内的落地与实施工作才刚刚开始,且任重而道远。一方面,中美两国政府已就合作实施 FATCA 达成共识,但尚未签署 FATCA-IGA。另一方面,2015 年 12 月,中国政府签署了 OECD 主持下的 CRS-MCAA,并承诺在 2018 年 9 月前实施 CRS-MCAA 框架下的首次金融账户自动信息交换。依据 CRS-MCAA 第 7 条的规定,这一多边协议需要各合作国家(或地区)经过"你选我,我选你"的双边合作协议才能对互相选择的国家(或地区)生效。据 OECD 的统计,截至 2019 年 6 月底,有超过 100 个国家(或地区)参与的 4000 个旨在实施 CRS 的双边合作协议

---

① OECD, Standard for Automatic Exchange of Financial Account Information in Tax Matters, Second Edition, p.112, OECD Publishing, Paris. http://dx.doi.org/10.1787/9789264267992-en,下载日期:2019 年 7 月 1 日。

② OECD, Standard for Automatic Exchange of Financial Account Information in Tax Matters, Second Edition, p.118, OECD Publishing, Paris. http://dx.doi.org/10.1787/9789264267992-en,下载日期:2019 年 7 月 1 日。

被激活。中国已与 66 个国家(或地区)激活了这样的双边协议。①

为了尽快签署 FATCA-IGA 和实施 CRS-MCAA,中国政府需要出台一部能够兼容两者的国内法规则,《尽职调查办法》由此发布。

## 一、《尽职调查办法》的相关背景

随着经济全球化进程的不断加快,纳税人通过境外金融机构持有和管理资产,并将收益隐匿在境外金融账户以逃避居民国纳税义务的现象日趋严重,各国对进一步加强国际税收信息交换、维护本国税收权益的意愿愈显迫切。受 G20 委托,2014 年 7 月,OECD 发布了《AEOI 标准》,获得当年 G20 布里斯班峰会的核准,为各国加强国际税收合作、打击跨境逃避税提供了强有力的工具。在 G20 的大力推动下,截至 2019 年 6 月 25 日,已有 106 个国家(或地区)签署实施 CRS(《AEOI 标准》的核心内容)的 CRS-MCAA。②

经国务院批准,我国向 G20 承诺实施 CRS,首次对外交换信息的时间为 2018 年 9 月。本次发布的《尽职调查办法》旨在将国际通用的(CRS)转化成适应我国国情的具体要求,为我国实施 CRS 提供法律依据和操作指引,既是我国积极推动 CRS 实施的重要举措,也是我国履行国际承诺的具体体现。③

我国 CRS 实施时间表如下:

1. 2014 年 9 月,经国务院批准,我国在 G20 财政部长和央行行长会议上承诺将实施 CRS,首次对外交换信息的时间为 2018 年 9 月。

2. 2015 年 7 月,MAATM 由第 12 届全国人大常委会第 15 次会议批准,已于 2016 年 2 月 1 日对我国生效,为实施 CRS 奠定了多边法律基础。

3. 2015 年 12 月,经国务院批准,国家税务总局签署了 CRS-MCAA,为我国与其他国家(或地区)间相互交换金融账户涉税信息提供了操作层面的多边法律工具。

4. 2016 年 10 月,国家税务总局就《非居民金融账户涉税信息尽职调查管理办法(征求意见稿)》公开征求意见。

---

① http://www.oecd.org/tax/automatic-exchange/international-framework-for-the-crs/exchange-relationships/#d.en.345426,下载日期:2019 年 7 月 1 日。

② http://www.oecd.org/tax/automatic-exchange/international-framework-for-the-crs/MCAA-Signatories.pdf,下载日期:2019 年 7 月 1 日。

③ 关于《国家税务总局、财政部、中国人民银行、中国银行业监督管理委员会、中国证券监督管理委员会、中国保险监督管理委员会关于发布〈非居民金融账户涉税信息尽职调查管理办法〉的公告》的解读,第 1 项,http://www.chinatax.gov.cn/n810341/n810760/c2620533/content.html,下载日期:2019 年 7 月 1 日。

5.2017 年 5 月 9 日,《非居民金融账户涉税信息尽职调查管理办法》(2017 第 14 号文)正式发布。

6.2017 年 7 月 1 日,金融机构开始对新开立的个人和机构账户开展尽职调查。

7.2017 年 12 月 31 日前,金融机构完成对存量个人高净值账户(截至 2017 年 6 月 30 日金融账户加总余额超过 100 万美元)的尽职调查。

8.2018 年 5 月 31 日前,金融机构报送信息。

9.2018 年 9 月,国家税务总局与其他国家(或地区)税务主管当局第一次交换信息。

10.2018 年 12 月 31 日前,金融机构完成对存量个人低净值账户和全部存量机构账户的尽职调查。①

## 二、《尽职调查办法》与 CRS 和 FATCA 的关系

我国税务主管当局如何解读《尽职调查办法》与 FATCA、CRS 的关系呢？2010 年,美国颁布 FATCA,要求境外金融机构向 IRS 报告美国税收居民(包括美国公民、绿卡持有者)账户的信息,否则境外金融机构在接收来源于美国的特定收入时将被扣缴 30% 的惩罚性预提所得税。FATCA 主要采用双边信息交换机制,即美国与其他国家(或地区)根据 FATCA-IGA 开展信息交换。CRS 是以 FATCA 政府间协定(FATCA-IGA)为蓝本设计的多边信息交换机制,可以说是全球版的 FATCA。CRS 与 FATCA 内容上大体相同,但是在细节上存在一些差异,包括报送对象、个人账户的尽职调查门槛、免予报送信息的金融机构类别、处罚措施等。《尽职调查办法》旨在识别 CRS 所要求的非居民账户,并不适用于 FATCA 所要求的美国税收居民账户。鉴于我国政府正与美国政府积极商谈有关 FATCA 政府间协定事宜,金融机构可以考虑在操作层面将 CRS 与 FATCA 统筹,包括根据自身业务需求将二者的声明文件进行整合等。② 可以看出,《尽职调查办法》虽然不适用于 FATCA 所要求的美国税收居民账户,但是鉴于 FATCA 与 CRS 内容大体相同,《尽职调查办法》也将成为中美实施 FATCA 的主要参照依据。那么,从内容上看,《尽职调查办法》与 CRS 的关系如何呢？

---

① http://www.chinatax.gov.cn/aeoi_index.html,下载日期:2019 年 7 月 1 日。
② 关于《国家税务总局、财政部、中国人民银行、中国银行业监督管理委员会、中国证券监督管理委员会、中国保险监督管理委员会关于发布〈非居民金融账户涉税信息尽职调查管理办法〉的公告》的解读,第 3 项,http://www.chinatax.gov.cn/n810341/n810760/c2620533/content.html,下载日期:2019 年 7 月 1 日。

### (一)完全采纳了 CRS 的核心机制与主要概念

鉴于《尽职调查办法》旨在实施 CRS,因此《尽职调查办法》完全采纳了 CRS 的核心机制和主要概念。在一国(或地区)实施 CRS 的层面上,CRS 的核心机制是由负有申报义务的金融机构评估其金融账户,以确认应申报账户的范围,并对应申报账户适用尽职审查规则(due diligence rules),随后向税务当局申报相关信息,这与 FATCA 的核心机制相同。

在各国(或地区)之间合作实施 CRS 的层面上,根据 CRS 开展金融账户涉税信息自动交换,首先由一国(或地区)金融机构通过尽职调查程序识别另一国(或地区)税收居民个人和企业在该金融机构开立的账户,按年向金融机构所在国(或地区)主管部门报送账户持有人名称、纳税人识别号、地址、账号、账户余额或价值、利息、股息以及出售金融资产(不包括实物资产)的收入等信息,再由该国(或地区)税务主管当局与账户持有人的居民国税务主管当局开展信息交换,最终为各国(或地区)进行跨境税源监管提供信息支持。具体过程如图 4-3 所示。

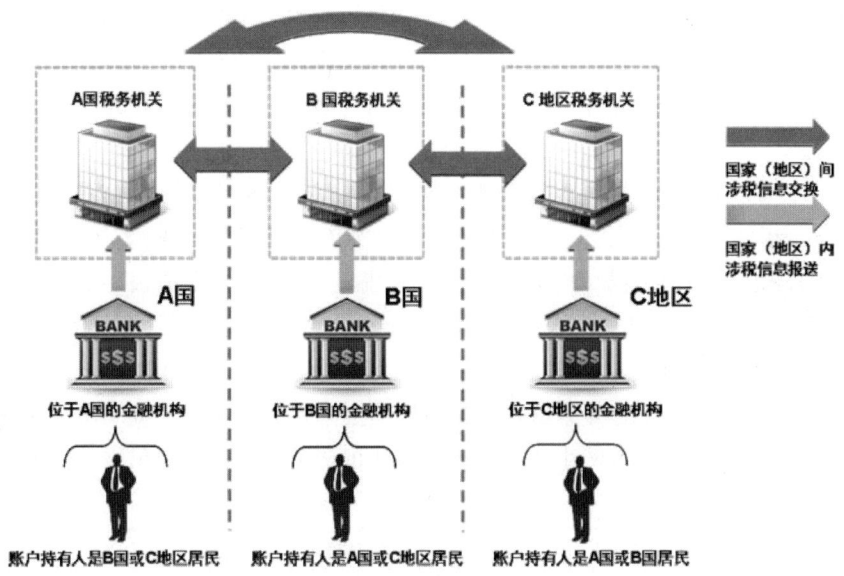

**图 4-3 CRS 与《尽职调查办法》的核心机制**

图片来源:国家税务总局网站 http://www.chinatax.gov.cn/n810341/n810760/c2620533/content.html,下载日期:2019 年 12 月 1 日。

《尽职调查办法》完全采纳了 CRS 的核心机制,其主要概念也与 CRS 基本一致。如果说长久以来(1963 年至今)OECD 范本主要影响各国对外缔结的税收协定,还无法触及各国国内税法的协调一致问题,那么 CRS 则是 OECD 在自动信息交换领域对各国国内税法的一次深度同化。

### (二)《尽职调查办法》与 CRS 的差异

虽然《尽职调查办法》完全采纳了 CRS 的核心机制和主要概念,但是这并不意味着两者完全相同。两者的差异性主要体现在少数概念和解释规则上。

1. 消极非金融实体界定差异

前文已提到,无论是在 FATCA 还是在 CRS 项下,消极非金融实体的概念对实体账户尽职调查十分重要。如果一家非金融机构取得的大部分收入是股息、利息、租金、特许权使用费等消极经营活动收入,那么该机构一般属于消极非金融实体,例如设立在某避税地、仅持有子公司股权的中间控股公司。一般情况下,如果金融机构将其维持的实体账户持有人识别为消极非金融实体,那么该消极非金融实体必须进一步披露其控制人,其控制人是该实体账户的账户持有人。反之,若金融机构将其维持的实体账户持有人识别为积极非金融实体,则该积极非金融实体为该实体账户的账户持有人,其不必披露控制人信息。理由是,消极非金融实体相较于积极非金融实体具有更高的逃避税风险,消极非金融实体容易被当作跨境逃避税的工具,因此需要适用更复杂的尽职调查规则以确定其控制人。金融机构需要识别出消极非金融实体及其背后的实际控制人。如果消极非金融实体的控制人是非居民,那么金融机构就需要收集并报送控制人相关信息。

FATCA 和 CRS 虽然对消极非金融实体的定义略有差异,但相同的是,两者均规定消极非金融实体包含积极非金融实体之外的非金融实体。换言之,FATCA 和 CRS 均是从"积极非金融实体"概念出发来界定消极非金融实体的范围的,是以否定清单模式来界定消极非金融实体的。但是《尽职调查办法》第12条直接规定了消极非金融机构的概念及其例外。①没有使用"积极非金融机构"这一术语,是以肯定清单模式界定消极非金融机构。两种界定方式的差别在于:依照 FATCA 和 CRS 对消极非金融实体的界定,若不符合积极非金融实体

---

① 《尽职调查办法》第12条规定,本办法所称消极非金融机构是指符合下列条件之一的机构:(1)上一公历年度内,股息、利息、租金、特许权使用费收入等不属于积极经营活动的收入,以及据以产生前述收入的金融资产的转让收入占总收入比重50%以上的非金融机构;(2)上一公历年度末,拥有可以产生本款第1项所述收入的金融资产占总资产比重50%以上的非金融机构;(3)税收居民国(或地区)不实施金融账户涉税信息自动交换标准的投资机构。下列非金融机构不属于消极非金融机构:(1)上市公司及其关联机构;(2)政府机构或者履行公共服务职能的机构;(3)仅为了持有非金融机构股权或者向其提供融资和服务而设立的控股公司;(4)成立时间不足24个月且尚未开展业务的企业;(5)正处于资产清算或者重组过程中的企业;(6)仅与本集团(该集团内机构均为非金融机构)内关联机构开展融资或者对冲交易的企业;(7)非营利组织。

则划入消极非金融实体的范畴;依照《尽职调查办法》对消极非金融机构的界定,若不符合第 12 条消极非金融机构的条件,则其不构成消极非金融机构。《尽职调查办法》更为严格地限定了消极非金融机构的范围。

2.解释依据的差异

OECD 对 CRS 规则的解释主要依赖于《AEOI 标准》的注释部分。① 虽然《尽职调查办法》大部分规则与 CRS 一致,但是对《尽职调查办法》的解释必须适用中国国内法。OECD 发布的《AEOI 标准》虽然为各国(或地区)实施 CRS 规则提供了极有说服力的参照,但是它对各国(或地区)并不具有法律拘束力。CRS-MCAA 第 1 章第 2 条也规定,本协议没有另行定义的大写字母术语,其含义将与本国(或地区)适用于本协议的法律中的含义保持一致,也与 CRS 规定的含义一致。对本协议以及 CRS 中均没有定义的术语,应使用本国(或地区)适用本协议时其国内法相关术语的含义进行解释(且该术语在其国内税法中具有的含义应优先于在其他国内法中具有的相关含义适用),除非依照本协议上下文有不同规定或税收主管当局双方一致同意采用其他通用含义(由国内法所允许)。② 可见,CRS-MCAA 的解释规则是:

第一,本协议有规定的术语,按照本协议规定解释。

第二,本协议没有另行规定的术语,例如对某术语定义不够具体和具有操作性,按照合作国(或地区)适用本协议时的国内法解释,但不能违反 CRS 的相关规则。

第三,本协议和 CRS 均没有定义的术语,一般按照合作国(或地区)适用本协议时的国内法解释,且其国内税法优先于其他国内法。

第四,对合作国(或地区)的国内法依据采用"动态原则",即适用本协议时的国内法。该规则与"静态原则"(即签署本协议时的国内法)相比更具有灵活性,但缺乏稳定性。这一点是从税收协定解释规则(OECD 范本第 3 条第 2 款)借鉴而来的。

CRS-MCAA 规定的解释依据并没有提及《AEOI 标准》,只提到 CRS 和合作国(或地区)适用本协议时的国内法。实际上,CRS 在各国(或地区)的实施必须经历与其国内法兼容的过程。笔者以"存款机构"这一术语为例,说明这一兼容关系。

CRS 对存款机构的定义是,任何在银行业务或相似业务的日常经营活动中

---

① OECD,Standard for Automatic Exchange of Financial Account Information in Tax Matters, Second Edition,pp.93-212,OECD Publishing,Paris. http://dx.doi.org/10.1787/9789264267992-en,下载日期:2019 年 7 月 1 日。

② Section 1.2, of CRS-MCAA.

吸收存款的机构。① 这一概念完全复制了 FATCA 对存款机构的定义。②《尽职调查办法》基本采纳了 CRS 对存款机构的定义。《尽职调查办法》第 6 条第 1 款规定,存款机构是指在日常经营活动中吸收存款的机构。既然 CRS 和《尽职调查办法》对存款机构的定义基本相同,这是否意味着两者对存款机构具体范围的解释也基本相同呢? 答案是否定的。《AEOI 标准》对存款机构的定义作出了解释,③但是这种解释对中国仅有参考作用,没有法律拘束力。中国必须结合国内相关法律具体认定某个机构是否为存款机构。具体来说:首先,《尽职调查办法》第 7 条第 1 款列举了具体的存款机构,即商业银行、农村信用合作社等吸收公众存款的金融机构以及政策性银行。其次,商业银行等概念需要进一步适用《商业银行法》的规定进行解释。最后,对《尽职调查办法》规定不明确的事项,应由发布机关进一步进行解释。

举例,微信(Wechat)是腾讯公司 2011 年推出的一个为智能终端提供即时通信服务的免费应用程序。除通信服务外,微信还开发了一定程度的金融服务(比如微信零钱的存款服务和微信贷款服务)。那么腾讯公司是否因微信金融服务成为《尽职调查办法》所规定的金融机构呢? 其一,腾通公司不构成《尽职调查办法》第 7 条第 1 款至第 6 款列举的具体金融机构。其二,腾讯公司是否构成《尽职调查办法》第 6 条第 1 款的"存款机构"取决于微信的吸收存款业务是否构成腾讯公司的"日常经营活动"。从形式上看,腾讯公司的经营范围并不包含"吸收存款"或类似业务。④ 从实质商业安排的角度看,必须结合腾讯对微信的具体商业模式和腾讯公司的财务报表来综合认定吸收存款是否构成腾讯公司的日常经营活动。其三,腾讯公司是否构成《尽职调查办法》第 7 条第 7 款"其他符合条件的机构"呢? 鉴于《尽职调查办法》对"其他符合条件的机构"未作解释,因此笔

---

① OECD,Standard for Automatic Exchange of Financial Account Information in Tax Matters(2014),Section VIII, A,5(Depository Institution).

② 26 CFR(Treasure Regulations) Sec.1.1471-5(e)(1)(i);Article 1(1)(i) Model 1 IGA.

③ OECD,Standard for Automatic Exchange of Financial Account Information in Tax Matters,Second Edition,pp.160-161, OECD Publishing, Paris. http://dx.doi.org/10.1787/9789264267992-en,下载日期:2019 年 7 月 1 日。

④ 腾讯公司的经营范围包括(营业期限 1998/11/11—2018/11/11):计算机软件、硬件设计、技术开发、销售(不含专营、专控、专卖商品及限制项目);数据库及计算机网络服务;国内商业、物资供销业(不含专营、专控、专卖商品);第二类增值电信业务中的信息服务业务(不含固定网电话信息服务和互联网信息服务,并按许可证 B2-20090028 号文办);信息服务业务(仅限互联网信息服务业务,并按许可证粤 B2-20090058 号文办);从事广告业务(法律、行政法规规定应进行广告经营审批等级的,另行审批登记后方可经营);网络游戏出版运营[凭有效的新出网证(粤)字 010 号互联网出版许可证经营];货物及技术出口。资料来源:全国企业信用信息公示系统。

者认为很难认定腾讯公司属于《尽职调查办法》适用的"金融机构"范围。

《尽职调查办法》完成了将 CRS 纳入国内法的关键一步。作为后续配套措施,相关部门还将陆续制定配套的金融机构信息报送规定,明确报送渠道、格式和相关技术规范,以便于金融机构将通过尽职调查收集的信息报送给相关部门。①

## 第三节 FATCA 和 CRS 对香港特区法律的趋同化影响

2016 年 6 月 22 日,中国香港特区立法会审议通过了《2016 年税务(修订)(第 3 号)条例》(以下简称《2016 第 3 号条例》)。《2016 第 3 号条例》于 2016 年 6 月 30 日生效实施。《2016 第 3 号条例》旨在修订《税务条例》,使香港特区能够符合就税务事宜自动交换金融账户资料而订立的国际标准,并就相关事宜订立条文。② 《2016 第 3 号条例》所要符合的"国际标准"实际上包含两个部分的内容。第一,FATCA 标准。2014 年 11 月香港特区与美国按照 FATCA-IGA 范本 2 签署了 FATCA-IGA,并于 2017 年 7 月 6 日正式生效。③ 第二,CRS 标准。2014 年 7 月 OECD 发布了《AEOI 标准》。④ 2014 年 9 月香港特区政府表示,在香港特区可于 2017 年或之前通过所需的本地法例的大前提下,支持根据互惠原则,与合适伙伴实施自动交换资料,以期在 2018 年年底前首次自动交换金融账户资料。⑤ 香港特区发布《2016 第 3 号条例》正是为如期实施 FATCA-IGA 和

---

① 关于《国家税务总局、财政部、中国人民银行、中国银行业监督管理委员会、中国证券监督管理委员会、中国保险监督管理委员会关于发布〈非居民金融账户涉税信息尽职调查管理办法〉的公告》的解读,第 19 项,http://www.chinatax.gov.cn/n810341/n810760/c2620533/content.html,下载日期:2019 年 7 月 1 日。

② 《2016 年第 3 号条例》导言,http://www.legco.gov.hk/yr15-16/chinese/ord/ord022-2016-c.pdf,下载日期:2019 年 7 月 1 日。

③ Agreement between the Government of the United States of America and the Government of the Hong Kong Special Administrative Region of the People's Republic of China for Cooperation to Facilitate the Implementation of FATCA, https://www.treasury.gov/resource-center/tax-policy/treaties/Documents/FATCA-Agreement-Hong%20Kong-11-13-2014.pdf,2019-07-01。

④ OECD, Standard for Automatic Exchange of Financial Account Information, published on 21 July, 2014, http://www.oecd.org/tax/automatic-exchange/common-reporting-standard/standard-for-automatic-exchange-of-financial-information-in-tax-matters.htm,2019-07-01。

⑤ http://www.ird.gov.hk/chs/tax/dta_aeoi.htm,下载日期:2019 年 7 月 1 日。

《AEOI标准》进行的"国内法"准备,即将FATCA和《AEOI标准》的核心内容CRS纳入香港特区法律。所不同的是,香港特区与美国实施FATCA基于非互惠模式,而与其他国家(或地区)实施CRS均寻求互惠模式。

笔者之所以单独探讨FATCA和CRS对香港特区法律的影响,原因是香港特区在中国对外投资中的特殊地位。由表4-1可以看出,无论是来自香港特区的直接投资还是内地对香港特区的直接投资几乎均超过中国当年相应直接投资总额的50%。这充分说明香港特区对中国内地来说绝不仅仅是一个普通的经济合作伙伴,而是中国内资走出去和将外资引进来的重要"跳板"和避税地。

表4-1 2008—2014年来自或投向香港特区的中国直接投资流量情况

(单位:亿美元)

| | 2008年 | 2009年 | 2010年 | 2011年 | 2012年 | 2013年 | 2014年 |
|---|---|---|---|---|---|---|---|
| 中国吸收来自香港特区的外商直接投资及占当年全国外商直接投资总额的比例 | 410.36 (44.4%) | 539.93 (60%) | 674.74 (63.8%) | 770.11 (66.4%) | 712.89 (63.8%) | 783.02 (66.6%) | 857.40 (71.7%) |
| 中国对香港特区直接投资流量及占当年全国对外直接投资总额的比例 | 386.40 (69.1%) | 356 (63.0%) | 385.05 (56.0%) | 356.55 (47.76%) | 512.38 (58.36%) | 628.24 (58.25%) | 708.67 (57.56%) |

表格数据来源:2008—2014年全国吸收外商直接投资的情况,根据商务部网站公布的数据整理,http://www.mofcom.gov.cn/article/tongjiziliao/v/?,下载日期:2019年7月1日;2008—2014年中国对外直接投资流量分析,根据商务部、国家统计局、外汇管理局联合发布的《2014年度中国对外直接投资统计公报》附表1整理,http://hzs.mofcom.gov.cn/article/date/201510/20151001130306.shtml,下载日期:2019年7月1日。

除我国香港外,新加坡、瑞士、开曼群岛等避税地也在为实施FATCA-IGA和CRS积极修订国内法。那么FATCA和CRS将给避税地带来什么样的影响呢?本节笔者仅以香港特区为例,探讨《2016第3号条例》的修订背景,《2016第3号条例》与FATCA和CRS内容上的关系,进而反思FATCA和CRS对避税地的影响。值得强调的是,《2016第3号条例》通过之后,香港特区立法会又通过了《2017年税务(修订)(第2号)条例》和香港《2019年税务(修订)(第2号)条例》。虽有后两个条例,但《2016第3号条例》为香港特区自动交换信息奠定了法律框架基础。

## 一、《2016 第 3 号条例》的修订背景

第一,《2016 第 3 号条例》生效之前,香港特区《税务条例》仅规定了应请求信息交换。《2016 第 3 号条例》修订的一个重要原因是香港特区《税务条例》信息交换制度仅规定了应请求信息交换,没有执行自动信息交换的"国内法"依据。由表 4-2 可见,香港特区《税务条例》信息交换制度确立的时间并不长。这与我国香港签订税收协定和信息交换协定的进程是一致的。截至 2019 年 6 月底,我国香港已与 41 个国家(或地区)缔结了税收协定,[①]与 7 个国家(或地区)缔结了信息交换协定。[②]《税务条例》信息交换制度是为我国香港履行税收协定和信息交换协定信息交换条款而制定的。

鉴于 2014 年 7 月《AEOI 标准》出台之前,OECD 倡导的信息交换国际标准是应请求信息交换,因此香港特区《税务条例》信息交换制度仅规定了应请求信息交换。2014 年 1 月香港特区发布的《税务条例释义及执行指引第 47 号——交换资料》(以下简称《信息交换释义》)明确指出:虽然 OECD 发布的税收协定和信息交换协定范本有关信息交换条款包含的信息交换方式范围广泛(包括应请求信息交换、自动信息交换和自发信息交换),但是我国香港执行的信息交换政策仅限于应请求信息交换,我国香港尚未同意执行自动和自发的信息交换。[③]我国香港仅承认应请求信息交换的政策将会向拟与我国香港签订税收协定或信息交换协定的伙伴充分说明,并明确写入条约或相关议定书中。[④]

表 4-2  香港特区《税务条例》信息交换的依据

(2016 年 6 月 30 日之前)

| 生效文件 | 具体条款 | 主要内容 |
| --- | --- | --- |
| 2010 年 3 月 12 日《2010 年税务条例修订案》生效 | 《香港特区法例》第 112 章《税务条例》第 49(1A)条、第 51(4AA)条、第 51B(1AA)条、第 80(2D)条 | 为香港特区税务局履行税收协定信息交换条款提供依据。 |

---

① http://www.ird.gov.hk/chi/tax/dta_inc.htm,下载日期:2019 年 7 月 1 日。
② http://www.ird.gov.hk/chi/tax/dta_tiea_agreement.htm,下载日期:2019 年 7 月 1 日。
③ 香港特区《信息交换释义》第 19~20 段。
④ 香港特区《信息交换释义》第 21 段。

续表

| 生效文件 | 具体条款 | 主要内容 |
| --- | --- | --- |
| 2010年3月12日《税务(资料披露)规则》生效 | 《香港特区法例》第112BI章 | 赋予香港特区税务局为执行相关税收协定向他国税务当局披露信息的权力,并为信息交换的相关人提供多种程序权利及保护。 |
| 2013年7月19日《2013年税务条例修订案》生效 | 《香港特区法例》第112章(《税务条例》)第49(1B)条、第51条、第52条 | 为香港特区税务局履行信息交换协定的信息交换条款提供依据,并明确了信息交换税种、限制披露规则的相关事项。 |

第二,香港特区为实施 FATCA 和 CRS 发布《2016 第 3 号条例》。多年来,国际社会一直致力于通过自动信息交换机制打击海外逃避税和其他违法行为。2014 年,OECD 主导的自动信息交换工作取得了突破性进展,《AEOI 标准》的发布将长期以来税务信息交换的国际标准从应请求交换升级为自动信息交换。[①] CRS 是《AEOI 标准》四部分内容的核心。

各国(或地区)要实施《AEOI 标准》需要完成四个关键步骤(排序不分先后):(1)将 CRS 转化为国内法,并保证其有效实施;(2)确定一个与其他国家(或地区)进行金融账户自动信息交换的国际法律基础;(3)筹建相关信息技术、管理设施和资源,以提高税务当局搜集、管理、传送和接收信息的行政能力;(4)完善本国(或地区)相关法律与程序,保护信息机密和数据安全。[②] 香港特区为实施《AEOI 标准》正在进行四个步骤的落实工作。

针对步骤(1)和步骤(2)。香港特区通过《2016 第 3 号条例》将 CRS 转化为"国内法",并在其签订的税收协定和信息交换协定框架下与缔约伙伴实施 CRS。一方面,现行香港《税务条例》的信息交换条款是从 2010 年开始陆续生效实施的(参见表 4-2),且其仅规定了应请求信息交换。《2016 第 3 号条例》将解决香港特区没有自动信息交换"国内法"依据的难题。另一方面,香港最初仅能在税收协定和信息交换协定的框架下对外合作实施自动信息交换。首先,2014 年 3 月 25 日我国香港与美国签署了我国香港第一个信息交换协定,为我国香港

---

[①] 朱晓丹:《OECD〈金融账户信息自动交换标准〉解析》,载《国际税收》2014 年第 8 期。

[②] OECD, Standard for Automatic Exchange of Financial Information in Tax Matters — The CRS Implementation Handbook, pp.9-33. http://www.oecd.org/ctp/exchange-of-tax-information/implementation-handbook-standard-for-automatic-exchange-of-financial-information-in-tax-matters.pdf, 2019-07-01.

实施与美国间缔结的 FATCA-IGA 提供了国际法依据。其次，2018 年 9 月 1 日之前，由于我国香港未加入 MAATM，我国香港实施 CRS 仅能在已缔结的税收协定和信息交换协定框架下进行。我国香港政府也明确表示：我们打算只跟与中国香港签订了税收协定或信息交换协定的伙伴订立双边自动信息交换安排。① 截至 2018 年 9 月 1 日，我国香港与 39 个国家（或地区）签订的税收协定已生效，与 7 个国家（或地区）签订的信息交换协定已生效。换言之，《2016 第 3 号条例》生效时，能与香港特区执行 CRS 的目标伙伴仅有 46 个。其他试图与我国香港执行《AEOI 标准》的国家（或地区）必须先开展与我国香港谈签税收协定或信息交换协定的工作。②

2016 年 6 月 22 日《2016 第 3 号条例》通过之后，香港特区立法会于 2017 年 6 月 7 日又通过了《2017 年税务（修订）（第 2 号）条例》，将申报税务管辖区的名单覆盖范围扩大至 75 个国家（或地区）。2018 年 9 月 1 日，鉴于 MAATM 对我国香港生效，借由 MAATM，我国香港《2019 年税务（修订）（第 2 号）条例》将申报税务管辖区的数量从 75 个增加至 126 个。③

针对步骤（3）。香港特区税务局正在研究采用何种信息科技系统进行自动信息交换。香港特区的小型金融机构希望使用税务局研发的软件，较大型的金融机构则更愿意在税务局提供规格细则的基础上自行研发软件。香港特区政府表示，将继续联系金融机构，以研发信息系统，确保自动信息交换得以顺利实施。④

针对步骤（4）。香港特区现行关于信息交换的保密措施将继续适用于自动信息交换安排。作为香港特区保密措施的特色之一，为了符合《个人资料（私隐）条例》的规定，香港特区金融机构必须通知账户持有人，其相关信息可能会用作自动交换的用途，并采取所有切实可行的措施确保有关个人资料准确无误及安全稳妥。账户持有人也有权要求查阅和更正其个人资料。若个别人士拒绝允许金融机构将其个人资料用作自动信息交换，金融机构可以考虑应否维持该

---

① http://www.ird.gov.hk/chi/ppr/archives/16010801.htm，下载日期：2019 年 7 月 1 日。
② 值得强调的是，21 世纪初开始兴起的信息交换协定主要针对避税地。鉴于普通国家（或地区）一般不愿与避税地缔结税收协定或避税地以国内法为由拒绝履行税收协定的信息交换义务，作为打击避税地有害税收竞争政策的成果，2002 年 OECD 发布了第一个信息交换协定范本。从两者的效力来看，对大多数国家而言税收协定属于国际条约，需要经过立法机关审批才能生效；而信息交换协定属于政府间协定，无须立法机关审批生效。
③ https://www.ird.gov.hk/chs/tax/dta_aeoi.htm，下载日期：2019 年 7 月 1 日。
④ 《就税务事宜自动交换金融账户资料咨询政府的综合回应》第 3 页。http://www.fstb.gov.hk/tb/sc/docs/consolidated-response.pdf，下载日期：2019 年 7 月 1 日。

账户。①

## 二、《2016 第 3 号条例》与 FATCA 和 CRS 内容上的关系

鉴于《2016 第 3 号条例》旨在实施 CRS,因此《2016 第 3 号条例》完全采纳了 CRS 的核心机制和主要概念。此外,《2016 第 3 号条例》也在以下两方面明确了 CRS 无法规定或细化的事项。

### (一)引入或修订香港特区法例明确相关概念的范畴

虽然《2016 第 3 号条例》总体上采纳了 CRS 的核心机制和主要概念,但是这些概念必须结合香港特区法例才能明确在香港特区适用的具体范畴。比如"存款机构"这一概念,在 FATCA 和 CRS 中的定义均是指在银行业务或相似业务的通常运作中接受存款的任何实体。② 一般包括储蓄银行、商业银行、储贷联盟及信用社等。《2016 第 3 号条例》则在 FATCA 和 CRS 上述定义的基础上将"存款机构"明确为:(a)《银行业条例》(第 155 章)第 2(1)条所界定的任何机构;或(b)在银行业务或相似业务的通常运作中接受存款的实体。③

此外,一些香港特区法例没有规定的新概念,《2016 第 3 号条例》在从 CRS 吸收的同时也需要结合香港特区的具体情况明确其范畴。比如,免申报金融机构的概念在《2016 第 3 号条例》的咨询过程中备受关注。CRS 对免申报金融机构的定义是,符合下列情况之一的金融机构:(1)政府实体及其退休基金;(2)国际组织;(3)中央银行;(4)特定的退休基金;(5)合资格信用卡发行人;(6)豁免集体投资工具;(7)受托人申报的信托;(8)其他低风险金融机构。④《2016 第 3 号条例》结合香港特区实际情况,对免申报金融机构定义在 CRS 相关定义的基础上进一步明确其范围。除了上述 7 种具体金融机构之外,《条例草案》还将"香港特区金融管理局""补助学校公积金及津贴学校公积金""强制性公积金计划及职

---

① 《香港特区税务局〈条例草案〉答疑(第 19 问)》,http://www.ird.gov.hk/chs/faq/dta_aeoi.htm,下载日期:2019 年 7 月 1 日。

② OECD, Standard for Automatic Exchange of Financial Account Information in Tax Matters(2014), pp.44,160; Article 1.1(j), Agreement between the Government of the United States of America and the Government of the Hong Kong Special Administrative Region of the People's Republic of China for Cooperation to Facilitate the Implementation of FATCA.

③ 《2016 第 3 号条例》第 50A 条, http://www. legco. gov. hk/yr15-16/chinese/ord/ord022-2016-c.pdf,下载日期:2019 年 7 月 1 日。

④ OECD, Standard for Automatic Exchange of Financial Account Information in Tax Matters(2014), pp.45,166。

业退休计划""储蓄互助社"明确列入免申报金融机构的范围。①

### (二)引入对金融机构和相关个人的罚则

《AEOI 标准》注意到 CRS 的有效实施不仅需要各国(或地区)将其纳入国内法,还需要各国(或地区)制定相关保障措施(尤其针对金融机构)。这些保障措施包括:(1)反滥用 CRS 条款;(2)金融机构保存数据规范;(3)不遵守 CRS 程序的罚则。② 鉴于各国税制的差异,《AEOI 标准》对这些保障措施没有也无法规定具体规则,只能依赖各国(或地区)自行规定保障措施。《2016 第 3 号条例》规定的保障措施是针对申报金融机构或其他相关个人违法行为的罚则。罚则旨在发挥足够的阻吓作用,以确保金融账户自动信息交换标准在我国香港得以有效实施,但同时不会对金融机构及个人施加不相称的过重处罚。《2016 第 3 号条例》规定的罚则有三个主要类别,针对"违规"、"提交不正确报表"及"有意图作欺诈"的情况分别适用罚则。建议的罚则水平参照了《税务条例》的其他类似罚则,前两类行为的一般罚则为第三级罚款(即 1 万港币),就第三类行为的罚则为第三级罚款或第五级罚款(5 万港币)和监禁 6 个月或 3 年。

## 三、以香港特区《2016 第 3 号条例》反思 FATCA 和 CRS 对避税地的影响

截至 2019 年 7 月 1 日,已有 113 个国家(或地区)与美国签署了 FATCA-IGA 或就 FATCA-IGA 达成了实质合作共识,③有 106 个国家(或地区)签署了 OECD 主导下旨在实施 CRS 的政府间多边协议——CRS-MCAA。④ 值得注意的是,在同意与美国合作实施 FATCA 的 113 个国家(或地区)中 49 个是避税地,占比 43%(见表 4-3);在签署 CRS-MCAA 的 106 个国家(或地区)中 56 个是避税地,占比 53%(见表 4-4)。可以说,避税地是美国和 OECD 推行金融账户自动信息交换标准的首要阵地。虽然国际社会对避税地的作用心知肚明(其税收制度能够为纳税人提供有效降低全球税负的机会),但是不同背景下避税地的标准和名单并不一致。本书"避税地"一语采用一个较为广泛的范畴,它不仅包含

---

① 《2016 第 3 号条例》附表 17C 第 2 部,http://www.legco.gov.hk/yr15-16/chinese/ord/ord022-2016-c.pdf,下载日期:2019 年 7 月 1 日。

② OECD,Standard for Automatic Exchange of Financial Information in Tax Matters — The CRS Implementation Handbook,para.39-40.

③ https://www.treasury.gov/resource-center/tax-policy/treaties/Pages/FATCA.aspx,下载日期:2019 年 7 月 1 日。

④ http://www.oecd.org/tax/automatic-exchange/international-framework-for-the-crs/MCAA-Signatories.pdf,下载日期:2019 年 7 月 1 日。

2000 年 OECD 公布的 35 个避税地①,还包括其他发挥避税地作用的国家(或地区)(共 82 个)②。那么实施 CRS 将给避税地带来哪些影响呢?

**(一)实施 CRS 并不能给避税地带来实质上的互惠**

长期以来,避税地不愿与各国进行法律合作的理由之一就是无法得到实质性互惠。③ 以香港特区为例,从《2016 第 3 号条例》修订的背景和内容可以看出,我国香港对实施 FATCA 和 CRS 作出了巨大的努力。但事实上,实施 FATCA 和 CRS 我国香港未必得到多少实惠。

首先,我国香港与美国签署的 FATCA-IGA 是按照 FATCA-IGA 范本 2 缔结的,也就是非互惠模式缔结的。我国香港负担向 IRS 移交美国账户信息的义务,但不能从美国得到同等的待遇,即美国没有义务向我国香港移交我国香港居民账户信息。

其次,即使按照互惠模式实施的 CRS,我国香港也未必得到实质上的互惠。其一,我国香港居民来自境外的利润无须在我国香港纳税。这意味着对我国香港来说,获取香港特区居民来源于香港特区境外并存放于境外金融机构的所得或资产账户信息没有实际价值。只有香港特区居民来源于香港特区境内但存放于境外金融机构的所得或资产账户信息对我国香港才有自动交换的价值。其二,香港特区税制简单(以利得税和印花税为主体税种),利得税税率较低(一般为 16.5%),且作为中国内地直接投资最重要的"跳板"(见表 4-1),这些使得我国香港成为重要的国际金融中心和避税地。但实施 CRS 的话,我国香港金融业将面临客户流失、守法成本提高等严峻挑战。虽然这是实施 CRS 的国家(或地区)金融业普遍面临的问题,但是对于以金融业为支柱产业的避税地来说这一挑战更为严峻。因此对实施 CRS,避税地更关心那些与其有竞争关系的避税地

---

① OECD,Toward Global Tax Co-operation: Progress in Identifying and Eliminating Harmful Tax Practice,Paris:2000,p.17. http://www.oecd.org/ctp/harmful/2090192.pdf,2019-07-01。

② 本书所指的全球 82 个避税地名单可参见 Prof. Dr Rainer Zielke,The Changing Role of Tax Havens —An Empirical Analysis of the Tax Havens Worldwide,*Bulletin for International Taxation*,Jan.2011.pp.48-50.

③ 避税地不愿与各国进行法律合作的理由主要包括四项:其一,违反当地公共利益;其二,侵犯当地国家(或地区)安全;其三,侵犯当地人权;其四,无法得到互惠。正如开曼群岛财政部长所说的那样,我们没有直接税,与他国签订税收协定只是为了实施他国税收政策。因此税收事务上的互惠和实质互助对开曼群岛并不存在。这并不是我们这样没有直接税的管辖区特有的现象,而是所有离岸金融中心面临的共同问题。参见 Rose-Marie Belle Antoine,Confidentiality in Offshore Financial Law (2nd edition),Oxford University Press,2014,p.53,pp.141-143.

(比如我国香港和新加坡)是否实施了同一标准,从而减少客户流失,确保其金融业不丧失原本的竞争优势。

**(二)税收透明度与信息交换国际标准重在制约避税地**

OECD主导下的透明度与信息交换国际标准的实施最初就是从打击"避税地"的有害税收竞争政策开始的。OECD《1998年有害税收报告》规定了认定避税地的四个标准:(1)没有或仅是名义上的所得税率;(2)与其他国家(或地区)间无有效的信息交换机制;(3)本国(或地区)的税收制度缺乏透明度;(4)本国(或地区)的制度对外资企业设立的门槛较低,不要求外资企业在当地具有实质经营活动。[①] 但是,随后OECD《2001年有害税收实践》剔除了第(1)[由于各国(或地区)均有权自主决定税率]和第(4)(由于当地活动是否构成实质经营难以确认)两个标准。[②] 此后,其余两个标准(透明度和信息交换)成为评估各国(或地区)的核心标准,OECD着手"透明度与信息交换的国际标准"的制定与监督实施工作。2001年,OECD"全球论坛"由此成立。目前拥有154个成员方的"全球论坛"已成为监督实施OECD主导下的税收透明度与信息交换国际标准最重要的多边平台。

"全球论坛"最初通过公布避税地黑名单的方式监督国家(或地区)税收透明度和信息交换国际标准的实施情况,这引起了避税地的质疑和不满。避税地的质疑主要有两个方面:(1)OECD税收透明度与信息交换标准不能仅针对"小国",大国也同样存在不能执行的问题。例如,美国的一些州(如特拉华州和内华达州)也不要求公司提供受益所有人的信息,这些州也常被非美国居民用来从事所谓的离岸交易。再比如,美国、英国、加拿大、法国、德国等仍然允许发行不记名股票的公司运行,这也会使税收透明度标准的执行大打折扣。大国应当停止给小国和发展中国家打上身份标签。(2)"小国"对国际标准的制定没有话语权。世界各国应当在合作和公平的基础上参与OECD"全球论坛"。小国应当充分参与新国际标准的制定,而不是仅能适用这些由大国控制的多边机构(如OECD)发布的新国际标准。小国同样需要与其他国家(如OECD成员方)缔结全面性的税收协定,而不仅仅是缔结对我们没有多少实际利益的信息交换协

---

① OECD, Harmful Tax Competition —An Emerging Global Issue(Paris:1998), para. 52. http://www.oecd.org/tax/transparency/44430243.pdf,2019-07-01。

② OECD, OECD's Project on Harmful Tax Practices: The 2001 Progress Report, (Paris:2001).

定。① 避税地的质疑并没有改变"全球论坛"将其作为主要监督目标的事实。避税地只有通过积极承诺并实施透明度与信息交换国际标准来避免被 OECD 列入避税地名单。

### (三)同行评审程序将有效监督《AEOI 标准》在避税地的实施

2009 年 OECD 改组"全球论坛",设立了相较于黑名单制度更具多元化和综合性的同行评审程序,用来全面深入地监督"全球论坛"成员方承诺和实施税收透明度与信息交换国际标准。2010 年至 2015 年,"全球论坛"就成员方实施应请求信息交换这一国际标准的情况发布了 215 份同行评审报告。从 2018 年起,同行评审程序也将监督《AEOI 标准》这一新国际标准的实施。②

相较于黑名单制度,同行评审程序给避税地带来了更严峻的挑战。

第一,从同行评审程序适用的评级标准上看,避税地并没有遭受"歧视待遇"。无论是避税地还是普通国家(或地区)均适用统一的评级标准。对国际标准的制定有较多话语权的大国也可能被评为"大部分合规"的国家(或地区)(例如英国、美国、德国),避税地也可能被评为"合规"的国家(或地区)(例如马恩岛、冰岛、爱尔兰、韩国、立陶宛)。国家(或地区)必须结合各项具体的评级标准对国内税制作出多方面调整才能提高评级。③

第二,从同行评审程序的监督效果上看,避税地依然是首要监督目标。例如,2015 年同行评审报告取得的两个突出业绩全部来自对避税地的评审工作。(1)2014 年被评级为"不合作"的 4 个国家(或地区)(英属维京群岛、塞浦路斯、卢森堡、塞舌尔)在 2015 年的同行评审报告中均被评为"大部分合作"的国家(或地区);(2)在 2014 年的同行评审中有 12 个国家(或地区)由于国内法的"显著缺陷"而没有进入第二阶段评审,2015 年其中 5 个国家(或地区)已经改善这一局面。其中,文莱、多米尼加、马绍尔岛、巴拿马将于 2015 年启动第二阶段评审程序,瑞士的第二阶段评审正在进行中。④

可见,同行评审程序作为有效的监督机制敦促包括避税地在内的各个国家(或地区)实施税务信息交换国际标准。而避税地对这种国际标准的制定几乎没

---

① ITIO,Little Difference Between Onshore and Offshore,New Analysis of OECD Data Reveals,1 May,2007.pp.1-2. http://www.itio.org/pdf/ITIO_press_release_1_May2007.pdf,下载日期:2017 年 12 月 1 日。

② http://www.oecd.org/tax/automatic-exchange/commitment-and-monitoring-process/,http://www.itio.org/pdf/ITIO_press_release_1_May2007.pdf

③ 同行评审程序采用的具体评级标准可参见 OECD, Tax Transparency 2015 —Report on Progress,p.33.

④ OECD,Tax Transparency 2015 —Report on Progress,p.14.

有话语权,它们只能被裹挟着不断适用新标准。以我国香港为例,与其说实施《AEOI 标准》将给香港特区带来什么,不如说不实施《AEOI 标准》香港特区将失去什么。我国香港在实施应请求信息交换的同行评审程序中被评级为"大部分合规"的国家(或地区)。这一成绩在未来自动信息交换的同行评审程序中能否保持甚至提高对我国香港的投资法律环境都将产生深远的影响。我国香港为实施 CRS,其利益不在于得到多少对我国香港有价值的金融账户信息。而在于我国香港必须维持国际金融中心的地位,并保证不会在国际社会上被标签为不合规的税务管辖区。①

**表 4-3 与美国签署 FATCA-IGA 或就实质内容达成合作共识的 113 个国家(或地区)避税地分布情况**

| FATCA-IGA 合作模式 | | 2000 年 OECD 公布的避税地 | 其他避税地 | 普通国家(或地区) |
|---|---|---|---|---|
| 互惠模式 | 按 M1A 签订 FATCA-IGA(互惠模式) | 巴巴多斯、直布罗陀、根西岛、马恩岛、泽西岛、列支敦士登、圣卢西亚 | 塞浦路斯、捷克、爱沙尼亚、冰岛、爱尔兰、拉脱维亚、立陶宛、卢森堡、马耳他、韩国、哥斯达黎加、毛里求斯 | 澳大利亚、加拿大、丹麦、芬兰、法国、德国、匈牙利、印度、以色列、意大利、牙买加、新西兰、挪威、菲律宾、葡萄牙、罗马尼亚、斯洛伐克、斯洛文尼亚、南非、西班牙、瑞典、土耳其、英国、阿塞拜疆、比利时、克罗地亚、巴西、哥伦比亚、库拉索、洪都拉斯、荷兰、波兰、墨西哥 |
| | 按 M1 达成实质协议(可能互惠) | 安圭拉、安提瓜和巴布达、巴林、多米尼加共和国、格林纳达、巴拿马、塞舌尔 | 马来西亚、黑山共和国、塞尔维亚 | 佛得角、中国、多米尼克、希腊、格陵兰、圭亚那、海地、印度尼西亚、哈萨克斯坦、秘鲁、沙特阿拉伯、泰国、特立尼达和多巴哥、突尼斯、土库曼斯坦、乌克兰 |

---

① 《就税务事宜自动交换金融账户资料咨询政府的综合回应》第 2 段,http://www.fstb.gov.hk/tb/sc/docs/consolidated-response.pdf,下载日期:2019 年 7 月 1 日。

续表

| FATCA-IGA 合作模式 | | 2000年OECD公布的避税地 | 其他避税地 | 普通国家(或地区) |
|---|---|---|---|---|
| 非互惠 | 按其他范本签订 FATCA-IGA(非互惠模式) | 英属维京群岛、蒙特塞拉特、圣基茨和尼维斯、圣维森和格林纳丁斯、特克斯和凯科斯群岛 | 巴哈马、保加利亚、开曼群岛、新加坡、阿拉伯联合酋长国、瑞士、百慕大、中国香港、圣马力诺、白俄罗斯、科威特、卡塔尔 | 阿尔及利亚、安哥拉、柬埔寨、格鲁吉亚、梵蒂冈、科索沃、乌兹别克斯坦、越南、奥地利、智利、日本、摩尔多瓦 |
| | 按M2达成实质协议(非互惠模式) | | 中国澳门、尼加拉瓜、巴拉圭 | 亚美尼亚、伊拉克、中国台湾地区 |
| 合计 | 113 | 19 | 30 | 64 |

表4-4 签署CRS-MCAA的106个国家(或地区)避税地分布情况

| 2000年OECD公布的避税地 | 其他避税地 | 普通国家(或地区) |
|---|---|---|
| 安圭拉、巴巴多斯、英属维京群岛、直布罗陀、根西岛、马恩岛、泽西岛、列支敦士登、蒙特塞拉特、纽埃岛、塞舌尔、特克斯和凯科斯群岛、安道尔、安地古拉与巴布达、阿鲁巴、伯利兹、库克群岛、格拉纳达、马绍尔群岛、摩纳哥、圣基茨和尼维斯、圣卢西亚、圣文森特和格林纳丁斯、瑙鲁、巴林、瓦努阿图、巴拿马、利比里亚、多米尼加岛 | 百慕大、保加利亚、开曼群岛、塞浦路斯、捷克、爱沙尼亚、爱尔兰、冰岛、韩国、拉脱维亚、立陶宛、卢森堡、马耳他、毛里求斯、圣马力诺、阿尔巴尼亚、哥斯达黎加、马来西亚、萨摩亚、新加坡、瑞士、阿拉伯联合酋长国、乌拉圭、巴哈马群岛、中国香港、中国澳门、卡塔尔 | 阿根廷、比利时、哥伦比亚、克罗地亚、库拉索、丹麦、法罗群岛、芬兰、法国、德国、希腊、格陵兰、匈牙利、印度、意大利、墨西哥、荷兰、挪威、波兰、葡萄牙、罗马尼亚、斯洛伐克、斯洛文尼亚、南非、西班牙、瑞典、英国、澳大利亚、奥地利、巴西、加拿大、智利、中国、加纳、印度尼西亚、以色列、日本、科威特、新西兰、俄罗斯、沙特阿拉伯、圣马丁岛、土耳其、黎巴嫩、巴基斯坦、阿塞拜疆、厄瓜多尔、哈萨克斯坦、摩洛哥、尼日利亚 |
| 合计 106个 | | |
| 29个 | 27个 | 50个 |

## 本章小结

从美国 FATCA 到美国对外签署的 FATCA-IGA，从 FATCA-IGA 到 OECD 主持下的 CRS-MCAA，从 CRS-MCAA 到中国六部委联合发布的《尽职调查办法》，FATCA 演绎了一条从单边到双边，从双边到多边，从多边再到其他国家（例如中国）国内法的影响路径。这样一条路径不仅深刻影响国际税收信息交换规则的变革，也影响着各国（或地区）国内法在金融账户涉税信息交换领域的趋同化进程。《尽职调查办法》表面上是为了实施 OECD 主导下的 CRS，但由于 CRS 大部分规则来源于 FATCA，因此这是一场实质上受美国规则主导的国际税收治理规则的变革。

此外，香港特区同样受到 FATCA 和 CRS 规则对各国（或地区）法律趋同化的影响。与中国内地不同的是，香港特区有着避税地的特征。从避税地角度看，FATCA 和 CRS 首要打击的就是这些利于藏匿资本的离岸避税地。从短期利益来看，避税地大多是被裹挟加入这一趋同化进程的；但是从长期利益来看，当离岸避税地均加入这场金融账户信息交换的变革之中时，各国（或地区）政府能够实现共享和共赢。

# 第五章

# 中国实施 FATCA 的挑战与对策建议

FATCA 从一部美国国内法到美国主导下的政府间双边合作机制(FATCA-IGA),再到被纳入 OECD 主导下的政府间多边合作机制(CRS-MCAA),最后被 FATCA 或 CRS 各个合作方纳入国内法(比如《尽职调查办法》),FATCA 这项美国的单边规则经由这样的历程对世界各国的国内法产生了一定程度的趋同化影响。截至 2019 年 6 月 25 日,承诺与美国实施 FATCA-IGA 的国家(或地区)已达 113 个;[①]签署 CRS-MCAA 的国家(或地区)也达 106 个。[②] FATCA-IGA 与 CRS-MCAA 虽然大体规则相同,但是有一点本质区别:依照 CRS-MCAA 的规定,除非缔约方是附件 A(采取非互惠模式的管辖区名单)所列举的国家(或地区)[③],否则缔约方之间承诺的信息交换是互惠的;但是 FATCA-IGA 即使是按照互惠模式的 FATCA-IGA 范本 1 缔结的,其互惠性也存在形式与实质难以实现的问题。M1A 第 6 条第 1 款虽然规定了美国的互惠义务,但是从其内容不难看出美国对这种互惠仅是"承诺通过完善相关国内立法和税务行政规章"来实现互惠的。而从美国国内税法的现状和税制改革的趋势来看,美国在 M1A 的这种互惠承诺实现前景并不乐观。[④]

虽然 CRS 与 FATCA 规则大体相同,且具有多边化优势,但是美国没有也

---

[①] https://www.treasury.gov/resource-center/tax-policy/treaties/Pages/FATCA.aspx,下载日期:2019 年 7 月 1 日。

[②] http://www.oecd.org/tax/automatic-exchange/international-framework-for-the-crs/crs-mcaa-signatories.pdf,下载日期:2019 年 7 月 1 日。

[③] 例如,英属维京群岛、开曼群岛、安圭拉、百慕大、格陵兰岛、蒙塞拉特岛、特克斯和凯科斯群岛等。

[④] Allison Christians, What You Give and What You Get: Reciprocity Under a Model 1 Intergovernmental Agreement on FATCA, *Cayman Fin. Rev.* April 2013. SSRN: http://ssrn.com/abstract=2292645,2019-07-01.

不愿加入 OECD 主导下的 CRS-MCAA。从国际法层面上,美国坚持按照自己的法律体系进行税收信息交换,即以美国对外缔结的双边税收协定和税务信息交换协定为国际法基础。美国虽然签署了 MAATM,但是由于始终未通过国内的批准程序以至于 MAATM 对美国的执行和生效遥遥无期。对与美国尚未签订税收协定或信息交换协定的国家(或地区),美国政府也提供了专门的 FATCA-IGA 合作范本——衍生模式范本。美国在 FATCA-IGA 框架下进行金融账户信息交换合作,一方面可以避开 CRS-MCAA 框架下的互惠模式,另一方面可以避开 OECD"全球论坛"的监管机制,实施 FATCA 监管机制。美国凭借其强大的资本市场和世界经济霸权地位将 FATCA 这一单边标准推向全球化,自己却特立独行,游离于 OECD 主导的 CRS 多边机制之外。

中美两国政府已参照 M1A 达成了实质性合作共识,但尚未正式签署 FATCA-IGA。那么,经过前四章的分析,笔者将在本章中总结和进一步分析中国实施 FATCA 所面临的挑战,并结合美国 FATCA 的经验提出应对之策。

# 第一节 中国实施 FATCA 的挑战

2010 年 FATCA 颁布之后,美国国内首先出现了争议与分歧。这使得 FATCA 的生效日期一拖再拖,最后在 2014 年 7 月 1 日正式生效。美国国内对 FATCA 的质疑之声主要来自金融机构(主要是银行业)和常年居住海外的美国公民。尽管存在国内争议与阻力,FATCA 最终依然生效并实施,且从美国的单边机制借助 FATCA-IGA 和 CRS-MCAA 走向双边和多边化。与美国相比,中国实施 FATCA 存在哪些特殊的问题与挑战呢?

### 一、中国高净值人群移民不移居带来的 FATCA 利益失衡问题

FATCA-IGA 的主要内容是中国政府定期向美国政府移交中国境内金融机构维持的美国账户信息,相应的,美国政府也要向中国政府移交美国境内金融机构维持的中国账户信息。一般由美国税收居民和美国公民持有的账户称为美国账户,由中国税收居民持有的账户称为中国账户。中美双方通过 FATCA-IGA 的合作来获取本国居民(或公民)在对方境内存放金融资产的信息情况,以帮助税务主管机关进一步判断本国居民(或公民)是否存在国际逃避税行为。在金融机构履行尽职调查的金融账户中,对由个人持有的高净值(账户加总余额>100万美元)存量账户相较于低净值(账户加总余额=<100万美元)存量账户适用

的调查程序更为严格和复杂。① 可以说,持有高净值账户的个人(高净值人士)是中美两国实施 FATCA-IGA 所监控的重点人群。

目前约有 700 万美国公民长期居住在美国境外。② 他们在海外工作、生活,与其居住地建立了紧密的经济联系,甚至成了居住地的税收居民。但是,部分中国的高净值人士有着一个显著的特点——移民不移居,即改变国籍或税收居民身份,但仍定期居住在中国并从事经济活动。根据招商银行与贝恩公司联合发布的《2017 中国私人财富报告》③显示,2016 年可投资资产超过 1000 万人民币

---

① FATCA 对个人存量账户的尽职调查程序可参见第二章第二节,中国相关规定可参见《尽职调查办法》第 19 条至第 24 条。

② Taylor Denson, Goodbye, Uncle Sam? How the Foreign Account Tax Compliance Act Is Causing a Drastic Increase in the Number of Americans Renouncing their Citizenship, *Houston Law Review*, Vol.52, p.989.

③ 《2017 中国私人财富报告》背景简介:2009 年,招商银行团队开创性地提出深入研究中国私人财富市场的构想;2011 年、2013 年和 2015 年,招商银行团队延续该话题,跟踪观察多年来的变化及趋势;2017 年,招商银行成立三十周年,也是私人银行部成立十周年,招商银行私人银行团队和贝恩公司联手第五次对中国私人财富市场、高净值客户的行为特征和中国私人银行业进行了深入的研究。受益于方法论框架的延续性,报告可以直观地反映出多年来中国私人财富市场、高净值人士的投资态度和行为特点以及中国私人银行业的变化及未来发展趋势。《2017 中国私人财富报告》的估算结论建立在严谨的统计学模型之上。在估算中国整体及各省市个人拥有的私人财富规模与高净值人群分布时,本报告延续了前四期《中国私人财富报告》采用的贝恩公司"高净值人群收入—财富分布模型"(Bain & Company HNWI Income-Wealth Distribution Model)。在持续改进 2009—2015 年财富分布模型方法论的基础上,本报告坚持可得条件下的最高研究标准,对最近两年的市场热点问题进行完善及深入的研究,从宏观的角度计算了全国及各省市高净值人士的数量及其拥有的可投资资产市值,丰富了独家积累十年的数据库。《2017 中国私人财富报告》利用科学严谨的统计学方法推导了高净值人群财富、收入分布洛伦兹曲线(Lorenz Curve)之间的数学关系。我们将该数学关系应用到中国整体及各省市收入分布数据,并比照最新英、美、日、韩四国的高净值人群财富分布洛伦兹曲线与招商银行的分区域客户资产分布数据,推导出了中国整体及各省市高净值人群的财富分布洛伦兹曲线。本报告对高净值人士投资态度和行为特点的分析建立在大量一手调研和严谨的统计学模型之上。此次完成了 3300 余份有效问卷和 100 多个深度访谈,调研对象遍布全国各地 44 个主要城市,覆盖了包括华东长江三角洲、华南珠江三角洲、华北区域、东北区域及中西部大区等所有重要的经济区域,被访者包括私人银行客户、其他高净值人士、客户经理及行业专家,从而在最大程度上保证了数据样本的充分性和代表性。招商银行在个人高端客户金融服务方面享有盛誉,拥有丰富的零售银行经验和高端客户资源;贝恩公司则是全球知名的管理顾问公司,拥有严谨的方法论和有效的数据分析工具。本报告在 2009 年、2011 年、2013 年和 2015 年财富报告的基础上,进行了进一步的延展和深化,是以科学的分析方法和大样本量调研为基础的专门针对中国高端私人财富市场的持续权威研究,把对中国私人财富市场的研究推到更高的境界,为中国私人银行业的深化和发展奠定了基础。参见招商银行官方网站,http://www.cmbchina.com/cmbinfo/news/newsinfo.aspx?guid=c494eb40-1c03-4397-866d-c4c35a9aca02,下载日期:2019 年 7 月 1 日。

的中国高净值人士数量已达 158 万人,预计 2017 年将达到 187 万人。① 美国在 2017 年中国高净值人士境外投资地区偏好排名中仅次于中国香港位居第二位。② 投资移民已经成为 2017 年中国高净值人士境外投资的第三大动因(占比 32%)。③《2017 胡润中国投资移民白皮书》披露,美国已经连续三年成为中国高净值人群投资移民的首选国家。与此形成鲜明对比的是,2014 年年末,仅有 5000 名外国人获得了中国"绿卡"。这就造成了中美之间在履行 FATCA 权利义务时巨大的利益失衡。④ 更为关键的是,大部分已经成为美国税收居民的中国富人移民不移居。他们虽然申请成为美国或其他国家的常住居民,但是依然在中国从事经济活动,依靠中国市场创造和积累财富。这是处于经济社会转型期的中国特有的现象。一方面,这些中国高净值群体因法律身份的变化成了美国或其他国家的税收居民;另一方面,相当一部分在中国从事经济活动的高净值人士存在偷漏税行为。据江苏省国家税务局对美国绿卡持有者在江苏省开办的企业进行的调查显示,有 2/3 的企业处于亏损状态,企业所有者的财富状况与企业经营状况的不匹配在逻辑上存在巨大疑点。⑤

这些移民不移居的中国高净值人士,从法律上已经成为美国或其他国家的税收居民。若他们一年内在中国实际停留不超过 183 天,也不构成中国税收居

---

① 本报告所称"可投资资产"是指个人投资性财富(具备较好二级市场,有一定流动性的资产)总量的衡量指标。可投资资产包括个人的金融资产和投资性房产。其中金融资产包括现金、存款、股票(指上市公司流通股和非流通股,下同)、债券、基金、保险、银行理财产品、境外投资和其他境内投资(包括信托、私募股权、黄金、期货等)等;不包括自住房产、非通过私募投资持有的非上市公司股权及耐用消费品等资产。本报告将可投资资产超过 100 万人民币的个人定义为高净值人士;将可投资资产超过 1 亿人民币的个人定义为超高净值人士。《2017 中国私人财富报告》采用的高净值人士认定标准与 FATCA 和 CRS 并不一致,但是两者有相当部分的交叉。从资产数额门槛上看,FATCA 和 CRS 高净值个人存量账户门槛是余额不低于 100 万美元(约 600 万人民币),门槛低于《2017 中国私人财富报告》对高净值人士的认定门槛(可投资资产超过 1000 万人民币),FATCA 和 CRS 高净值人群更广;但是从高净值人士持有的资产范围来看,FATCA 和 CRS 的金融资产不包括不动产,而《2017 中国私人财富报告》可投资资产包括投资性房产,FATCA 和 CRS 高净值人群反而变窄了。鉴于目前招商银行和贝恩公司发布的《中国私人财富报告》是关于中国高净值人群统计研究相对科学、准确的文献,尽管对高净值概念的界定口径有所差别,笔者仍然选用该报告作为论据。

② 2017 年中国高净值人士境外投资地区偏好排名前十位的国家(或地区)分别是我国香港(53%)、美国(51%)、澳大利亚(24%)、加拿大(22%)、新加坡(21%)、英国(12%)、法国(3%)、卢森堡(2%)和其他地区(3%)。

③ 2017 年中国高净值人群境外主要投资动因(按排名):第一位,资产配置分散风险(82%);第二位,捕捉境外投资市场机会(51%);第三位,进行移民(32%);第四位,企业海外扩张(10%);第五位,企业股权海外架构安排(6%);第六位,其他动因(2%)。

④ 姜跃生:《FATCA:中国税务应对三策》,载《国际税收》2015 年第 3 期。

⑤ 姜跃生:《FATCA:中国税务应对三策》,载《国际税收》2015 年第 3 期。

民。FATCA-IGA 的实施并不会将这些个人在美国持有的金融账户信息移交给中国政府。但这些个人实际上依然依托中国政府提供的公共服务与中国市场赚取利润。这种中国富人移民不移居现象不仅对于税收居民个人收益归属的国际规则、国外法律规定提出了新的挑战,也直接关系到中国经济利益、经济金融安全与跨国税源的合理分配。

## 二、《尽职调查办法》缺乏基本法律依据

2017 年出台的《尽职调查办法》是中国政府为实施 FATCA 和 CRS 所做的国内法准备。正如六部委在《尽职调查办法》发布时解读的那样:鉴于我国政府正在与美国积极协商有关 FATCA 政府间协定事宜,金融机构可以考虑在操作层面将 CRS 和 FATCA 统筹处理。①

《尽职调查办法》是由国务院六部委联合发布的部门规章,其法律位阶低于由全国人大及其常委会通过的基本法律。《尽职调查办法》所规定的"金融机构涉税信息尽职调查与主动申报义务"在《税收征管法》《反洗钱法》等基本法律中均没有依据。相反,《商业银行法》中规定了商业银行对存款人的信息保密原则。其一,对个人储蓄存款,商业银行有权拒绝任何单位或个人查询,但法律另有规定的除外;其二,对单位存款,商业银行有权拒绝任何单位或个人查询,但法律、行政法规另有规定的除外。② 可见,无论是对个人储蓄存款,还是对单位存款,《尽职调查办法》作为部门规章均无法成为《商业银行法》对存款人信息保密义务的合法例外。

## 三、对违反涉税信息保密义务行为法律责任的规定较轻

鉴于 FATCA-IGA 是以美国对外缔结的税收协定、信息交换协定或

---

① 关于《国家税务总局、财政部、中国人民银行、中国银行业监督管理委员会、中国证券监督管理委员会、中国保险监督管理委员会关于发布〈非居民金融账户涉税信息尽职调查管理办法〉的公告》的解读,第 3 项,http://www.chinatax.gov.cn/n810341/n810760/c2620533/content.html,下载日期:2019 年 7 月 1 日。

② 《商业银行法》第 29 条规定,商业银行办理个人储蓄存款业务,应当遵循存款自愿、取款自由、存款有息、为存款人保密的原则。对个人储蓄存款,商业银行有权拒绝任何单位或者个人查询、冻结、扣划,但法律另有规定的除外。第 30 条规定,对单位存款,商业银行有权拒绝任何单位或者个人查询,但法律、行政法规另有规定的除外;有权拒绝任何单位或者个人冻结、扣划,但法律另有规定的除外。即使作为法律、行政法规的除外规定(例如《税收征管法》第 54 条第 6 款和《征管法细则》第 87 条),我国金融机构也没有主动披露客户信息的法定义务,更没有向其他国家的税务主管机关申报涉税信息的法定义务。

MAATM为国际法基础,①因此FATCA-IGA对保密义务的规定直接援引了国际法依据中的保密义务。FATCA-IGA规定,交换的全部信息应当按照税收协定、信息交换协定或MAATM规定(包括限制已交换信息用途的条款)得到保密和其他保护。② CRS-MCAA完全采纳了这一规定,要求各合作国家(或地区)按照MAATM和国内法的相关规定履行涉税信息保密义务。③ 对于发送涉税信息的国家来说,涉税信息保密制度是否完善既制约与他国在自动信息交换领域的合作程度,也影响着纳税人和金融机构对涉税金融账户信息申报义务的合规程度。

OECD在2012年发布的题为《请保护信息安全:涉税信息交换保密指南》的报告中明确指出:各国国内法必须对违反涉税信息保密义务的个人和主管当局规定法律责任,行政责任和刑事责任均应当适用;且法律责任必须清楚、严格,足以对违反涉税信息保密义务的行为构成威慑。④ 但是,我国目前对违反涉税信息保密义务的法律责任仅规定了行政处分。《税收征管法》第87条规定,未按照本法规定为纳税人、扣缴义务人、检举人保密的,对直接负责的主管人员和其他直接责任人员,由所在单位或者有关单位依法给予行政处分。行政处分从内容上看仅是行政机关对其工作人员的内部处理。更为关键的是,依照《中华人民共和国行政复议法》(简称《行政复议法》)第8条和《中华人民共和国行政诉讼法》(简称《行诉法》)第13条第3款的规定⑤,行政处分并不属于我国行政复议和行政诉讼的受案范围。这使得违反涉税信息保密义务的行为游离于我国行政与司法救济体制之外。如何切实保障纳税人和金融机构的合法权益是《AEOI标准》

---

① 美国对外缔结FATCA-IGA的国际法基础统计请参见第三章第一节。截至2019年6月底,美国政府已与包括中国在内的68个国家(或地区)签订了双边税收协定。https://www.irs.gov/businesses/international-businesses/united-states-income-tax-treaties-a-to-z,下载日期:2019年7月1日。

② Article 3(7), FATCA-IGA Model 1 A.

③ CRS-MCAA Section 5.1规定,交换的全部信息应按照MAATM的规定(包括限制已交换信息用途的条款)得到保密和其他保护,并按照信息提供方主管当局根据本国法律所要求的以及附件C列出的保护措施,确保个人数据得到必要的保护。

④ OECD, Keep It Safe: The OECD Guide on the Protection of Confidentiality of Information Exchanged for Tax Purposes, 2012, p.12, http://www.oecd.org/ctp/exchange-of-tax-information/keeping-it-safe-report.pdf, 2019-07-01.

⑤ 《行政复议法》第8条规定,不服行政机关作出的行政处分或者其他人事处理决定的,依照有关法律、行政法规的规定提出申诉。不服行政机关对民事纠纷作出的调解或者其他处理,依法申请仲裁或者向人民法院提起诉讼。《行诉法》第13条规定,人民法院不受理公民、法人或者其他组织对下列事项提起的诉讼:(1)国防、外交等国家行为;(2)行政法规、规章或者行政机关制定、发布的具有普遍约束力的决定、命令;(3)行政机关对行政机关工作人员的奖惩、任免等决定;(4)法律规定由行政机关最终裁决的行政行为。

给我国国内法带来的又一挑战。

## 四、显著高于美国的征管成本与合规成本

笔者在第一章中即论证了这样的结论：FATCA 不是凭空创造的，它建立在美国严格复杂的纳税申报制度基础上；境外金融机构信息申报也并非 FATCA 首创，FATCA 是对美国 QI 项目的进一步发展。因此，美国实施 FATCA-IGA 具有充分的国内税收征管制度基础。但相比之下，中国的相关税收征管工作才刚刚起步。美国实施 FATCA-IGA，从美国国内税法层面看有两大基础。

第一，FATCA 项下的美国纳税人 FATCA 信息申报义务。FATCA-IGA 作为政府间协议虽然旨在合作实施 FATCA，但是不能也没有必要将 FATCA 全部规则纳入其中，仅将 FATCA 规则中有域外适用效果且需要与其他国家（或地区）政府合作实施的规则纳入其中即可。因此 FATCA-IGA 主要采纳了 FATCA 五部分规则中的第一部分（由境外第三方申报美国账户信息的规则），主要规定了缔约一方境内金融机构对缔约另一方居民持有的金融账户应履行尽职调查和信息申报义务，以及缔约双方税务主管当局就双方金融机构所申报的金融账户信息如何进行交换与合作。FATCA 的其余四部分规则均涉及美国纳税人的信息披露义务，作为单纯的美国国内法规则并没有域外适用的效果，因此没有必要纳入 FATCA-IGA。但不可忽视的是，从美国实施 FATCA-IGA 的角度来看，FATCA 全部五个部分的规则均系美国实施 FATCA-IGA 的国内法依据。换言之，美国 FATCA 是由境外第三方申报美国账户信息规则（FATCA 第一部分）和美国纳税人的 FATCA 信息披露规则（FATCA 第二至第五部分）共同构成的。境外第三方的 FATCA 申报义务实际上是用以监督美国纳税人履行 FATCA 义务的第三方信息申报机制。这种利用第三方涉税信息申报提高美国纳税人纳税合规率的做法，在美国联邦税征管体制中长期适用。

第二，美国 QI 项目。早在 2001 年，美国政府第一次实施了要求境外金融机构向美国政府披露其客户信息的项目，即 QI 项目。但是 QI 项目适用范围有限（比如一般仅适用于来源于美国境内的消极所得），且存在对来源于美国所得的受益所有人信息披露不足的问题。此外，QI 项目旨在加强对来源于美国境内所得的预提税征管，并不涉及美国公民和居民来源于境外所得的税收征管问题。FATCA 将弥补 QI 项目的不足，全面加强对美国公民和居民来源于全球金融资产的信息监控。然而 FATCA 并不能取代 QI 项目，鉴于两者宗旨和内容的差异，两者均正在实施。笔者认为，实施近二十年的 QI 项目一方面为美国政府构建起了与境外金融机构进行信息申报合作的平台与机制，且为美国政府积累了大量的行政征管经验；另一方面使得 FATCA 制度的设计更具针对性，以便弥补

QI项目在打击美国海外逃避税行为效果上的不足。

与美国实施FATCA-IGA的制度基础相比较,中国相关制度相对薄弱。第一,个人纳税人的纳税申报制度相对薄弱。《税收征管法》虽然规定了纳税人和扣缴义务人的纳税申报制度[①],但是由于缺乏境内第三方涉税信息申报制度的监督,我国个人纳税人主动进行纳税申报的情况并不理想。我国的个人所得税主要依靠扣缴义务人进行纳税申报。第二,中国税务主管当局既没有与境外金融机构进行涉税信息申报合作的经验,也没有对境内金融机构进行涉税信息申报行政管理的经验。《尽职调查办法》是我国第一部要求境内金融机构向税务主管当局申报涉税信息的规范性法律文件,但实施时间并不长(2017年7月1日实施)。因此,与美国近一个世纪的纳税人纳税申报制度与境内第三方信息申报制度,以及美国近二十年的境外金融机构信息披露项目(QI项目)相比,中国实施FATCA-IGA的国内制度基础相对薄弱,中国将要付出的行政征管成本与规则合规成本都要显著高于美国。

此外,我国与他国进行自动信息交换国家实践经验不足的问题日益凸显。随着我国税收信息交换法律体系的不断完善,近年来我国税收信息交换工作取得突出的进展。信息交换的网络不断扩大,信息交换的数量和质量均稳步增长。[②] 除了与美国实施FATCA之外,签署CRS-MCAA之后,中国与各合作国家(或地区)间进行自动信息交换工作将全面展开。但与发达国家相比,我国在自动信息交换领域的实践经验尚有不足。从2012年OECD对38个国家进行自动信息交换的情况统计来看,中国仅向5个国家自动发送涉税信息,自动接受涉税信息的来源国数量是7个。[③] 与发达国家相比,这一数字明显偏低。随着FATCA-IGA和CRS-MCAA的签署,金融账户信息自动交换多边化进程已势

---

[①] 《税收征管法》第25条至第27条规定了纳税申报义务。第25条规定,纳税人必须依照法律、行政法规规定或者税务机关依照法律、行政法规的规定确定的申报期限、申报内容如实办理纳税申报,报送纳税申报表、财务会计报表以及税务机关根据实际需要要求纳税人报送的其他纳税资料。扣缴义务人必须依照法律、行政法规规定或者税务机关依照法律、行政法规的规定确定的申报期限、申报内容如实报送代扣代缴、代收代缴税款报告表以及税务机关根据实际需要要求扣缴义务人报送的其他有关资料。第26条规定,纳税人、扣缴义务人可以直接到税务机关办理纳税申报或者报送代扣代缴、代收代缴税款报告表,也可以按照规定采取邮寄、数据电文或者其他方式办理上述申报、报送事项。第27条规定,纳税人、扣缴义务人不能按期办理纳税申报或者报送代扣代缴、代收代缴税款报告表的,经税务机关核准,可以延期申报。经核准延期办理前款规定的申报、报送事项的,应当在纳税期内按照上期实际缴纳的税额或者税务机关核定的税额预缴税款,并在核准的延期内办理税款结算。

[②] 高阳:《中国税收信息交换工作的发展、成绩与挑战》,载《国际税收》2014年第2期。

[③] 统计数据可参见OECD, Automatic Exchange of Information: What It Is, How It Works, Benefits, What Remains To Be Done, p.16, published on 23 July, 2012, http://www.oecd.org/tax/exchangeofinformation/automaticexchangeofinformationreport.htm, 2019-07-01.

不可挡,但仍有学者提出这样的质疑:由于缺乏可供交换的信息资源和税收信息交换专家,从长远来看,发展中国家对自动信息交换的持久性和有效性存在顾虑。① 因此,如何有效利用 FATCA-IGA 和 CRS-MCAA 框架下交换回来的信息,使之成为服务我国税收征管工作的可靠依据将成为未来 FATCA 和 CRS 工作的重点与难点。

## 第二节　中国实施 FATCA 的国内法对策建议

据相关统计数据显示:2004 年至 2013 年,在发展中国家非法资金外流排名中,中国内地位居第一;十年间从中国内地外流的非法资金平均每年达到 1392.28 亿美元,占发展中国家非法资金每年平均外流总量的 18%(参见表 5-1)。② 可见我国打击非法资金外流工作的紧迫性与艰巨性。非法资金既包括逃避税资金,也包括洗钱、贪腐、恐怖活动等违法和犯罪活动涉及的资金。我国在反洗钱、反贪污和反恐资金的监管领域已经开展了国内金融监管和国际合作,但在税收征管领域尚未开展金融机构与税务机关间征管合作。2013 年 9 月,习近平主席在 G20 首脑圣彼得堡会议上强调:"中国支持加强多边反避税合作,愿为健全国际税收治理机制尽一份力。"为践行这一承诺,中国正在积极推动金融账户信息自动交换的多边化进程。在国内法层面上,2017 年《尽职调查办法》是中国税务机关与金融机构开展征管合作的破冰之举。面对实施 FATCA-IGA 所带来的挑战,笔者认为中国政府可以从以下方面着手寻求应对之策。

---

① Annet Wanyana Oguttu, A Critique on the Effectiveness of "Exchange of Information on Tax Matters" in Preventing Tax Avoidance and Evasion: A South African Perspective, *Bulletin for International Taxation*, 2014(1), p.17.

② Dev Kar and Joseph Spanjers, Illicit Financial Flows from Developing Countries: 2004—2013, (Washington, DC: Global Financial Integrity, December 2015), p.8.

表 5-1　2004—2013 年发展中国家非法资金外流排名前十的国家

（单位：百万美元）

| 排序 | 国家 | 2004 | 2005 | 2006 | 2007 | 2008 | 2009 | 2010 | 2011 | 2012 | 2013 | 总额 | 平均额 |
|---|---|---|---|---|---|---|---|---|---|---|---|---|---|
| 1 | 中国大陆 | 81517 | 82537 | 88381 | 107435 | 104980 | 138864 | 172367 | 133788 | 223767 | 258640 | 1392276 | 139228 |
| 2 | 俄罗斯 | 46064 | 53322 | 66333 | 81237 | 107756 | 125062 | 136622 | 183501 | 129545 | 120331 | 1049772 | 104977 |
| 3 | 墨西哥 | 34239 | 35352 | 40421 | 46443 | 51505 | 38438 | 67450 | 63299 | 73709 | 77583 | 528439 | 52844 |
| 4 | 印度 | 19447 | 20253 | 27791 | 34513 | 47221 | 29247 | 70337 | 85584 | 92879 | 83014 | 510286 | 51029 |
| 5 | 马来西亚 | 26591 | 35255 | 36554 | 36525 | 40779 | 34416 | 62154 | 50211 | 47804 | 48251 | 418542 | 41854 |
| 6 | 巴西 | 15741 | 17171 | 10599 | 16430 | 21926 | 22061 | 30770 | 31057 | 32727 | 28185 | 226667 | 22667 |
| 7 | 南非 | 12137 | 13599 | 12864 | 27292 | 22539 | 29589 | 24613 | 23028 | 26138 | 17421 | 209219 | 20922 |
| 8 | 泰国 | 7113 | 11920 | 11429 | 10348 | 20486 | 14687 | 24100 | 27442 | 31271 | 32971 | 191768 | 19177 |
| 9 | 印度尼西亚 | 18466 | 13290 | 15995 | 18354 | 27237 | 20547 | 14646 | 18292 | 19248 | 14633 | 180710 | 18071 |
| 10 | 尼日利亚 | 1680 | 17867 | 19160 | 19335 | 24192 | 26377 | 19376 | 18321 | 4998 | 26735 | 178040 | 17804 |
| 排名前十国家非法资金外流总额 | | 262994 | 300565 | 329526 | 397912 | 468623 | 479289 | 622435 | 634524 | 682086 | 707765 | 4885718 | 488572 |
| 排名前十国家与发展中国家非法资金外流数额占比 | | 56.5% | 57.3% | 60.6% | 56.9% | 56.6% | 64.2% | 68.7% | 63.0% | 65.8% | 64.9% | 62.3% | |
| 发展中国家非法资金外流总额 | | 465269 | 524588 | 543524 | 699145 | 827959 | 747026 | 906631 | 1007744 | 1035904 | 1090130 | 7847921 | 784792 |

表格信息来源：Dev Kar and Joseph Spanjers, Illicit Financial Flows from Developing Countries: 2004—2013, (Washington, DC: Global Financial Integrity, December 2015), p.8.

## 一、中国实施 FATCA 应着眼全局

什么是 FATCA 实施工作的全局？相对于 FATCA-IGA 的签署与执行工作而言，FATCA 实施工作的全局还包括以下几个方面与 FATCA 实施密切相关的工作。

第一，CRS-MCAA 的实施。《尽职调查办法》旨在识别 CRS 所要求的非居

民账户,并不适用于 FATCA 所要求的美国税收居民账户。鉴于我国政府正与美国政府积极商谈有关 FATCA 政府间协定事宜,金融机构可以考虑在操作层面将 CRS 与 FATCA 统筹,包括根据自身业务需求将二者的声明文件进行整合等。① 可以看出,《尽职调查办法》虽然不适用于 FATCA 所要求的美国税收居民账户,但是鉴于 FATCA 与 CRS 内容大体相同,《尽职调查办法》也将成为中美实施 FATCA 的主要参照依据。因此,FATCA-IGA 的谈签与实施工作必须与 CRS-MCAA 的实施工作统筹进行。

第二,BEPS 行动计划。税基侵蚀与利润转移(Base Erosion and Profit Shift,BEPS)行动计划由 34 个 OECD 成员国、8 个非 OECD 的 G20 成员国和 19 个其他发展中国家共计 61 个国家共同参与。其一揽子国际税改项目主要包括三个方面的内容:一是保持跨境交易相关国内法规的协调一致;二是突出强调实质经营活动并提高税收透明度;三是提高税收确定性。经过两年紧锣密鼓的工作,OECD 在整合 2014 年 9 月发布的 BEPS 行动计划首批 7 项产出成果的基础上,于 2015 年 10 月 5 日发布了 BEPS 项目全部 15 项产出成果。这些成果已由 2015 年 10 月 8 日 G20 财长与央行行长会议审议通过,并于 2015 年 11 月提交 G20 安塔利亚峰会由各国领导人背书。② 目前已有超过 130 个国家(或地区)参与实施 15 项行动计划,BEPS 行动计划将为各国政府追回 1000 亿美元至 2400 亿美元的财政损失。

FATCA-IGA 和 CRS-MCAA 所推动的金融账户信息自动交换多边化平台将大大提升各国(或地区)的征管能力,给各国(或地区)之间的税收征管合作带来了充分的想象空间,同时也为 BEPS 行动计划的实施提供了信息保障。从 BEPS 行动计划本身来看,第 13 项行动计划《转让定价文档和国别报告》直接涉及自动信息交换。第 13 项计划一项重要的内容是要求跨国企业集团向税务主管当局提交国别报告,即跨国企业集团在上一财政年度的合并收入等于或超过 7.5 亿欧元的情况下,应由集团的最终控股企业在每个纳税年度向其所在国家(或地区)报送国别报告,报送的内容包括根据集团内部经营活动分布指标计算的全球收入分配和税款缴纳情况,以及在各国(或地区)从事经营活动的集团成员实体名单及所从事的经营活动。这被视为是解决税基侵蚀和利润转移的一个必要措施和最低标准。目前包括 OECD 成员国和 G20 成员国在内的国家均已

---

① 关于《国家税务总局、财政部、中国人民银行、中国银行业监督管理委员会、中国证券监督管理委员会、中国保险监督管理委员会关于发布〈非居民金融账户涉税信息尽职调查管理办法〉的公告》的解读,第 3 项,http://www.chinatax.gov.cn/n810341/n810760/c2620533/content.html,下载日期:2019 年 7 月 1 日。

② 有关 BEPS 行动计划的中文版内容请参见 http://www.chinatax.gov.cn/n810219/n810724/c1836574/content.html,下载日期:2019 年 7 月 1 日。

作出承诺,表示尽快将 BEPS 第 13 项计划转化为国内立法,同时加入国别报告的信息交换体系。在借鉴金融账户自动信息交换的经验基础上,2015 年 OECD 发布了《国别报告多边主管当局协议》,作为各国(或地区)之间建立国别信息自动交换的多边性法律框架。① 截至 2019 年 6 月 25 日,已有包括中国在内的 79 个国家签署了该多边协议。② FATCA-IGA 和 CRS-MCAA 是对金融机构信息申报义务的规范,旨在协助税务主管当局从本国(或地区)境内金融机构获取非居民金融账户信息;BEPS 第 13 项行动计划国别报告是对跨国企业集团信息申报义务的规范,旨在协助税务主管当局从本国(或地区)境内跨国企业集团的最终控股企业获取跨国集团在全球各国(或地区)的商业安排、利润分配和税款缴纳信息等信息。FATCA-IGA 和 CRS-MCAA 主要针对个人信息,即使是实体账户,也主要针对消极非金融实体的控制人(个人)信息进行尽职调查与申报。而 BEPS 第 13 项行动计划国别报告主要针对企业信息。两者共同作用才能最终完成对自动信息交换多边化的全球布局,实现以自动信息交换全球合作打击国际逃避税与利润转移的目标。

## 二、警惕 FATCA-IGA 的扩围

中美合作实施 FATCA 的工作虽然刚刚起步,但是美国在全球推行 FATCA 的脚步早已开始,且步伐会随着 CRS 和 BEPS 的合力作用日益加快。中国政府在与美国谈签 FATCA-IGA 合作事宜的同时,也应关注美国 FATCA 发展的趋势,警惕未来 FATCA-IGA 的扩围。笔者认为未来 FATCA-IGA 的扩围可能包括两个层面。

第一个层面是 FATCA 扩围带动 FATCA-IGA 作出相应的调整。有学者指出,未来 FATCA 将在现有美国个人账户和受美国人控制的外国企业账户的基础上进一步扩大调整范围:第一步是把 FATCA 已规定的由美国人实质控制的境外非金融机构的信息申报进一步细化落实;第二步是把美国个人所得税申报中涉及美国人在外国公司登记和持股情况、外国公司财务报表和外国公司与股东之间往来的信息纳入 FATCA 信息交换范围;第三步则是把 BEPS 报告中确定的同期资料国别报告的信息纳入其中,实现把美国国内申报信息与国外信

---

① Multilateral Competent Authority Agreement on the Exchange of Country-by-Country Reports,http://www.oecd.org/tax/automatic-exchange/about-automatic-exchange/cbc-mcaa.pdf,2019-07-01.

② http://www.oecd.org/tax/automatic-exchange/about-automatic-exchange/CbC-MCAA-Signatories.pdf,下载日期:2019 年 7 月 1 日。

息交换的信息全面比对。①

第二个层面是将 FATCA 规则进一步纳入 FATCA-IGA。如前文所述，FATCA-IGA 作为政府间协议虽然旨在合作实施 FATCA，但是不能也没有必要将 FATCA 全部规则纳入其中，仅将 FATCA 规则中有域外适用效果且需要与其他国家（或地区）政府合作实施的规则纳入其中即可。因此 FATCA-IGA 主要采纳了 FATCA 五部分规则中的第一部分，即由境外第三方申报美国账户信息的规则。FATCA 第一部分规则主要包含两个部分的内容：其一，境外金融机构申报美国账户信息的规则；其二，境外非金融实体提供美国人信息的规则。但 FATCA-IGA 仅采纳了第一项规则（境外金融机构申报美国账户信息的规则），没有采纳第二项规则（境外非金融实体提供美国人信息的规则）。鉴于 CRS 主要参照 FATCA-IGA 制定，因此上述第二项规则也没有出现在 CRS 和 CRS-MCAA 中。

FATCA 规定的境外非金融实体提供美国人信息规则主要内容包括：第一，若境外非金融实体是积极境外非金融实体，其不必向（来自美国境内所得的）预提义务人履行 FATCA 的证明或提供信息义务（即不必履行对所得受益所有人的证明或提供信息义务），预提义务人对支付给积极境外非金融实体的款项免予适用 FATCAT 预提税；第二，如果境外非金融实体是消极境外非金融实体，那么其必须向（来自美国境内所得的）预提义务人履行 FATCA 的证明或提供信息义务（即必须履行对所得受益所有人的证明或提供信息义务），否则预提义务人对支付给消极境外非金融实体的款项将征收 30% 的 FATCA 预提税。② 笔者认为，随着金融机构信息申报合作机制的日益成熟，未来 FATCA-IGA 很可能进一步扩围，将 FATCA 规则中的境外非金融实体提供美国人信息规则逐步纳入其中。

### 三、适当引入自愿披露制度

美国实施 FATCA 的同时，其国内一项配套措施——OVDP——将在提高美国纳税人税收合规率和降低税收征管成本方面发挥了不可忽视的作用。

OVDP 带有强烈的"自首"和"一定程度赦免"的性质。笔者认为，作为鼓励和引导纳税人从违法到合法的过渡机制，OVDP 可以帮助 FATCA 和 CRS 在中

---

① 姜跃生：《FATCA：中国税务应对三策》，载《国际税收》2015 年第 3 期。
② 有关受益所有人的证明或提供信息义务是指，若境外非金融实体有来源于美国的收入，且该或另一境外非金融实体系收入的受益所有人，那么受益所有人（或收款人）一般需向该笔收入的预提义务人履行下列义务之一：(1)向预提义务人证明其没有"实质上的美国所有人"（证明义务）；或者(2)向预提义务人提供其每一位"实质上的美国所有人"的信息（包括姓名或名称、地址、税务身份号码）（提供信息义务）。Section 1472(b)(1), IRC.

国实现"软着陆"。在 FATCA 和 CRS 的调试阶段,OVDP 可以有效降低税务机关的征管成本和金融机构的合规成本。如前文所述,来自中国内地的非法资金常年位居发展中国家非法资金外流的首位。FATCA 和 CRS 的实施固然可以帮助各国税务主管当局掌握本国居民海外金融资产信息,但 FATCA 和 CRS 的实施需要耗费大量的行政征管成本和金融机构合规成本。对包括中国政府在内的各国政府来说"如何有效利用 FATCA 和 CRS 框架下交换回来的信息,使之成为税收征管行为的依据"任重而道远。换言之,笔者认为 FATCA 和 CRS 构建的金融账户自动交换体制刚刚起步,有待未来大量的国家实践才能逐步发展成熟。中国更处在对 FATCA 和 CRS 的调试阶段,我国多层面的国内法规则都需要与 FATCA 和 CRS 规则进行磨合和兼容。那么当下在海外藏匿资产的中国纳税人将面临什么样的法律责任呢?我国《税收征管法》规定,纳税人不缴或者少缴应纳税款的,由税务机关追缴其不缴或者少缴的税款、滞纳金,并处不缴或者少缴的税款 50% 以上 5 倍以下的罚款;构成犯罪的,依法追究刑事责任。①《中华人民共和国刑法》(以下简称《刑法》)第 201 条规定,对纳税人虚假纳税申报或者不申报行为,逃避税数额较大且占应纳税额 10% 以上的,视逃避税数额处以拘役或 7 年以下有期徒刑,并处罚金。② 面对这样的法律责任,在海外藏匿资产的中国纳税人不愿也不敢主动向税务机关披露海外资产信息。笔者认为,现阶段我国适当引入自愿披露制度正当其时。OVDP 作为纳税人主动申报信息制度必须与境外第三方信息申报制度配合实施才能收到实效。2009 年 OVDP 之所以发挥作用,与瑞士银行因 2008 年"瑞银集团案"最终向 IRS 报送 4450 名美国客户信息有直接联系。受"瑞银集团案"的影响,通过 2009 年 OVDP 向 IRS 披露境外资产的美国人,超过一半人是将资产存放到了瑞士银行

---

① 《税收征管法》第 63 条规定:纳税人伪造、变造、隐匿、擅自销毁账簿、记账凭证,或者在账簿上多列支出或不列、少列收入,或者经税务机关通知申报而拒不申报或者进行虚假的纳税申报,不缴或者少缴应纳税款的,是偷税。对纳税人偷税的,由税务机关追缴其不缴或者少缴的税款、滞纳金,并处不缴或者少缴的税款 50% 以上 5 倍以下的罚款;构成犯罪的,依法追究刑事责任。

② 《刑法修正案(七)》将《刑法》第 201 条修改为:"纳税人采取欺骗、隐瞒手段进行虚假纳税申报或者不申报,逃避缴纳税款数额较大并且占应纳税额百分之十以上的,处三年以下有期徒刑或者拘役,并处罚金;数额巨大并且占应纳税额百分之三十以上的,处三年以上七年以下有期徒刑,并处罚金。扣缴义务人采取前款所列手段,不缴或者少缴已扣、已收税款,数额较大的,依照前款的规定处罚。对多次实施前两款行为,未经处理的,按照累计数额计算。有第一款行为,经税务机关依法下达追缴通知后,补缴应纳税款,缴纳滞纳金,已受行政处罚的,不予追究刑事责任;但是,五年内因逃避缴纳税款受过刑事处罚或者被税务机关给予二次以上行政处罚的除外。"

的。① 因此,作为 FATCA 和 CRS 的配套措施,我国现阶段适宜引入自愿披露制度。

笔者认为,我国引入自愿披露制度应注意两点:

第一,定位自愿披露制度的阶段性目标,并随着 FATCA 和 CRS 的实施程度做相应的调整。美国的 OVDP 并不是一成不变的,它配合境外第三方信息披露的合作程度做相应的调整,且调整频繁。美国纳税人主动披露信息之后仍需补缴税款、利息和一定比例的罚款,才可以降低或免除其因未披露海外资产本应承担的更为严厉的民事或刑事处罚。笔者认为,随着 FATCA 和 CRS 项下境外第三方信息申报机制的日益成熟,OVDP 的赦免程度也可逐步降低。例如,随着 FATCA 的颁布,IRS 对 2012 OVDP 提高了罚款比例,对从未申报的境外资产罚款比例从 2011 年的 25% 提高到了 27.5%。值得强调的是,笔者认为即使 FATCA 和 CRS 在中国落地成熟,也不能取代 OVDP。FATCA 和 CRS 的境外第三方信息申报主要针对本国税收居民持有境外金融机构的金融账户信息,对本国税收居民在海外拥有的实物商品(比如古玩字画)或投资性不动产等境外非金融资产仍然缺乏有效的监管。这类资产若涉及逃避税仍需依赖纳税人主动申报。

第二,变通自愿披露制度的"赦免"方式。美国 OVDP 可以由美国财政部决定对自愿披露信息的纳税人"赦免"的责任范围和幅度。然而我国政府对行政相对人违法行为的"赦免"存在国内法依据不足的问题。我国《税收征管法》并没有实施自愿披露制度的依据。《税收征管法》第 64 条第 2 款规定:纳税人不进行纳税申报,不缴或者少缴应纳税款的,由税务机关追缴其不缴或者少缴的税款、滞纳金,并处不缴或者少缴的税款 50% 以上 5 倍以下的罚款。我国在现有法律下引入自愿披露制度,税务机关只能勉强依据《税收征管法》第 64 条在罚款比例上做文章,将"不缴或少缴的税款 50%"作为吸引纳税人进行资源披露的优待条件。②

## 四、加快对《税收征管法》的修订

我国《税收征管法》于 1993 年 1 月 1 日起正式实施,1995 年和 2001 年进行了部分修订,目前实施的《税收征管法》是 2001 年 4 月在第九届全国人大常委会第二十一次会议上通过的。近二十来,《税收征管法》已在许多方面滞后于中国

---

① GAO, GAO-13-318, IRS Has Collected Billions of Dollars, but May Be Missing Continued Evasion, p.1.Mar.2013. http://www.gao.gov/assets/660/653369.pdf,2019-07-01.
② 梁若莲:《我国实施税收自愿披露项目正当其时》,载《国际税收》2016 年第 8 期。

社会经济的发展。2008年,国家税务总局成立税收征收管理法修改小组,正式启动对《税收征管法》的修订工作。2013年和2015年,国务院法制办公室先后发布了两个版本的《征管法意见稿》,向社会各界征求意见。两个版本的《征管法意见稿》均增加了信息披露义务的规定,即纳税人及与纳税相关的第三方应当按照规定提交涉税信息;银行和其他金融机构应当按照规定的内容、格式、时限等要求向税务机关提供本单位掌握的账户、账号投资收益以及账户的利息总额、期末余额等信息。[①] 但两个版本的《征管法意见稿》对违反涉税信息保密义务行为的法律责任均未能突破行政处分的界限,依然存在税务机关相关法律责任较轻的问题。笔者建议,一方面,加快推动《税收征管法》的修订工作,尤其应保障《征管法意见稿》中的信息披露条款获得人大常委会的通过,从而剔除我国境内金融机构申报涉税信息的基本法律障碍;另一方面,应考虑在《征管法意见稿》中引入更为严格的保密义务罚则,并与相关民事责任和刑事责任相衔接。总之,通过对《税收征管法》的修订可以解决FATCA和CRS落地带来的基本法律依据缺失或薄弱的问题。

### 五、建议逐步引入退籍税

美国FATCA的实施将直接引起美国退籍浪潮。有数据显示,FATCA颁布之后美国公民放弃美国国籍人数持续上升。2012年,932人放弃美国国籍;2013年,2999人放弃美国国籍(历史最高);2014年的报道,较上一年度,放弃美国国籍的人数上升30%。然而,美国并不担心纳税人改变税收居民身份或国籍的做法,原因是美国退籍税(expatriation tax)制度的存在。公民退籍动机具有多样性,并非都出于避税目的。围绕是否区别对待不同动机的退籍以及如何征收退籍税,美国退籍税制度经历了从规制对象到规制方法的四次变迁。[②] 现行2008年美国退籍税是指按照IRC第877节(为了避税而退出国籍)和第877A节(退出国籍的税收责任)的规定,对于在2004年6月3日以后符合条件的所有申请退出美国国籍或长期居住权(过去15年内在美国居住时间不少于8年)的申请人,必须向IRS申报退籍税(具体填写8854表)。作为例外,出生时拥有双重国籍者或未成年人不用缴纳退籍税。美国退籍税的适用条件是:其一,纳税人丧失美国居民或国民身份的前5年的年平均应纳税所得额超过15.5万美元;其

---

① 参见2013年《征管法意见稿》第28条和2015年《征管法意见稿》第32条。
② 这四次变迁分别是:1966年退籍税制(主管避税标准的确立);1996年退籍税制(扩大适用范围,细化主观判断标准);2004年退籍税制(客观标准的确立);2008年退籍税制("视同销售"法律拟制规定的确立)。具体参见赵文祥、谢丽君:《美国退籍税评介及对中国的启示》,载《税务研究》2014年第9期(总期第355期)。

二,退籍当天净资产价值在 200 万美元以上(这两个数字每年将根据通货膨胀率调整);其三,退籍前 5 年内有未遵守美国税法义务的记录。对于符合条件的退籍税纳税人,其个人持有的全部境内外资产(依其放弃国籍或定居权之日的前一日市场公允价值)扣除相应负债后的余额视同出售财产实现的利得,再减去规定的扣除额后,计入该纳税人纳税年度总所得,按照相应比例缴纳个人所得税。可以看出,美国退籍税并不是一个独立的税种,它被列入个人所得税的征收范围。究其实质,退籍税既是美国政府对那些未按规定履行纳税义务的申请人所实施的财产清算,要求其补缴前期应缴未缴的税款;也是美国政府对遗产与赠与税的有效补充形式,对申请退籍的个人,就其拥有美国国籍或长期居住权期间的财产提前行使遗产与赠与税的课税权,目的是防范资产外逃及打击规避或偷逃有关税收的行为。[①] 除美国外,目前世界上还有 19 个国家有比较明确的退籍税制度。[②] 退籍税制度成为发达国家为应对因纳税人身份变更造成税收流失而采取的重要反避税措施。

针对中国高净值人士移民不移居的问题,笔者认为引入退籍税是一项具有针对性的措施。

第一,FATCA 和 CRS 的实施为引入退籍税奠定了征管基础。有学者指出,当前我国征收退籍税面临以下体制性障碍:其一,相关法律规定有待明确;其二,财产登记评价体系缺失;其三,收入监控体系不甚健全;其四,有效的第三方信息提供制度尚未形成。[③] 也有学者认为,税收征管能力制约着退籍税制度的有效实施:其一,税务机关须全面掌握国内涉税信息,有效监控居民收入及持有各类资产的情况;其二,税务机关能够获取纳税人的全球收入及资产信息,与外国税务机关建立税收信息交换机制,并通过境外金融机构获取纳税人境外账户信息;其三,相关部门的协同征管措施到位,对未缴清税款者的处罚能够辅以限制出境、不予批准退籍等配套措施。[④] 笔者认为,随着 FATCA 和 CRS 的实施这些体制性障碍将逐步被剔除。FATCA 和 CRS 的实施将逐步确立我国的第三方信息申报制度。第三方信息申报制度将大大提高我国税收行政征管能力,增

---

[①] 谭珩、杨金亮:《美国退籍税的研究与思考》,载《税务研究》2014 年第 9 期(总期第 355 期)。

[②] 这 19 个国家包括:加拿大、荷兰、英国、法国、瑞典、奥地利、比利时、丹麦、芬兰、德国、爱尔兰、意大利、挪威、葡萄牙、西班牙、澳大利亚、新西兰、日本和南非。转引自李昕凝、樊丽明、李伟:《退籍税制度:基本问题与国际实践》,载《税务研究》2016 年第 4 期(总期第 375 期)。

[③] 谭珩、杨金亮:《美国退籍税的研究与思考》,载《税务研究》2014 年第 9 期(总期第 355 期)。

[④] 李昕凝、樊丽明、李伟:《退籍税制度:基本问题与国际实践》,载《税务研究》2016 年第 4 期(总期第 375 期)。

强税务机关对我国纳税人财产和收入的有效监控,从而为退籍税的实施奠定涉税信息基础。

第二,中国引入退籍税也应重在打击以逃避税为目的的退籍或改变税收居民身份的行为。中国海外移民包括投资移民、技术移民、留学生滞留海外和非常规移民等。[①] 中国移民并不都是为了逃避税目的。但我国引入退籍税应主要参照美国退籍税制度,以打击逃避税行为为主要目的。针对以改变税收居民身份逃避税的手段,我国可借鉴葡萄牙、西班牙和墨西哥等国的反避税措施,规定居民个人给予逃避税目的取得避税地或低税率地区的居民身份,并不导致该个人丧失在我国的税收居民身份。[②]

---

[①] 王辉、刘国福:《中国国际移民报告》,社会科学文献出版社2012年版。
[②] 邱冬梅:《税收信息交换的最新发展及我国之应对》,载《法学》2017年第6期。

# 结 论

从美国 FATCA 到美国对外签署的 FATCA-IGA,从 FATCA-IGA 到 OECD 主持下的 CRS-MCAA,从 CRS-MCAA 到中国六部委联合发布的《尽职调查办法》,FATCA 演绎了一条从单边到双边,从双边到多边,从多边再到其他国家(例如中国)国内法的影响路径。这样一条路径不仅深刻影响国际税收信息交换规则的变革,也影响着各国(或地区)国内法在金融账户涉税信息交换领域的趋同化进程。本书得出的主要结论有:

第一,美国联邦税的纳税申报制度是 FATCA 规定的美国人主动申报境外账户信息义务的国内法基础。与美国长期形成的纳税申报制度相比,中国个人纳税人的主动申报制度显着异常薄弱。两国纳税申报制度的差异将影响中美合作实施 FATCA 各自所承担的行政征管成本。

第二,本书分析了美国第三方申报的三种形式,即境内第三方的预提税申报、境内第三方与他人交易行为的信息申报和境外第三方实体的涉税信息申报。从美国联邦所得税的税收合规率来看,第三方预提税申报涉及的所得(例如工资、薪金所得)合规率最高,第三方信息申报涉及的所得(例如股息、利息)合规率次之,而那些既不适用预提税,也不适用第三方信息申报的所得项目(例如美国 Schedule C 所得或者其他所得),纳税人的税收合规率大幅度降低。

第三,FATCA 旨在打击美国公民和居民纳税人利用境外金融账户逃避美国联邦所得税的行为。虽然 FATCA 的合法性问题在国际社会广受争议,但是其在美国国内法层面上是符合宪法的,其依赖的公民管辖权税收体系也是符合美国法律的。国际社会对 FATCA 合法性的争议焦点是 FATCA 作为一部美国国内法是否侵犯他国主权,是否与他国国内法(例如银行保密制度)相冲突。

第四,旨在实施 FATCA 的政府间双边协定——FATCA-IGA 作为 FATCA 域外适用的国际法工具,从法律层面上缓解了 FATCA 与他国(或地区)国(境)内法相冲突的问题。中美参照 FATCA-IGA 互惠性范本(即 M1A)合作实施 FATCA 符合两国的共同利益,也符合国际税收信息交换的发展趋势。虽然中美两国政府为合作实施 FATCA 均作出了国内法(主要是行政规章)方面的努力,但是本书认为从国际法工具(M1A)和美国国内法(个别州法律)层面均存在严重制约美国履行互惠性承诺的法律因素。本书认为,美国与各国(或地区)合作实施 FATCA 的目的在于打击美国的离岸避税地,并非美国的在岸避税地。在 FATCA 和 CRS 对离岸避税地的双重压力(甚至"驱赶")下,美国的在岸避税地将成为世界各国资本躲避其税收居民国监管最安全的避税地。

第五,我国香港特区同样受到 FATCA 和 CRS 规则对各国(或地区)法律趋同化的影响。与中国内地不同的是,香港特区有着避税地的特征。从避税地角度来看,FATCA 和 CRS 首要打击的就是这些利于资本藏匿的离岸避税地。从短期利益来看,避税地大多是被裹挟着加入这一趋同化进程的;但是从长期利益来看,当离岸避税地均加入这场金融账户信息交换的变革之中时,各国(或地区)政府能够实现共赢和共享。

第六,在中国国内法层面上,本书提出的对策建议是:其一,中国实施 FATCA 应着眼全局,统筹 FATCA、CRS 和 BEPS 三大国际税收治理机制变革的大背景制定国内法规则;其二,警惕 FATCA-IGA 的扩围,这场由美国发起甚至主导的国际税收治理规则的变革必须向着国际社会共商、共享、共建的方向发展,中国作为这场变革的重要参与者有义务承担起大国责任,警惕美国的单边主义和霸权行为;其三,适当引入自愿披露制度,从而使 FATCA 和 CRS 在中国实现"软着陆",为纳税人和税务机关的正面冲突提供一个缓冲地带;其四,加快对《税收征管法》的修订,以解决中国实施 FATCA 和 CRS 的国内基本法依据缺失问题;其五,针对中国高净值人士移民不移居的问题,笔者认为引入退籍税是一项具有针对性的措施。

# 参考文献

## 一、著作

1. 熊伟:《美国联邦税收程序》,北京大学出版社 2006 年版。
2. 廖益新主编:《国际税法学》,高等教育出版社 2008 年版。
3. 曾令良主编:《国际公法学》,高等教育出版社 2016 年版。
4. 王辉、刘国福:《中国国际移民报告》,社会科学文献出版社 2012 年版。
5. 廖益新主编、陈红彦:《跨国股息征税问题研究》,科学出版社 2010 年版。
6. [日]金子宏:《日本税法》,战宪斌、郑林根等译,法律出版社 2004 年版。
7. [美]鲁文·S. 阿维-约纳:《国际法视角下的跨国征税——国际税收体系分析》,熊伟译,法律出版社 2008 年版。
8. Michael G. Findley, Daniel L. Nielson, J. C. Sharman, *Global Shell Games: Experiments in Transnational Relations, Crime, and Terrorism*, Cambridge University Press, March 2014.
9. Ronen Palan, Richard Murphy, Christian Chavagneux, *Tax Havens: How Globalization Really Works*, Cornell University Press, 2010.
10. Xavier Oberson, *International Exchange of Information in Tax Matters*, Edward Elgar Publishing Inc. 2015.
11. Michael Lang et al. (ed.), *Tax Treaty Case Law Around the Globe-2011*, Wien: Linde, 2011.
12. William H. Byrnes, IV, LexisNexis® *Guide to FATCA Compliance*, LexisNexis®, 2d ed. 2014.
13. Roby B. Sawyers etc., *Federal Tax Research* (10th edition), South-Western College/West, (March 5, 2014).
14. Michael Saltzman, *IRS Practice and Procedure*, Warren Gorham & Lamont (Boston, USA), 1991.
15. Roy Rohatgi, *Basic International Taxation*, Kluwer Law International, 2002.
16. Michael Lang et al. (eds.), *Multilateral Tax Treaties: New Develop-*

*ments in International Tax Law*, London: Kluwer Law International Ltd., 1997.

17.Rose-Marie Belle Antoine, *Confidentiality in Offshore Financial Law* (2nd edition), Oxford University Press, 2014.

18.Michael Lang, *Tax Treaty Interpretation*, Vienna: Wien Linde, 2001.

19.Klaus Vogel, *Klaus Vogel on Double Taxation Conventions* (4th edition), Kluwer Law International BV, 2015.

## 二、论文

1.朱晓丹:《"魔方协定":瑞士在国际税收信息交换领域的又一里程碑》,载《涉外税务》2013年第2期。

2.朱晓丹:《"金融账户信息自动交换标准"对避税天堂的影响》,载《国际税收》2016年第4期。

3.朱晓丹:《OECD"金融账户信息自动交换标准"解析》,载《国际税收》2014年第8期。

4.朱晓丹:《自动信息交换的全球化时代到来了吗——评析美国—瑞士签署执行FATCA协定》,载《国际税收》2013年第5期。

5.朱晓丹:《IGA:美国FATCA域外适用的法律途径》,载《国际经济法学刊》第23卷第3期,法律出版社2017年版。

6.姜跃生:《FATCA:中国税务应对三策》,载《国际税收》2015年第3期。

7.梁若莲:《我国实施税收自愿披露项目正当其时》,载《国际税收》2016年第8期。

8.李昕凝、樊丽明、李伟:《退籍税制度:基本问题与国际实践》,载《税务研究》2016年第4期(总期第375期)。

9.谭珩、杨金亮:《美国退籍税的研究与思考》,载《税务研究》2014年第9期(总期第355期)。

10.邱冬梅:《税收信息交换的最新发展及我国之应对》,载《法学》2017年第6期。

11.黄云、凌冰尧、高阳:《欧洲版FATCA初现端倪:〈行政合作指令〉修订计划》,载《国际税收》2014年第7期。

12.Edward A. Zelinsky, Citizenship and Worldwide Taxation: Citizenship as an Administrable Proxy for Domicile, *Lowa Law Review*, 2011, Vol.96.

13.Reuven S. Avi-Yonah, International Tax as International Law, *Tax Law Review*, 2004, Vol.57.

14.Patrick W. Martin, FATCA of the HIRE Act Crashes Head on into the

"Twilight Zone",*International Tax Journal*,2010,Vol.36.

15.Joanna Heiberg,Note, FATCA: Towards a Multilateral Automatic Information Reporting Regime,*Washington and Lee Law Review*,2012,Vol.69.

16.Michael S. Kirsch, Taxing Citizens in a Global Economy, *New York University Law Review*,2007,Vol.82.

17. Leandra Lederman, Statutory Speed Bumps: The Roles Third Parties Play in Tax Compliance, *Stanford Law Review*,2007,Vol.60.

18.Zagaris B., Information Exchange between the U.S. and Latin America: The U.S. Perspective, *Tax Notes International*,2014,Vol.74,No.10.

19.Maryte Somare and Viktoria Wöhrer, Two Different FATCA Model Intergovernmental Agreements: Which is Preferable? *Bulletin for International Taxation*, 2014,No.8.

20.P. Carman, Final FATCA Regulations Provide Certainty, Flexibility, *Derivatives & Financial Instrumments*,2013,Vol.15,No.2.

21.Charles E.McLure,Will the OECD Initiative on Harmful Tax Competition Help Developing and Transition Countries? *Bulletin for International Fiscal Documentaition*,2015,Vol.59,No.3.

22.Prof. Dr Rainer Zielke, The Changing Role of Tax Havens —An Empirical Analysis of the Tax Havens Worldwide, *Bulletin for International Taxation*,2011,No.1.

23.Scott D. Dyreng, Exploring the Role Delaware Plays as a Domestic Tax Haven,*Journal of Financial Economics*,2013,Vol.108.

24.Satoru Araki, Regional Cooperation and Tax Information Exchange among Asia-Pacific Tax Authorities,*Asia-Pacific Tax Bulletin*,2015,Vol.21,No.4.

25.Annet Wanyana Oguttu, A Critique on the Effectiveness of "Exchange of Information on Tax Matters" in Preventing Tax Avoidance and Evasion: A South African Perspective,*Bulletin for International Taxation*, 2014,No.1.

26.Susan C.Morse & Stephen E. Shay, Qualified Intermediary Status,Act II: Notice 99-8 and the Role of a Qualified Intermediary,*Tax Management International Journal*, Vol.28.

27.Steven Nathaniel Zane, Carrot or Stick? The Balance of Values in Qualified Intermediary Reform, *Boston College International and Comparative Law Review*, 2010,Vol.33.

28. Koen Marsoul, FATCA and Beyond: Global Information Reporting

and Withholding Tax Relief, *Derivatives and Financial Instruments*, 2014, No. 1/2.

29. Jean Francois de Clermont-Tonnerre, Stanley C. Ruchelman, A Layman's Guide to FATCA Due Diligence and Reporting Obligations, *Tax Management International Journal*, 2013, Vol.42, No.2.

30. Herman B. Bouma, 11 Reasons Why FATCA Must Be Repealed. *Tax Management International Journal*, 2012, No.12.

31. Taylor Denson, Goodbye, Uncle Sam? How the Foreign Account Tax Compliance Act Is Causing a Drastic Increase in the Number of Americans Renouncing Their Citizenship, *Houston Law Review*, 2015, Vol.52, No.3.

32. Bernard Schneider, The End of Taxation Without End: A New Tax Regime Tax Regime for U.S. Expatriates, *Virginia Tax Review*, 2012, Vol.32, No.1.

33. Reuven S. Avi-Yonah, The Case Against Taxing Citizens, *Tax Notes International*, 2010, Vol.58.

34. Luzius U. Cavelti, Automatic Information Exchange versus the Withholding Tax Regime Globalization and Increasing Sovereignty Conflict in International Taxation, *World Tax Journal*, 2013, No.6.

35. DavidLuntz, What Is Really Wrong with the QI Program and How It Should and Should Not Be Fixed, *Tax Management Real Estate Journal*, 2009, Vol.25.

## 三、研究报告、工作范本或国际组织文件

1. 商务部《2014年度中国对外直接投资统计公报》。
2. 招商银行《2017中国私人财富报告》。
3. 香港特区政府《就税务事宜自动交换金融账户资料咨询政府的综合回应》。
4. OECD (2017), Standard for Automatic Exchange of Financial Account Information in Tax Matters, Second Edition, OECD Publishing, Paris.
5. Joint Committee on Taxation, Estimated Revenue Effects of the Revenue Provisions Contained in an Amendment to the Senate Amendment to the House Amendment to the Senate Amendment to H.R. 2847, the "Hiring Incentives to Restore Employment Act" Scheduled for Consideration by the House Committee on Rules on 4 March 2010 (4 March 2010).

6. OECD, Automatic Exchange of Information: What It Is, How It Works, Benefits, What Remains To Be Done, p.7, Published on 23 July, 2012.

7. OECD, OECD Model Tax Convention on Income and on Capital, 2010.

8. OECD, Harmful Tax Competition-An Emerging Global Issue, 1998.

9. OECD, Toward Global Tax Co-operation: Progress in Identifying and Eliminating Harmful Tax Practice, 2000.

10. Delaware Division of Corporations, 2014 Annual Report.

11. Institution on Taxation and Economic Policy, Delaware: An Onshore Tax Haven, Dec.2015.

12. Global Financial Integrity, Delaware Bills "Mere Window-Dressing", Will Do Nothing to Curb Abuse of Anonymous Companies, June 10, 2014.

13. Financial Action Task Force, FATF Guidance: Transparency and Beneficial Ownership, Oct.2014.

14. OECD, OECD Secretary-General Report to the G20 Leaders, 5-6 Sep. 2013.

15. OECD, Brief on the State of Play on the International Tax Transparency Standards, June 2017.

16. ITIO, Little Difference Between Onshore and Offshore, New Analysis of OECD Data Reveals, 1 May 2007.

17. OECD, Tax Transparency 2015 —Report on Progress.

18. IRS, IRS Releases New Tax Gap Estimates; Compliance Rates Remain Statistically Unchanged From Previous Study, Jan.6, 2012.

19. Congressional Budget Office, Historical Effective Federal Tax Rates: 1979 to 2004, published online in December 2006.

20. OECD, Keep It Safe: The OECD Guide on the Protection of Confidentiality of Information Exchanged for Tax Purposes, 2012.

21. United States Government Accountability Office Report to the Committee on Finance, U.S. Senate, Tax Administration: Costs and Uses of Third-Party Information Returns, GAO-08-266, November 2007.

22. Model 1 FATCA-IGA, Reciprocal, Preexisting TIEA or DTC (6-6-2014).

23. Model 2 FATCA-IGA, Preexisting TIEA or DTC (6-6-2014).

24. U.S. DEP't of the Treasury, Annual Report of the Commissioner of Internal Revenue on the Operations of the Internal Revenue System for the Year 1872, H.R. Exec. Doc. No.42-4, at 115 (3d Sess. 1872).

25. US Treasury, Joint Statement from the United States, France, Germany, Italy, Spain and the United Kingdom Regarding an Intergovernmental Approach to Improving International Tax Compliance and Implementing FATCA (7 February 2012).

26. OECD, Standard for Automatic Exchange of Financial Information in Tax Matters —The CRS Implementation Handbook, 2015.

27. OECD, OECD Secretary-General Report to G20 Finance Ministers, 23-24 July 2016.

28. OECD (2015), Preventing the Granting of Treaty Benefits in Inappropriate Circumstances, Action 6- 2015 Final Report, OECD/G20 Base Erosion and Profit Shifting Project, OECD Publishing, Paris.

## 四、案例索引

1. Commissioner of IRS v. Lane Wells Co., 321 US 219, 223(1944).
2. Germantown Trust v. Commissioner of IRS, 309 US 304(1940).
3. U.S. v. White, 417 F.2d 89, 93 (CA-2, 1969).
4. Cook v. Tait, 265 U.S.47, 55-56 (1924).
5. Crawford et al v. United States Department of the Treasury et al, Case Number: 3:2015cv00250, Ohio Southern District Court.
6. Nebbia v. New York, 291 U.S. 502, 537 54 S. Ct.505, 78 L. Ed. 940 (1934).
7. Clements v. Fashing, 457 U.S. 957, 967, 102 S.Ct.2836, 73 L.Ed.2d 508 (1982).
8. Willamson v. Lee Optical Co., 348 U.S. 483, 489, 75 S.Ct.461, 99 L.Ed 563 (1955).
9. Vance v. Bradley. 440 U.S. 93, 97.99 S.Ct.939, 59 L.Ed. 2d 171(1979).
10. FCC v. Beach Communications, Inc., 508 U.S. 307.313-314, 113 S. Ct. 2096, 124 L.Ed.2d 211(1993).
11. Austin v. United States, 509 U.S. 602, 610 (1993).
12. Cooper Indus., Inc. v. Leatherman Tool Grp., Inc., 532 U.S. 424, 434-35 (2001).
13. United States v. Bajakajian, 524 U.S. 321, 334, 118 S.Ct. 2028, 141 L.Ed. 2d 314(1998).
14. United States v. Miller, 425 U.S. 435, 442, 96 S.Ct.1619, 48 L.Ed.2d 71

(1976).

15. California Bankers Assn. v. Shultz, 416 U.S. 21, at 79.

16. California Bankers Assn. v. Shultz, 416 U.S. 21, at 78-79(1974).

17. Florida Bankers Association, et al., v. United States Department of Treasury, et al., Case No.1:13-cv-00529-JEB (United States District Court for the District of Columbia).

18. Florida Bankers Association, et al., v. United States Department of Treasury, et al., Case No.14-5036 (United State Court of Appeals for the District of Circuit).

19. National Federation of Independent Business v. Sebelius, Secretary of Health and Human Services, Case No.11-393. Decided June 28, 2012 (Supreme Court of the United States).

20. United States v. Stuart, 489 U.S.353(1989), Case No.87-1064.

## 五、法律法规和国际条约

1. 由国家税务总局、财政部、中国人民银行、中国银行业监督管理委员会、中国证券监督管理委员会和中国保险监督管理委员会联合发布的《非居民金融账户涉税信息尽职调查管理办法》(2017 第 14 号文)。

2. 关于《国家税务总局、财政部、中国人民银行、中国银行业监督管理委员会、中国证券监督管理委员会、中国保险监督管理委员会关于发布〈非居民金融账户涉税信息尽职调查管理办法〉的公告》的解读。

3. 《中华人民共和国商业银行法》。

4. 《中华人民共和国政府和美利坚合众国政府关于对所得避免双重征税和防止偷漏税的协定》(1984 年)。

5. 《中华人民共和国税收征收管理法》。

6. 《中华人民共和国税收征收管理法实施细则》。

7. 《中华人民共和国反洗钱法》。

8. 《金融机构大额交易和可疑交易报告管理办法》(中国人民银行令 2016 第 3 号)。

9. 《中华人民共和国刑法》。

10. 香港特区《2016 年税务(修订)(第 3 号)条例》。

11. 2014 年 1 月香港特区发布的《税务条例释义及执行指引第 47 号——交换资料》。

12. 《中华人民共和国行政复议法》。

13. Hiring Incentives to Restore Employment Act, 2010. Public Law No. 111-147 (Mar.18.2010), §501-§541.

14. 2016 United States Model Income Tax Convention.

15. 2006 U.S. Model Technical Explanation.

16. Multilateral Competent Authority Agreement(2014).

17. U.S.Internal Revenue Code (IRC).

18. Economic Recovery Tax Act of 1981, Pub. L. No.97-34, §111(a), 95 Stat.172.

19. Instruction for the Request of Forms W-8BEN, W-8BEN-E, W-8ECI W-8EXP and W-8IMY(Rev.July 2014).

20. Withholding of Tax on Nonresident Aliens and Foreign Entities(Cat. No.15019L)(2017).

21. U.S. 26 CFR(Treasure Regulations).

22. U.S. Revenue Procedure 2000-12.

23. U.S. Revenue Procedure 2003-64.

24. 1988 Convention on Mutual Administrative Assistance in Tax Matters.

25. Agreement between the United States of America and Switzerland for Cooperation to Facilitate the Implementation of FATCA.

26. Title 30 Delaware Code-State Taxes.

27. U.S. Tax Guide for Aliens, IRS Publication 519 (Cat. No.15023T) (2017).

# 缩略语表 *

| 序号 | 缩略语 | 中文全称 | 英文全称 |
|---|---|---|---|
| 1 | 《AEOI 标准》 | 《金融账户信息自动交换标准》 | Standard for Automatic Exchange of Financial Account Information in Tax Matters |
| 2 | CRS | 尽职调查与申报义务的共同标准 | Common Reporting Standard |
| 3 | CRS-MCAA | 《金融账户涉税信息自动交换多边主管当局间协议》 | Multilateral Competent Authority Agreement on Automatic Exchange of Financial Account Information |
| 4 | FATCA | 《境外账户税收合规法案》 | Foreign Account Tax Compliance Act |
| 5 | FATCA-IGA | 促进国际税收合规和实施 FATCA 的政府间协定 | Intergovernmental Agreement to Improve Tax Compliance and to Implement FATCA |
| 6 | FATCA-IGA 范本 | 促进国际税收合规和实施 FATCA 的政府间协定范本 | Model Intergovernmental Agreement to Improve Tax Compliance and to Implement FATCA |
| 7 | FBAR | 境外银行和金融账户申报 | Report of Foreign Bank and Financial Accounts |
| 8 | FDAP | 具有固定和定期回报特点的所得 | Fixed, Determinable Annual or Periodical Income |
| 9 | FinCEN | 美国金融犯罪执法局 | U.S. Financial Crimes Enforcement Network |

续表

| 序号 | 缩略语 | 中文全称 | 英文全称 |
| --- | --- | --- | --- |
| 10 | G7 | 七国集团 | Group7 |
| 11 | G8 | 八国集团 | Group8 |
| 12 | G20 | 二十国集团 | Group 20 |
| 13 | GIIN | 全球中间机构身份号码 | Global Intermediary Identification Numbers |
| 14 | HIRE Act | 《刺激雇佣以恢复就业法案》 | Hire Incentives to Restore Employment Act |
| 15 | IRC | 美国联邦收入法典 | Internal Revenue Code |
| 16 | IRS | IRS | Internal Revenue Service |
| 17 | KYC | 了解你的客户规则 | Know Your Customer Rule |
| 18 | MAATM | 《多边税收征管互助公约》 | The Multilateral Convention on Mutal Administrative Assistance in Tax Matters |
| 19 | M1A | FATCA-IGA 范本 1A | |
| 20 | M1B | FATCA-IGA 范本 1B | |
| 21 | M1B 衍生模式 | FATCA-IGA 范本 1B 衍生模式 | |
| 22 | NQI | 不适格中间机构 | Non-qualified Intermediary |

续表

| 序号 | 缩略语 | 中文全称 | 英文全称 |
|---|---|---|---|
| 23 | OECD | 经济合作与发展组织 | Organization for Economic Cooperation and Development |
| 24 | OVDP | 境外资产信息自愿披露项目 | Offshore Voluntary Disclosure Program |
| 25 | QI | 适格中间机构 | Qualified Intermediary |
| 26 | QI项目 | 适格中间机构项目 | Qualified Intermediary Program |
| 27 | RAH | 不合作的账户持有人 | Recalcitrant Account Holder |
| 28 | WP项目 | 预提境外合伙项目 | Withholding Foreign Partnership Program |
| 29 | WT项目 | 预提境外信托项目 | Withholding Foreign Trust Program |

＊说明：按字母表顺序排序

# 后　　记

本书是作者继出版的博士论文之后完成的第二本专著,亦是作者主持的国家社科基金青年项目成果。本书的大部分写作工作是作者于 2015 年至 2016 年在美国密歇根大学法学院访学期间完成的,其间受益于合作导师鲁文·S.阿维-约纳(Reaven S. Avi-Yonah)教授的悉心指点,更得益于密歇根大学法学院图书馆充足的资料和优质的科研服务。

一晃从事科研工作已近十载,艰辛之余更多的是探索未知和教书育人的乐趣。国际税法在中国处于蓬勃发展时期,且理论研究远落后于实践,实践中的新问题层出不穷。国际税收治理机制面临深刻的历史变革,中国是这一历史变革的重要参与者。因此,国际税法需要更多的中国学者贡献青春和智慧,投身科研与实践工作。

本书完成之际女儿的出生给了我莫大的鼓励和安慰。生命美好却有限！吾生有涯而知无涯,以有涯求无涯是对生命意义的选择。期待更多的青年才俊选择投身国际税法的研究工作,探索国际税收规则的发展规律。

朱晓丹

2019 年 9 月于大连海洋大学海洋法律与人文学院